Christian Friedrich Schlenker

Kaiser Heinrich der Vierte - Eine dialogisierte Geschichte

Zweiter Teil

Christian Friedrich Schlenker

Kaiser Heinrich der Vierte - Eine dialogisierte Geschichte
Zweiter Teil

ISBN/EAN: 9783743656222

Hergestellt in Europa, USA, Kanada, Australien, Japan

Cover: Foto ©ninafisch / pixelio.de

Weitere Bücher finden Sie auf **www.hansebooks.com**

Kaiser
Heinrich der Vierte.

Eine dialogisirte Geschichte,
vom Verfasser
Friedrichs mit der gebißnen Wange.

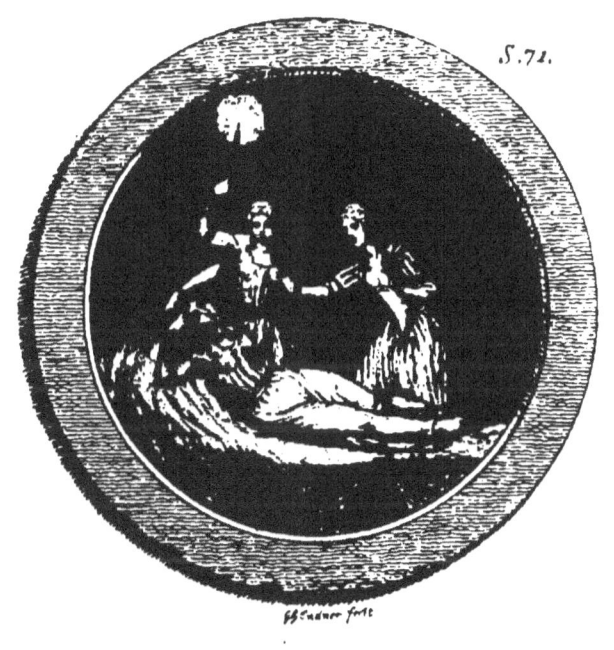

Zweiter Theil.

Dresden und Leipzig,
verlegts Johann Gottlob Immanuel Breitkopf.
1789.

Kaiser Heinrich der Vierte.

Vierte Periode.

Personen.

Heinrich, König der Teutschen.
Bertha, Königin.
Agnes, Kaiserin.
Peter Damiani, Kardinal und päpstlicher Legat.
Hanno, Erzbischof zu Köln.
Adalbert, Erzbischof zu Bremen.
Siegfried, Erzbischof zu Mainz.
Burkard, dessen Kämmerer.
Eppo, Bischof zu Zeiz.
Otto, Herzog zu Baiern.
Rudolf, Herzog zu Schwaben.
Magnus, Herzog zu Sachsen.
Dedo, Markgraf zu Meisen.
Adelheide, dessen Gemahlin, Wittwe Markgraf Ottos zu Thüringen.
Graf Kuno von Beichlingen, Herz. Ottos Sohn.
Graf Rether,
Graf Ludwig } Brüder
Graf Beringer }   } Thüringische Grafen.
Friedrich, Pfalzgraf zu Sachsen }
Graf Sizzo zu Honeburg }
Graf Adelbert }
Graf Otto, Voigt zu Goslar.
Graf Leopold von Merseburg.
Graf Eberhard.
Ulrich von Cosheim.
Fräulein Gertrude.
Fräulein Adelgunde.
Bischöffe, Grafen und Herren, Ritter, Edelknechte.
(Zeitraum vom Jahre 1066 — 1069.)

Tribur.
Zimmer der Königin.

Kaiserin Agnes, Königin Bertha; dann Gertrude, und Ulrich von Cosheim.

Königin Bertha.

Ihr fodert Viel — sehr Viel von einer Unglüklichen.

Kaiserin Agnes. Viel — sehr Viel, das ist wahr; aber nicht mehr als Bertha mir gewähren kann.

Königin Bertha. Wie mögt ihr das mit voller herzlicher Uiberzeugung behaupten?

Kaiserin Agnes. Das mag ich wol, gute Bertha! denn ich weis, von wem ich diese Selbstverleugnung fodre und weis, daß die Gründe, welche mich dazu berechtigen, auf das Herz einer Bertha tiefen Eindruk machen, sie zur Erfüllung meiner mütterlich-dringenden Bitte bestimmen müssen.

Königin Bertha. Müssen? — o Agnes! Agnes! es ist fürwahr sehr Viel, was ihr von mir fodert; denn es ist Nichts weniger, als Verzichtleistung auf das, was dem Leidenden, was dem Unglüklichsten unter der Sonne auf Augenblikke wenigstens Erleichterung seines schweren Kummers, zuweilen sogar eine Art von Trost zu gewähren vermag.

Kaiserin Agnes. Und wahrhaftig gewähret, liebe Bertha! — Aber ihr seid kein gemeines Weib — ihr seid Königin, Bertha!

Königin Bertha. Ich weiß, was ihr damit sagen wollet. Ich kenne die grose schrekliche Lehre, daß wir nicht sein sollen, wie andere Menschen — daß wir die Pflichten gegen uns selbst hintansezen, die Ruh' und den Frieden des Herzens, alle Freuden und alles Glük des Lebens aufopfern sollen, wenn eine höhere Pflicht es gebietet. Aber Weibern sollte man solche Lehren nicht zur Verbindlichkeit machen — mag doch die Erfüllung derselben Männern noch schwer genug werden.

Kaiserin Agnes. Desto gröser des Weibes Verdienst, wenn es sich zu einer Selbstverleugnung, zu einer Aufopferung entschließen kann, die selbst Männern schwer werden muß — Bedenkt einmal, gute Bertha! welches Unheil, welche Zerrüttungen im Reiche daraus entstanden sein würden, wenn ich mich vor sechs Jahren des vormundschaftlichen Regiments nicht freiwillig begeben, wenn ich damals den Rathschlägen meiner Getreuesten Folge geleistet und für die Behauptung meiner Gerechtsame einen verderblichen Bruderkrieg angefangen hätte. Glaubt ihr etwan, daß jener Schritt mir Nichts gekostet, daß ich Kron' und Zepter, Ansehn und Gewalt mit einer Gleichgültigkeit niedergelegt habe, wie man ein Altagskleid ablegt? Wer des Herrschens gewohnt ist, Bertha! und wer, wie ich, den allgemeinen Ruhm einer löblichen Regimentsführung für sich hat — wahrlich! dem muß es sehr schwer ankommen, eine glänzende Laufbahn so plözlich zu verlassen, sich in die Dunkelheit des Klosterlebens zurük zu ziehen und Kränkungen des

Ehrgeizes und der Mutterliebe um des allgemeinen Wohls willen als ungeschehen zu betrachten.

Königin Bertha. Das konnt' eine Agnes wol —

Kaiserin Agnes. Und Bertha sollte nicht eben so viel über sich vermögen? sollte den Kummer, den ihr Herz über das unerklärbare Benehmen Heinrichs empfindet, nicht in sich verschliesen, ihre Klagen über sein räthselhaftes Hinwegeilen aus den Armen der Liebe nicht schweigen können? Was würd' es euch helfen, wenn ihr euern Bruder zur Rache auffobertet wider den König, euern Gemahl? Was würd' es zu eurer Beruhigung, zur Gründung eurer häuslichen Glükseligkeit beitragen, wenn ihr euch den versammelten Fürsten des Reichs als eine Verlassene darstelltet und sie mahntet, daß sie euch förderlich sein sollten zur Behauptung eurer Gerechtsame mit Wort und That? — Traun! sie würden nicht säumen, Heinrichs zahllose Feinde, euch förderlicher zu sein, als ihr's dann

Vierte Periode.

dann selbst wünschen möchtet — sie würden diese Gelegenheit mit beiden Händen froh lokkend ergreifen, um Zwietracht, Aufruhr und Empörung über Teutschland, und Schmach und Verderben über den König zu verhängen.

Königin Bertha. Kaiserin! ihr mahlt schreklich — fürchterlich —

Kaiserin Agnes. Aber treu und wahr, gute Bertha! Denn wenn auch ihr nicht die Absicht hättet, wie ihr sie gewis nicht haben könnet, durch eure Klagen und Beschwerden über den König Teutschlands Fürsten und Edle in eine verderbliche Fehde zu verwikkeln und euch an eurem Gemahl zu rächen: so würden dennoch die Misvergnügten den leisesten wider Heinrich euch entschlüpften Laut als einen rechtlichen Aufruf zur Empörung wider ihren König annehmen, und möchtet ihr dann mit Bitten und Flehen, mit Heulen und Jammern, ihrer Wuth Einhalt zu thun suchen, das Alles nicht achten, euch und eure Sache zum

zum Feldgeschrei und Heinrichs Tod und Verderben zur Losung machen.

Königin Bertha. Genug — genug, meine Mutter! die Kraft eurer Worte drückt mich mehr zu Boden, als die Schwere meines Kummers —

Kaiserin Agnes. Und dann, gute Bertha! es kann eine Zeit kommen, da Alles, was uns izt räthselhaft scheint, sich auflösen und Heinrich mit Liebe in eure Arme, an euer treues Herz zurükkehren dürfte — und sie wird gewis kommen, wenn ihr sie ruhig und geduldig erwartet —

Königin Bertha. Wird sie kommen, gute Mutter! — gewis kommen?

Kaiserin Agnes. Gewis, Bertha! mein Herz betrog mich noch nie. Aber sie wird nicht kommen, wenn ihr meinen mütterlichen Rath verschmähet: denn was soll euren Gemahl zur freiwilligen Rükkehr bewegen, wenn es nicht das Verdienst eurer dauernden Liebe, eurer stillen Duldsamkeit thut? — Liebe läßt sich nicht zwingen, gute Bertha! sie

fie ift der Erſcheinung einer Heiligen ähnlich, die uns ganz ohne unſer Zuthun wohl-
thätig überraſcht, dem ſtürmiſch und tro-
zig Begehrenden aber nie zu Theil wird.

Königin Bertha. O Agnes! Agnes!
welch ein groſes königliches Weib ſeid ihr —
und wie ſo klein, wie ſo ſchwach bin ich
im Verhältnis gegen euch! Ihr erfüllt mein
Herz mit Furcht und Bangigkeit und dann
wieder mit Hofnung und Freude — und
bringt ſo mich zu dem Entſchluß —

Gertrude. (raſch eintretend.) Des Königs erſter Kämmerling läßt ſich zu königs-
licher Huld empfehlen und bittet —

Kaiſerin Agnes. (freudig.) Ulrich von
Cosheim?

Königin Bertha. Ulrich mit Botſchaft — mit Botſchaft vom König? (ruft.)
Ulrich — Ritter Ulrich! (Ulrich von Cosheim tritt ein, Gertrud entfernt ſich wieder.)
Ihr ſeid ein ſäumiger Bote, lieber Ulrich!
harret da ewig im Vorgemach, laßt uns —

Ulrich v. Cosheim. Ich bin wol ein
ſchneller Bote, gnädige Frau! hab' euch

zu Gefallen mein bestes Roß niedergeritten —

Königin Bertha. Guter Ulrich! vergieb mir — vergieb mir! — Nun sag' an, was bringst du? wie geht's dem König?

Ulrich v. Cosheim. So! so! gnädige Frau — nicht gut und nicht böse, nicht wohl und nicht übel! Er läßt euch des freundlichsten grüßen —

Kaiserin Agnes. Horcht wohl auf, Bertha! des freundlichsten —

Ulrich v. Cosheim. Und übersendet euch da ein Schreiben — (übergiebt der Königin einen Brief.)

Königin Bertha. (ihm den Brief hastig entreißend.) O Heinrich! Heinrich! ich that dir wol Unrecht —

Ulrich v. Cosheim. Nun, Gott befohlen! gnädige Frauen — ich hab' Eile.

Königin Bertha. Ulrich! ihr habt Eile? wollt nicht einmal auf Antwort warten?

Ulrich

Vierte Periode.

Ulrich v. Cosheim. Ich kann nicht, gnädige Königin! ich muß straks nach Thüringen zurük — dort giebt's gar böse Händel. Markgraf Otto ist des Todes verfahren, wie ihr wol wissen werdet, Ekbert will Besiz nehmen vom Lande, und Markgraf Dedo von Meißen will's ihm streitig machen und der Erzbischof zu Mainz mag dabei auch gar wunderliche Dinge im Sinn haben — und der König will das Alles schlichten und richten, daß Nichts Ungleiches daraus erwachsen möge; da muß ich denn schnell zurük und dem König zur Hand sein, wenn er etwan in Fährlichkeiten gerathen sollte! — Gott befohlen! Gott befohlen! (schnell ab.)

Kaiserin Agnes. Sonderbar! —

Königin Bertha. Sonderbar, sagt ihr? — Ach Mutter meines Heinrichs! meine Mutter! wenn euch — euch das Alles sonderbar dünkt? —

Kaiserin Agnes. Gute Bertha! was ist euch? Ihr zittert — ihr schaudert zusammen —

Königin

Königin Bertha. Ich zittre, das Siegel dieses Schreibens zu lösen — mich schaudert's vor dessen Innhalt. —

Kaiserin Agnes. Bertha! wozu wolltet ihr euch vorhin entschließen? Kann dieses Schreiben etwas Aergeres enthalten, als ihr es euch in der Bangigkeit eures Herzens mögt eingebildet haben? — Laßt mich's euch vorlesen, liebe Bertha!

Königin Bertha. Thut das, traute Mutter! Mir schwindelt's, wenn ich nur einen Seitenblik auf dieses Papier hinwerfe — die Sinne vergehen mir — das Herz schlägt wild und ungestüm — —

Kaiserin Agnes. Bertha! ihr seid Königin —

Königin Bertha. Ha! daß ihr mich dessen mahnet! Kaiserin Agnes — ihr mögt nun lesen.

Kaiserin Agnes. (entrollt das Schreiben.) Es ist sehr kurz.

Königin Bertha. Desto schlimmer!

Kaise=

Vierte Periode.

Kaiserin Agnes. Ihr denkt euch immer das Schlimmste! — In so wenigen Zeilen kann doch nicht — — doch zuvörderst den Text und dann die Auslegung. Horcht wohl auf, Bertha! (liest.)

„Meine Königin!

„Verzeihung, wenn euch meine Abwe„senheit Unruhe gemacht hat! Es ist ein „schweres Schiksal über mich verhängt; „es ist schreklich, daß ich euch, Unschul„dige! darein mit verwikkeln mußte. Ich „habe gethan, was ich zu thun vermoch„te; ich habe das Wort meines Vaters „eingelöset, ich habe die Foderungen ge„meiner Fürsten erfüllt, hab' euch meine „Hand gegeben, euch die Krone aufs Haupt „gesezt. Mehr mag ich nicht zu thun; „mehr kann ich euch und den Fürsten des „Reichs in dieser Angelegenheit nicht ge„währen. Hätte das Wort meines Va„ters mich nicht an euch gefesselt, hätte „der Ungestüm gemeiner Fürsten meine na„türliche Freiheit nicht so sehr beschränkt: „so wäret ihr die einzige Person in der
„Welt

„Welt gewesen, der ich Hand und Herz
„mit Liebe dahin gegeben hätte; denn ihr
„seid sehr schön, sehr liebenswürdig. Aber
„so seid und bleibt ihr nur Königin! und
„ich bin

Euer wohlgeneigter König

Heinrich.

Königin Bertha. Nur Königin?
(sinkt ohnmächtig zusammen.)

Kaiserin Agnes. Es ist hart, liebe
Bertha! aber ihr müßt — — Gott im
Himmel! was ist euch? — Bertha! Ber=
tha! — Ewiger Gott! sie erkaltet — Ger=
trude! — Hülfe — Hülfe!

Goslar.

Goslar.

Zimmer im königlichen Pallaste.

Graf Eberhard, Graf Leopold von Merseburg, Graf Otto, Voigt zu Goslar.

Graf Eberhard.

Der König ist sehr traurig.

Gr. Leopold v. Merseburg. Die Nachricht von Ekberts schnellem Tode hat ihn gewaltig erschüttert.

Gr. Otto. Er war die leztern Jahre daher des Königs treuester Freund und Rathgeber; solch eines Mannes Verlust muß wol schmerzen.

Gr. Eberhard. Zumal wenn er so plözlich, so ganz unerwartet kommt. Gestern leerte der König den grosen goldnen Pokal noch auf Ekberts Wohlsein aus, freute sich daß, daß er nun endlich zum ruhigen Besiz des ihm so lange verheißnen und leztlich noch

noch von der herrschsüchtigen Adelheide ihm streitig gemachten Landes gelanget sei, beschloß, ihn nächstens heimzusuchen und weidlich mit ihm zu schmausen auf Thüringischem Grund und Boden — und heute —.

Gr. Otto. Wir müssen ihn zu zerstreuen suchen, Freunde! Wir hätten's, traun! auf unserm Gewissen, wenn wir solch junges Blut aus Grillenfängerei verschleimen und verdikken ließen.

Gr. Leopold v. Merseburg. Ihr redet gar klüglich, Herr Voigt! wir müssen ihn der Einsamkeit und seinem Griesgram entreißen. Es giebt keinen jämmerlichern Anblik in der Natur, als ein jugendliches Angesicht, das den abstoßenden Verdruß und den fressenden Harm eines elenden Greisen an der Stirn trägt.

Gr. Eberhard. Wenn nun aber der Verdruß und der Harm eines elenden Greisen an Heinrichs jugendlichem Herzen schon nagte — wenn die dumpfe traurige

Vierte Periode.

rige Stimmung seiner Sele nicht blos durch Ekberts Tod —

Gr. Otto. Wie? was sagt ihr da?

Gr. Eberhard. Ich mag Nichts gesagt haben. Kommt, Freunde! wir müssen den iungen Grillenfänger zu zerstreuen suchen.

König Heinrichs Zimmer.

König Heinrich, Ulrich von Cosheim; dann Graf Eberhard, Graf Otto, Graf Leopold von Merseburg.

König Heinrich.
Und wie fandet ihr die Königin? was sagte sie zu eurer Botschaft?

Ulrich v. Cosheim. Mich dünkt, daß ich sie sehr traurig würde gefunden haben, wenn ich sie unangemeldet überrascht hätte. Die Kaiserin Mutter war in ihrem Gemach, als ich dort anlangte; Gertrude hatte verweinte Augen — ich kam ihr, wie ein Engel vom Himmel; sie sprang hoch auf, als ich sie grüßt' und rasch ins Gemach hinein, meine Ankunft zu melden. Da rufte die Königin mit lauter freudiger Stimme: Ulrich! Ritter Ulrich!

König Heinrich. Ach die arme Getäuschte!

Ulrich

Vierte Periode.

Ulrich v. Cosheim. Ich gieng hinein und überreicht' ihr eure Handschrift und ihr Auge strahlte mir so wonniglich entgegen, wie die Sonne dem Wandrer nach einem langen traurigen Regentage.

König Heinrich. Die arme Getäuschte!

Ulrich v. Cosheim. Als ich mich aber sofort wieder verabschiedete: da zogen sich trübe Wolken auf ihrer Stirn zusammen — ihr Auge war gebrochen — langsam hob sich der Schleier ihres Busens — sie zitterte wie Espenlaub —

König Heinrich. Ahndung! Ahndung! — banges, ängstendes Vorgefühl dessen, was ihr meine Handschrift kund gethan hat! — Sie jammert mich — sie ist eines bessern, glüklichern Schiksals würdig! aber ich mag, ich darf, ich kann es nun einmal nicht ändern —

Ulrich v. Cosheim. Ihr dürftet — ihr könntet nicht? — O mein König! ihr könntet wol —

König Heinrich. (auffahrend.) Ulrich! ich könnte? — Ulrich ich könnt' und sollte — — was sollt' ich? ein Weib mir zulegen, das man mir in der Wieg' erliesete? Fesseln tragen und küssen, die Sachsens gehässige Fürsten mir schmiedeten? allem freien und frohen Genuß des Lebens entsagen, zu welchem Lieb' und Jugend mich berechtigen? — Ulrich! ich lieb' euch wegen eurer Treue und Anhänglichkeit; aber ich würd' und müßt' euch hassen, wie die Sünde und ihren Schöpfer, den Teufel, wenn ihr's noch einmal wiederholtet; ich könnte wol — ich könnte wol — — (Graf Eberhard, Graf Otto, und Graf Leopold von Merseburg, treten ein.) Ulrich! kein Wort, keinen Laut izt mehr über diese Sache!

Ulrich v. Cosheim. Kein Wort — keinen Laut, gnädiger Herr!

König Heinrich. Sieh da: so spät noch? — Was führt euch so spät noch zu mir?

Gr. Leopold v. Merseburg. Grad heraus, gnädiger Herr! die Sorge für eure Ruhe,

Vierte Periode.

Ruhe, der einmüthige Wunſch und Wille, euern Sinnen Zerſtreuung, euerm Herzen Freude zu verſchaffen. Die Nachricht von Markgraf Ekberts plözlichem Hinſcheiden hat euch für den ganzen Tag ſo ſchreklich verſtimmt —

König Heinrich. Dieſe Nachricht — ja wol dieſe Nachricht — ſie kam mir ſo unerwartet — (für ſich.) Ha dieſe Nachricht und mein trauriges Schikſal — Bertha! Bertha!

Gr. Leopold v. Merſeburg. Königliche Maieſtät verzeihe, wenn ich mich unterfange, zu fragen: wozu frommet und nüzet euer banges Herzleid und eure tiefe Traurigkeit, da ihr die Todten damit nicht wieder zu erwekken vermögt?

König Heinrich. Ritter! ſolch eine Frage thut kein theilnehmender Freund an ſeinen traurigen Freund! — Eure Hand, Lieber! ſie iſt euch vergeben!

Gr. Leopold v. Merſeburg. O mein gnädiger König —

Kaiser Heinrich der Vierte.

König Heinrich. Auch ist's nicht blos Ekberts mir sehr schmerzliches Hinscheiden, was mich so mismuthig macht, sondern —

Ulrich v. Coshelm. (für sich.) Bertha! Bertha!

Gr. Eberhard. Versteh' ich euch recht, gnädiger Herr! so fürchtet ihr für den Erben des Markgrafthums, daß er sich in seiner zarten Jugend nicht werde behaupten können —

Gr. Otto. Und daß Markgraf Debo, von seines Weibes unbegrenzter Herrschbegierde gereizt, auf die nun erledigte Nordmark Thüringen wieder Ansprüche machen und durch Befehdung der Thüringer des Reichs Ruhestand wieder stören werde?

König Heinrich. Dies ist's, Freunde! was mich am meisten beunruhiget — Adelheidens wilde Herrschbegierde, Debos unersättlicher Ehrgeiz und des Mainzers Zehnden-Streitigkeit mit den Thüringern —

Ulrich

Vierte Periode.

Ulrich v. Cosheim. (für sich.) Und Bertha! Bertha!

Gr. Otto. Das sollt' euch nicht beunruhigen und betrüben, gnädiger Herr! Seid ihr etwan nicht mächtig genug, den jungen Ekbert zu schüzen wider Dedos gewaltsame Anmaßungen? Kann Adelheidens Treiben und Drängen, können all' ihre Verhezungen, all' ihre aus Stolz und Herrschsucht erzeugten Ausschweifungen, sollten sie auch ihren Gemahl zur Fehde hinreißen, den biedern tapfern Heinrich so sehr außer Fassung bringen, daß —

König Heinrich. Außer Fassung? mich außer Fassung eines Weibes ungestümes Beginnen? — Nein! — bei Gott! nein! mich brächte ganz Teutschlands Empörung wider mich nicht außer Fassung.

Gr. Otto. Ei dann, gnädiger Herr! warum laßt ihr euch denn von den Sorgen für die Zukunft auf ganze Tage so schreklich verstimmen? warum habt ihr denn Heute wieder einen ganzen Tag eures köstlichen Lebens mit unnüzer Grillenfängerei getödtet? — Ihr kennt doch Adalberts goldenes Sprüchlein: Genuß ist wahres Leben! Versagung des Genusses ist wahrer Tod — und ihr achtet dessen so wenig, daß ihr einem verzehrenden Kummer, einer unnüzen Sorge ganze Tage nachhängen könnet! — Kommt, gnädiger Herr! wir wollen auf die Jagd gehen.

König Heinrich. Otto! seid ihr toll? — bei einbrechender Nacht noch auf die Jagd?

Gr. Otto. Wein und Lieb' ist auch gar köstliches Wildpret, gnädiger Herr!

König Heinrich. Ihr seid ein schlimmer Gesell, Otto! — aber ich will eurer Mahnung diesmal doch folgen!

Burg Hanenstein.
Zimmer.

Herzog Otto, Herzog Magnus, Graf Rether, hernach ein Edelknecht.

Herzog Otto.
Es ist nicht so, wie's sein soll, Freunde! — es ist eitel Blendwerk, was uns der lose Wüstling in Tribur vorgegaukelt hat.

Herz. Magnus. Hab' ich's euch doch vorher gesagt, daß mit diesem Menschen kein Auskommen ist, daß diese wilde Ranke sich nimmermehr nach unserm Sinn wird biegen lassen.

Gr. Rether. Darum bleib' ich bei meiner alten Rede: solche wilde Ranken muß man wegschneiden — was sich nicht will biegen lassen, das muß man brechen!

Herz. Otto. Freund Rether hat, traun! nicht Unrecht; wir kommen doch nimmermehr mit ihm zum Zweck.

Herz. Magnus. Wo mag er sich izt wieder herumtreiben?

Gr. Rether. Wo anders, als in Goslar und dortiger Gegend!

Herz. Magnus. Die Königin weilt aber noch in Tribur.

Gr. Rether. Was kümmert ihn die Königin? die mag verlassen sizen und mit seinem Schatten kosen; er wird darum doch nicht darben, wenn er auch ihrer Umarmung Jahre lang entbehrt. Der gefällige Wüstling findet ia überall Eingang, ist ia überall willkommen, wird ia überall mit offnen Armen empfangen — die ganze Weiberwelt ist ia wie bethört und bezaubert von diesem gefährlichen Lungerer —

Herz. Otto. Darum sagt' ich eben: es ist eitel Blendwerk, was er uns am Beilager vorgegaukelt hat! Es ist nicht so, wie's sein soll: — Aber es muß so sein, es muß so werden — er muß sich in die Schranken der Ordnung und Ehrbarkeit fügen, oder wir handeln nach Rethers Rath und schneiden die wilde Ranke weg —

Herz.

Vierte Periode.

Herz. Magnus. Meint ihr das in Beziehung auf die Königin: so weis ich nicht, ob wir uns mit Fug und Recht in Heinrichs häusliche Händel mischen mögen. Deutet ihr aber zugleich mit auf das, was er uns auf dem Fürstentage zu Tribur hat geloben und schwören müssen und deren Dinge er keines noch in Erfüllung gebracht hat: so bin ich euch straks zur Hand mit Wort und That.

Ein Edelknecht. (tritt ein und übergiebt dem Herzog Otto ein Schreiben.) Ein Edelknecht des Herrn Erzbischofs zu Kölln brachte das — läßt fragen, ob er auf Antwort harren soll?

Herz. Otto. Er soll nur harren!
(Edelknecht ab.)

Herz. Magnus. Laßt doch hören, was der wakre Köllner schreibt, wenn's Nichts heimliches ist!

Herz. Otto. Das wird's für euch nicht sein. (überliest das Schreiben flüchtig für sich, dann.) Alle Wetter! was führt der Truggesell wieder im Schilde? Gewis wieder

ein

ein Entwurf von dem schlauen Breﬣ
mer —

Herz. Magnus. Herr Herzog! was
habt ihr denn, daß ihr so auffahrt? Iſt's
nicht mitzutheilen?

Herz. Otto. Ei wol iſt's das, wiewol
ſich der Erzbiſchof einer ziemlich rauhen
Sprache bedient hat! Hört nur: (lieſt.)

„Freundlichen Gruß und apoſtoliſchen
„Segen zuvor!

„Ich vernehme, daß ihr ganz ruhig auf
„Hanenſtein hauſet, indes es wieder gar
„toll hergehet unter euern Lehnsmannen in
„Baiern. Ihr mögt wol erhebliche Urſaﬣ
„chen haben, die euch bewegen, dieſen Zerﬣ
„rüttungen ganz ſtill zuzuſehen, wiewol
„es nach Jedermanns Bedünken des Her=
„zogs heilige Pflicht wäre, ſolchem Unwe=
„ſen kräftiglich zu wehren und zu ſteuern.
„Doch kümmert das meines Orts mich
„nicht und es iſt auch nicht meines Amts,
„euch Vorhaltungen zu thun über das,
„was euch als Herzog von Baiern wohl
„gebühﬣ

Vierte Periode.

„gebühren möchte. Ich vernehm' aber
„auch, daß ihr ganz ruhig auf Hanenstein
„hauset, indes der König wieder Dinge
„unternimmt, die auf lose Händel abzu=
„zielen scheinen. Ich habe die Sorge für
„des Reichs gemeine Wohlfahrt auf bitt=
„liches Ansuchen der Fürsten wieder über
„mich genommen und es mag Einer auf=
„treten wider mich und mich der kleinsten
„Vernachläßigung der vielen und man=
„nichfaltigen Geschäfte, die durch meine
„Hände gehen, zeihen. Euch, Herr Her=
„zog! übertrug ich als einem klugen und rü=
„stigen Mann, die besondere Wachsamkeit
„über Heinrichs Handlungen und mahnt'
„euch, ieden seiner Tritte und Schritte
„sorgfältig zu beobachten und wenn ihr ir=
„gend Etwas Ungleiches in seinen Unter=
„nehmungen entdekken solltet, mir unge=
„säumt Kunde davon geben zu lassen. Für=
„wahr! ihr wartet eures Amts nicht rühm=
„lich, da ich euch selbst aufmerksam ma=
„chen muß auf Dinge, deren Entdekkung
„ich von euch erwartet hätte. Wisset also,
„daß der König auf allen Bergen und Hö=
„hen

„ben in Sachsen und Thüringen veste Bur-
„gen erbauen, und vornemlich die kleine
„Veste Harzburg erweitern und zu einer
„stattlichen Hauptveste einrichten lässet.
„Wohin des Königs Absichten dabei gehen,
„das brauch' ich euch wol nicht vorzusagen;
„es fällt in die Augen daß es damit auf die
„Unterdrükkung der freien Sachsen und
„Thüringer abgesehen ist. Auch hat man-
„cher kühne Rittersmann sich diesem Unwe-
„sen schon männlich widersezt, hat die Arbei-
„ter überfallen und auseinander gesprengt,
„und ihre Werker zerstört. Seitdem arbeiten
„sie aber unter starker Bedekkung von Rit-
„tern und Reusigen und Niemand wagt es,
„sie ferner zu stören. Dies hab' ich euch zu
„eurer Nachricht hiermit eröfnen wollen,
„in der Hofnung, daß ihr sie nicht unbe-
„nuzt lassen werdet. Gegeben zu Kölln
„am Tage des heiligen Macarius im Jah-
„re nach Christi Geburt 1067.

Hanno.
Erzbischof.

Nun, Freunde, was sagt ihr dazu?

Herz

Vierte Perlode. 31

Herz. Magnus. Dazu läßt sich gar wenig sagen, Herr Herzog! Handeln ist hier wol das Beste.

Gr. Nether. Wegschneiden müßt ihr die wilde Ranke — ohne Gnad' und Barmherzigkeit wegschneiden!

Herz. Otto. Wenn's so ist, wie's der Erzbischof macht: so — — aber vielleicht ist's auch nicht so toll, vielleicht läßt sich der König hier und dort einen Pallast bauen und man macht da gleich Burgen und Vesten daraus —

Gr. Nether. Wie mögt ihr daran noch zweifeln? baut man Palläste auf Bergen und Höhen?

Herz. Otto. Laßt sehen, was an der Sache wahr ist! wollt ihr mit mir ziehen?

Herz. Magnus. Gern zög' ich mit euch, Herr Herzog! hätte mich mein Vater nicht mahnen lassen, so schleunig als möglich zurük zu kehren, weil er von den Slaven überfallen zu werden befürchtet.

Herz.

Herz. Otto. Ei da müßt ihr wol eilen, Freund! und ich mag euch keinen Augenblik länger zurükhalten, so lieb mir auch eure Gegenwart ist.

Gr. Rether. Aber ich will euch geleiten, Herr Herzog! Und wenn sich's nun so findet, wie des Erzbischofs Schreiben lautet — was dann?

Herz. Otto. Thun, wie ihr gerathen habt!

———

Meissen.

Meisen.
Zimmer im Schloß.

Markgraf Debo, Markgräfin Adelheide; hernach ein Edelknecht und Herzog Otto.

Markgräfin Adelheide.

Also noch nicht entschlossen? — Debo! was seid ihr für ein Mann, wenn ein Weib euch mahnen muß, eure Gerechtsame geltend zu machen?

Mkgr. Debo. Fürwahr! Liebe! ihr treibt es gar arg mit mir.

Mkgr. Adelheide. Treib' ich? — Nun, fürwahr! das ist mir ein sichres Kennzeichen, daß der Ehrgeiz euch eben nicht sonderlich treiben mag; und es ist wahrhaftig schlimm, sehr schlimm, daß ich euch treiben muß! — Debo! entsinnt ihr euch noch der Worte, die ich am Tag' unsrer Vermählung zu euch redete? Ich weich' euerm Ungestüm, sagt' ich damals: ich lege den Trauerschleier sechs Monate

Monate früher ab, als ich's dem Herkommen und Ottos Ehrengedächtnis schuldig bin; ich geb' euch meine Hand. Aber daß ihr ia nicht wähnen mögt, als stellt' ich mich lediglich aus Liebe zu euch, ob dieses raschen Schrittes der übeln Nachrede blos! Ich bedarf eines männlichen Beistandes zur Behauptung meiner Gerechtsame auf Thüringen gegen Heinrichs und Ekberts Anmasungen und wenn Dedo sich dazu verpflichtet, so — — Ich schwieg und ihr schlugt Hand in Hand —

Mkgr. Dedo. Hab' ich etwan nicht Wort gehalten? Hab' ich nicht Alles gethan, um Ekberten das Markgrafthum wieder zu entreißen?

Mkgr. Adelheide. Soll ich euch aufrichtig antworten, Lieber! so muß ich sagen: ihr habt Nichts gethan!

Mkgr. Dedo. Nichts? — Adelheide! ihr geht zu weit — eure Vorwürfe sind —

Mkgr. Adelheide. Nicht ungerecht, lieber Dedo! und ich bleibe dabei, daß ihr

Nichts

Vierte Periode.

Nichts gethan, Nichts versucht habt, was euch zum Besiz meines Erbes hätte verhelfen können. Ich rieth euch, ich drang in euch, die Waffen zu ergreifen —

Mkgr. Debo. Ha die Waffen wider den König, wider Ekberten und wider ganz Thüringen; wie hätt' ich bestehen können gegen diese vereinigte Macht?

Mkgr. Adelheide. So fragt ein herzhafter Mann eigentlich nicht, Herr Markgraf! Aber ich laß' es dahin gestellet seyn; ich will's sogar nicht rügen, daß ihr auf Thüringens Besiznehmung izt wieder Verzicht leistet, da es sich in den Händen eines schwachen Kindes befindet — ich will's darum nicht rügen, weil meine Oda dem jungen Ekbert zur Gemahlin bestimmt ist. Daß ihr aber den König nicht mahnt, euch Ottos Lehngüther heraus zu geben, die er wider Recht und Billigkeit an sich gerissen und in königliche Kammergüther verwandelt hat — daß ihr das laute Murren, die allgemeinen Beschwerden der Sachsen und Thüringer über die Vermehrung der königs lichen Burgen und Schlösser im Lande nicht zu euerm Vortheil benuzt, die Unzufriednen nicht überredet, gemeinschaftliche Sache mit uns wider den König zu machen — daß ihr den Gerechtsamen eures Weibes so unverzeihlich viel vergebt, sie wider die Verfolgungen eures eignen unbändigen Sohnes nicht in Schuz nehmt, sie — — (ein Edelknecht tritt ein.)

Mkgr. Dedo. Markgräfin! ich bitte, solche Dinge nicht vor fremden Ohren laut werden zu lassen.

Mkgr. Adelheide. Dedo! Dedo! ihr kennt mich noch nicht! Ganz Thüringen, ganz Teutschland soll es hören, was für ein Mann ihr seid —

Mkgr. Dedo. Markgräfin! ich bitt' euch noch Einmal — Dedo hat sein Bitten und Begehren noch nie zum dritten Male wiederholt. (wendet sich gegen den Edelknecht.) Giebts was Neues?

Edelknecht. Herzog Otto und Graf Rether lassen Eure Erlauchten begrüßen

und

Vierte Periode.

und um Vergünstigung bitten, euch zusprechen zu dürfen.

Mkgr. Adelheide. Ha die treflichen
Männer! sie sind uns herzlich willkommen.
(Edelknecht ab.)

Mkgr. Dedo. (für sich.) Ein ungestümes herrisches Weib! hätt' ich dich früher
von dieser Seite gekannt, du hätteſt von
meinem Ungestüm Nichts sollen zu befürchten haben.

Mkgr. Adelheide. (für sich.) Nun will
ich dich wol fangen, Dedo! nun sollſt du
mir wol zum Schwert greifen müſſen, du
magſt wollen oder nicht.

(Herzog Otto und Graf Rether treten ein.)

Mkgr. Dedo. Sieh da: gar seltne
Gäſte! Willkommen, willkommen, edle
Herren!

Mkgr. Adelheide. Willkommen! willkommen! — wir werden baß mit euch
hadern, daß ihr unsre Einladung verschmähet habt —

Herz.

Herz. Otto. Verzeihung, erlauchte Frau Markgräfin! was Adelheide begehrt und anbietet, das mag wol kein rechtlicher Mann verweigern, oder verschmähen.

Mkgr. Adelheide. Und doch —

Herz. Otto. Ihr seid irrig, gestrenge Frau! Wer hätte nicht lieber bei Adelheidens Hochzeitgelag den vollen Willkommen leeren, als mit solchen verdrüslichen Händeln sich herum schlagen wollen, wie mich's die Zeit daher betroffen hat?

Mkgr. Dedo. Daß ihr doch immer in lose Händel und Fehden verwikkelt sein müsset!

Herz. Otto. Diesmal wol nicht in Fehde für meine Person, Herr Markgraf! aber um desto verdrüslicher für mich, daß ich nicht so mit dem Schwert endscheiden konnte, wie ich wol gewünscht hätte. Die Baiern waren wieder gar hart an einander. Die gewaltigen Grafen von Bogen spielten wieder den Meister im Lande und drükten Alles zu Boden, was ihnen zu nahe kam. Da sammelten sich denn die minder Mächtigen

Vierte Periode.

tigen zu Haufen und überzogen sie mit gesammter Heereskraft. Nun gab's gar derbe Schläge; beide Partheien rieben sich einander auf; lange blieb der Sieg unentschieden; aber endlich erhielten die Vereinigten das Uibergewicht. Ich hatte der Fehde lange still zugesehen; aber nun mußt' ich mich wol einmischen, um das Gleichgewicht wieder herzustellen. Es gelang mir wunderschnell; ich drohte die Friedensstörer heimzusuchen mit Feuer und Schwert, so sie die Fehde nicht straks aufheben und —

Gr. Rether. Daß ich euch in die Rede falle, Herr Herzog! ihr vergeßt der Hauptursach unsrer Abhaltung vom Hochzeitgelag und unsrer izigen Anherokunft zu erwähnen. Der König —

Mkgr. Adelheide. Ha der König! — habt ihr mit diesem auch wieder verdrüsliche Händel gehabt?

Herz. Otto. Eigentliche Händel mit ihm selbst eben nicht, wol aber vielfältige Sorg' und Unruh' um des Reichs gemeine Wohlfahrt und um euretwillen —

Mkgr. Abelheide. (leise.) Dedo! versteht ihr diesen Wink? — (laut.) Ei sagt doch: warum denn um unsertwillen?

Herz. Otto. Warum? — Weil ich sah, daß ihr euch der neuen Liebe so ganz sorglos überlassen und im frohen schwelgerischen Genusse derselben Alles — Alles, was ihr gemeiner Wohlfarth überhaupt und euch selbst insbesondere schuldig seid, vergessen konntet. Wie mag's doch nur zugehen, dacht' ich oft bei mir selbst: daß der edle tapfre Dedo den König so ganz ungestört in Thüringen hausen, daß er sich von ihm ohne alle Widerrede um das ganze Erbe seiner Gemahlin bringen, den tollen Wüstling in seinem Eigenthum schalten und walten läßt, wie es ihm gelüstet? ihm die Aufführung so vieler Burgen und Vesten im Lande nicht einmal wehret? ihn dadurch in seinen gewaltthätigen Anmasungen, in seinen schändlichen Absichten, die Freiheit der edlen Thüringer und Sachsen zu unterdrükken, sogar begünstiget? Wie mag's doch nur —

Mkgr.

Vierte Periode.

Mkgr. Dedo. Herr Herzog! was redet ihr da? Ich den König in solchen schnöden Dingen begünstigen? ich zugeben, daß er meines Weibes wahrhaftiges Eigenthum raube? — Kannte Herzog Otto mich nicht besser? oder wußt' es Herzog Otto nicht mehr, entsann er sich dessen nicht mehr, was Markgraf Dedo in der Fürstenversammlung zu Tribur gegen den König redete?

Herz. Otto. Ich wußt' es und entsann mich dessen gar wohl, Herr Markgraf! Aber eben daher konnt' ich die Botschaften aus Thüringen und das Gerücht von eurer Unthätigkeit mit euerm sonstigen Benehmen gegen den Verhaßten nicht reimen. Mir blieb, um den Grund oder Ungrund iener Botschaften und Gerüchte zu erforschen, Nichts übrig, als durch den Augenschein mich davon zu überzeugen. Ich machte mich auf und zog gen Thüringen —

Mkgr. Adelheide. Und fandet es ganz anders, als ihr's vermuthet hattet — nicht wahr?

Herz.

Herz. Otto. Traun! ganz anders, Frau Markgräfin! — toller und schändlicher, als ich's ie hätte befürchten können! Mir war's, als käm' ich auf ganz fremden Grund und Boden, als ich durch Sachsen und Thüringen zog. Es stießen mir da so viele neue Dinge auf, daß ich Freund Rethern oft ernstlich befragte: sind wir denn irre auf unsrer Wanderschaft? oder sind wir würklich in Thüringen? würklich noch in Sachsen?

Mkgr. Dedo. Ihr kurzweilt wol nur, Herr Herzog! Was hätt' euch euern vaterländischen Grund und Boden binnen Jahresfrist in der Wahrheit so unkenntlich machen können?

Herz. Otto. Grund und Boden war mir wol noch kenntlich; was aber binnen Jahresfrist darauf hingepflanzt und hingemauert worden war und was sich izt daselbst ereignete, das war mir ganz fremd und machte mich oft ganz irre. Kam ich an einen mir wohl bekannten Flekken, so fand ich ihn mit Gräben, Mauern und Thürmen

Vierte Periode.

men umgeben und erhielt auf Befragen: wer den Flekken so stattlich habe bevestigen lassen? zur Antwort: der König! Gewahrt' ich auf Bergen und Höhen, die vor wenigen Monden noch ganz nakkend und kahl da standen, neue Vesten und Burgen, und forschte nach dem Namen des Burgherrn: so war's wieder der König! Ich zog durch verwüstete sonst blühende Dörfer, stieß auf ganze Haufen zerlumpter, verhungerter, mit Elend und Verzweiflung ringender Menschen — fragte: wer hat diese Dörfer verwüstet? wer hat euch in dieses Elend, zu dieser Verzweiflung gebracht? — und erhielt zur Antwort: die Burgmänner des Königs! Ich kam —

Mkgr. Adelheide. Habt ihr etwan noch schreklichere Erfahrungen von diesem König gesammelt in Sachsen und Thüringen: so bitt' ich —

Herz. Otto. Frau Markgräfin! ihr mahnt mich nicht zur Unzeit, meine Erzählung abzubrechen. Aber eine auf meinem

nem Zuge durch Thüringen noch gemachte Bemerkung kann ich euch doch nicht verhelen. Sagt: wie geht denn das zu, daß alle Lehnsgüther eures seligen Gemahls izt von königlichen Voigten verwaltet werden? — Ich habe nicht ein einziges gefunden, wo man mir und meiner Geleitschaft in euerm Namen Herberge und Bewirthung angeboten hätte.

Mkgr. Adelheide. Wär' ich Mann, so antwortet' ich auf eure Frage. So aber — wird Markgraf Dedo — wird Adelheidens Gemahl euch mit hinlänglicher Antwort vergnügen. (schnell ab.)

Gr. Rether. (für sich.) Traun! ein Weib nach meinem Sinn!

Herz. Otto. (bedeutend.) Herr Markgraf!

Mkgr. Dedo. Ich weis, was ihr sagen wollt — es ist ein stürmisches Weib — ich soll dem König Fehde bieten — ich soll ihre Gerechtsame auf Thüringen — auf Ottos Lehnsgüther behaupten —

Graf

Vierte Periode.

Gr. Rether. Sollte Markgraf Dedo das nicht wollen?

Mkgr. Dedo. Wollen? — Ihr wißt doch, welch ein unermeßlicher Unterschied zwischen Wollen und Können —

Herz. Otto. Was der Mensch will, das kann er, Herr Markgraf! — Ihr seid doch ein Mann?

Mkgr. Dedo. Laßt sehen: ob euer Satz wahr ist? — Ich will mich gewiß als Mann zeigen! — Ihr seid gekommen, mich wider den König in Harnisch zu bringen, das begreif' ich gar wohl. Ich will den Harnisch anlegen; nun laßt sehen: ob der Mensch — der Mann das kann, was er will! Ich will die Männerprobe für Adelheiden bestehen!

———

Kölln.

Köln.

Zimmer im Erzbischöflichen Pallast.

Erzbischof Hanno, Herzog Rudolf; dann Graf Kuno von Beichlingen.

Herzog Rudolf.

Es ist doch gar seltsam, daß ihr die Veranlassung zu dem bevorstehenden Fürstentage nicht wissen wollet. Ihr sitzt doch itzt beinahe allein am Ruder des Regiments; ohn' euer Vorwissen, ohne eure Mitwürkung kann doch in Angelegenheiten des Reichs Nichts Wichtiges verabhandelt und ausgeführt werden —

Erzb. Hanno. Sollte Nichts Wichtiges verabhandelt und ausgeführt werden, Herr Herzog! und es geschieht doch, wie ihr seht.

Herz. Rudolf. Seltsam — fürwahr! sehr seltsam, daß ihr gar nicht wissen solltet,

Vierte Periode.

tet, warum der König gemeine Fürsten so eilig hat zusammen berufen lassen.

Erz. Hanno. Wie ich euch sage, Herr Herzog! ich weis Nichts — schlechterdings Nichts davon. Aber das weis ich wol, daß ich der losen Händel dieses ausschweifenden Königs von ganzem Herzen überdrüßig und vest entschlossen bin, alle Gemeinschaft mit ihm aufzuheben, ihn seinen Thorheiten und Tollheiten sonder Widerrede zu überlassen, aller Geschäfte mich zu entschlagen und lediglich den Pflichten meines Erzbischöflichen Amts zu leben. Denn es ist kein Auskommen mit diesem Menschen; er verschmähet kluger Leute Rath und handelt, wie es ihm gelüstet und wie die schmeichlerischen Mitgenossen seiner Ausschweifungen ihn leiten und führen. Es ist keine Einigkeit, kein vestes Zusammenhalten unter den teutschen Fürsten; was dem Einen recht und gut dünkt, das hält der Andere für unrecht und schändlich; was sie Heute gemeinschaftlich beschließen, darüber theilen sie sich Morgen

in

in Partheien; wenn sie izt in vollkommner vester Uiberzeugung von Heinrichs schändlichem Lebenswandel, von Heinrichs unwürdigem, der Ehr' und Würde teutscher Nazion äußerst nachtheiligem, für die Freiheit teutscher Fürsten, für die alte löbliche Verfassung des Reichs äusserst gefährlichem Regiment, einmüthig ausrufen: Er muß so und so handeln, er muß Dies unterlassen und Jenes thun; er muß sich schlechterdings bequemen, ein löbliches Regiment zu führen, in unsre Freiheiten und Gerechtsame keine gewaltsamen Eingriffe wagen, oder wir kündigen ihm den Gehorsam auf, stürzen ihn vom Thron, wählen einen Würdigern an seine Stelle! — so darf er sich nur in Person zeigen und sie fangen schon an zu wanken in ihren Entschliessungen; darf nur, und das versteht Adalberts Zögling meisterhaft, zu rechter Zeit trozen und drohen — und den Tapfersten, den Starkmüthigsten wandelt Furcht und Zittern an; dann wieder zu rechter Zeit ihnen schmeichlerisch lächeln — und Aller Herzen sind ihm wieder zugethan mit Achtung

tung und Liebe! — Sagt: ist das vester teutscher Sinn? ist das männlich — fürstlich gedacht und gehandelt? — Nein! nein! antwort' ich in eure Sele und seze hinzu: mit solchen schwankenden, mit solchen lauen doppelseitigen Menschen muß sich kein wahrhaftig vester, entschloßner Mann befassen!

Herz. Rudolf. Ihr eifert gewaltig, Herr Erzbischof!

Erzb. Hanno. Soll ich — muß ich etwan nicht? Ihr wißt, wozu wir uns auf dem Fürstentage zu Tribur vereiniget, wozu wir uns einmüthig entschlossen haben, wenn der König die gesezlichen Schranken wieder überschreiten, und Dinge unternehmen sollte, welche die Würde eines Königs der Teutschen entehren, oder der Freiheit teutscher Nazion Eintrag thun — ihr wißt es und ganz Teuschland weis es, wozu wir uns auf diesem Fall' entschlossen haben. Läßt denn ein Einziger izt seine Stimme laut werden, da es offenbar ist, daß der gekrönte Lungerer die Liebkosungen seines edlen Weibes verschmähet und sich unter feilen Dirnen und pflichtvergessenen Edelfrauen herum treibt? Steht denn ein Einziger izt gegen ihn auf, rüstet sich denn ein Einziger, die Gerechtsame teutscher Freiheit gegen ihn zu behaupten, die er durch Anlegung so vieler Vesten und Burgen in Sachsen und Thüringen ganz offenbar zu vernichten sucht? — Keiner erhebt seine Stimme, Keiner seinen Arm gegen ihn! Selbst Herzog Otto — —

Ein Edelknecht. (tritt ein.) Graf Kuno von Beichlingen —

Erzb. Hanno. Graf Kuno?

Herz. Rudolf. Sonderbar, daß der Sohn, vielleicht mit erwünschter Botschaft abgeschikt, in euerm Vorgemach harret, indem ihr beginnen wolltet auf den Vater zu schelten!

Erz. Hanno. Das wäre wol sonderbar! Wir wollen doch hören — Graf Kuno ist uns willkommen! (Edelknecht ab; Graf Kuno kommt.) Willkommen — willkommen, edler Herr Graf!

Graf

Vierte Periode.

Gr. Kuno. Ich soll euch ehrerbietig grüßen von meinem Vater, ehrwürdiger Herr! und soll euch vermelden, daß er sich sogleich nach Empfang eures Schreibens aufgemacht habe, um mit eignen Augen zu sehen: ob es sich in der Wahrheit befindet, was ihr ihm von des Königs Beginnen in Sachsen und Thüringen berichtet hattet?

Erzb. Hanno. Es befand sich doch Alles in der Wahrheit also, wie ich's dem Herrn Herzog vermeldet hatte?

Gr. Kuno. Leider befand sich's also, ehrwürdiger Herr! Aber ihr sollet vest vertrauen, läßt euch mein Vater sagen: daß alle zur Bezähmung und Ausrottung teutscher Freiheit vom König gewagte Versuche binnen kurzer Frist zu seinem eignen Verderben ausschlagen werden. Ihr habt meinen Vater hart gemahnt, Herr Erzbischof! ihr habt ihm bittre, ich kann sagen: ehrverlezende Vorwürfe gemacht — er wird's euch zu seiner Zeit beweisen, in wiefern er diese Vorwürfe verdient oder verschuldet habe —

Herz. Rudolf. Ihr redet im Geist eures Vaters!

Gr. Kuno. Mein Vater hat Alles gethan, was nur immer zu thun möglich ist, um des Königs herrschsüchtige Absichten zu vereiteln. Alle Sächsische Grafen und Herren sind aufs äußerste gegen ihn erbittert, — Markgraf Debo rüstet sich schon, und plözlich in Thüringen einzubrechen, um den königlichen Voigten Ottos Lehnsgüther wieder zu entreißen — Der junge Ekbert hat, auf Adelheidens und seiner Vormünder Anrathen, des Königs Parthei verlassen. Dies Alles ist das Werk meines Vaters! Laßt sehen: ob unter diesen Umständen Heinrichs verderbliche Anschläge gelingen mögen?

Erz. Hanno. Laßt euch umarmen, edler Graf! (umarmt ihn.) So dankt Hanno euch für eure trefliche Botschaft! — Wird Herzog Otto auf dem Fürstentage zu Worms erscheinen?

Graf

Vierte Periode.

Gr. Kuno. Er wird erscheinen, Herr Erzbischof!

Erzb. Hanno. So will ich ihm im Angesicht aller biedern teutschen Fürsten Abbitte thun, wenn ihn der Inhalt meines lezten Schreibens beleidiget hat.

———————

Worms.

Zimmer im königlichen Pallast.

König Heinrich erst allein, dann Erzbischof Siegfried.

König Heinrich.

O Adalbert! Adalbert! wenn ihr mir doch beiräthig sein könntet in diesem verdrüßlichen Handel! wenn ihr mich doch izt unterstüzen könntet mit eurer mächtigen Beredsamkeit! — O daß ich euch doch eher gefolgt hätte! daß ich's doch eher auf's Aeusserste hätte ankommen lassen, als — (Erzbischof Siegfried tritt ein.) Ich muß — ich muß mich nun diesem vertrauen — und ich weis es doch, daß er kein Freund von mir, daß er kein Adalbert ist!

Erzb. Siegfried. Gottes Segen über euch, gnädiger Herr! — ihr habt befohlen —

König

Vierte Periode.

König Heinrich. Ich hab' euch bitten lassen, ehrwürdiger Herr! — Sezt euch; wir wollen noch ein wenig mit einander plaudern, bis die Trompete zur Fürstenversammlung ertönt.

Erzb. Siegfried. Ich bin ganz zu eurem Befehl, gnädiger Herr!

König Heinrich. Es geht die Rede, daß ihr des Zehndens halber mit den Thüringern wieder in Streitigkeiten verwikkelt werden wär't. Ist denn Etwas wahr an diesem Gerücht? oder ist's eitel leeres Geschwäz?

Erzb. Siegfried. Es mag wol Alles wahr sein, was Königlicher Maiestät darüber kund geworden ist.

König Heinrich. Also doch wahr? — Ich hätte mir die Thüringer nicht so hartnäkkig, nicht so widerspenstig vorgestellt!

Erzb. Siegfried. O gnädiger Herr! es ist das hartnäkkigste, das widerspenstigste Volk auf Gottes weitem Erdboden! — Fürwahr! ich muß fast glauben: es sei meiner

ner Sünden Schuld, daß ich mit diesem Volke so hart gezüchtiget werde.

König Heinrich. Hat die Mainzer Kirche ein gegründetes Recht, den Zehnden in ganz Thüringen zu fodern?

Erzb. Siegfried. Das hat ihr der hochselige Markgraf Otto nicht nur zugestanden, sondern sie ist auch lange vorher und seit Menschengedenken schon im Besiz dieser Einkünfte gewesen.

König Heinrich. Nun so müßt ihr, was ihr im Guten nicht erlangen könnet, mit Gewalt euch zu verschaffen suchen.

Erzb. Hanno. So mag der wol sprechen, der die höchste Gewalt in Händen hat, dem es ein Leichtes ist, ganze Völker zur Vollstrekkung seines Willens zu zwingen. Aber ich —

König Heinrich. Nun ihr? — ein Erzbischof von Mainz, ein Siegfried sollte nicht mächtig genug sein, die Gerechtsame seiner Kirche mit dem Schwert in der Hand gegen männiglich behaupten zu können?

Erzb.

Vierte Periode.

Erzb. Siegfried. Es gefällt meinem gnädigen König, mit seinem treuen Diener Scherz und Kurzweil zu treiben.

König Heinrich. Ich bin izt eben nicht zu Scherz und Kurzweil gestimmt, Herr Erzbischof! ich mein' es ernstlich und gut mit euch.

Erzb. Siegfried. O wenn ihr es ernstlich mit eurer Rede, wenn ihr es gut mit mir meintet, so dürft' ich es wol wagen, euch um euern kräftigen Beistand in dieser mir so nah am Herzen liegenden Sache zu bitten.

König Heinrich. Ich glaub' es euch wol, daß der Verlust des Thüringischen Zehndens euch sehr nah' am Herzen liegen mag. Aber ich mische mich nicht gern in kirchliche Dinge; ich greife den geistlichen Oberhäuptern nicht gern in ihre Rechte, um ihnen nicht Gelegenheit zu geben, in meine königlichen Vorrechte Eingriffe thun zu dürfen. Fühlt ihr euch nicht mächtig genug, die Thüringer zur Entrichtung des Zehnden zu zwingen: so mögt ihr euch an den

den Papst verwenden — so mag dieser entscheiden zwischen euch und den Thüringern, wenn die Sache noch zweifelhaft ist — so mag dieser euch beistehen, wenn er eure Ansprüche für gegründet erklärt.

Erzb. Siegfried. Der Papst würde und könnte nicht anders, als zu Gunsten meiner entscheiden, müßte mich aber, wenn meine Gerechtsame nicht anders, als mit dem Schwert in der Hand geltend gemacht werden könnten, an Königliche Maiestät verweisen; denn der Papst ist das Oberhaupt der Kirche in geistlichen, der König in weltlichen Dingen.

König Heinrich. So sprecht ihr Herren, wenn ihr der königlichen Macht und Gewalt zur Erreichung eurer Absichten bedürft; führt aber eine ganz andere Sprache, redet aus einem ganz andern Tone, wollt den Fürsten keine ausschliessenden Hoheitsrechte in weltlichen Dingen zugestehen, wollt über die Güther, über die Freiheit und das Leben der Menschen eben so unumschränkte Gewalt üben, als über die

die Herzen und Selen der Menschen, wenn ihr bei euern Anmasungen euch selbst genug zu sein glaubt —

Erzb. Siegfried. Mich kann dieser bittre Vorwurf nicht treffen, gnädiger Herr! denn ich habe mich nie eines Vorrechts, oder einer Gewalt angemaßt, wozu ich kein gegründetes Befugnis gehabt hätte. Auch aus dem gegenwärtigen Vorgange könnt ihr ermessen, daß ich sogar den Schein einer Anmasung in weltlichen Dingen zu vermeiden suche. Ich leg' euch die Zehndenstreitigkeit der Kirche mit den Thüringern zur Endscheidung vor —

König Heinrich. Zur Endscheidung mit dem Schwert — nicht wahr? Traun! wär' es euch nicht um meinen Beistand zu thun, so hättet ihr gewis kein Wort über diese Angelegenheit gegen mich fallen laßen.

Erzb. Siegfried. Je nun, Herr König! der Mensch bedarf des Menschen. Es kann ia wol auch einmal ein Fall eintreten, ist vielleicht schon eingetreten, wo Siegfrieds kräftige Verwendung für die Wün=

Wünsche des Königs eben nicht zu verwerfen sein möchte!

König Heinrich. Wie meint ihr denn das? was habt ihr denn dabei im Sinn?

Erzb. Siegfried. Stellt ihr euch doch, als verstündet ihr mich nicht! Die Fürsten sizen izt beisammen und zerbrechen sich über die Veranlassung zu dem heutigen Fürstentage die Köpfe. Euch ist's daran gelegen, die Herren mit euerm Antrage unvorbereitet zu überraschen und zu betäuben, um sie nicht Zeit zur Uiberlegung gewinnen zu lassen, um sie desto leichter zur Einwilligung in euer Begehren zu bringen. Meint ihr denn, daß ihr auch mich mit der Kundmachung eures geheimen Anliegens überraschen werdet? Haltet ihr mich denn für so kurzsichtig, daß ihr euch einbildet, ich könnte euch nicht bis auf den Grund ins Herz sehen? — Fürwahr! ich durchschau' euch ganz, ich les' euch eure geheimsten Wünsche aus den Augen — und ihr thätet wohl daran, wenn ihr euch mir ganz anvertrautet, bevor ihr den Fürsten von

euerm

euerm Vorhaben Eröfnung thut. Und, offenherzig gesprochen, habt ihr mich doch eben in dieser Absicht jzt zu euch bescheiden lassen.

König Heinrich. Ich mag's euch nicht länger verhelen, daß ich die Absicht dabei gehabt habe, mich euch anzuvertrauen und mir in der wichtigsten Angelegenheit meines Lebens euern Rath zu erbitten; denn ich bedarf eures Beistands jzt so gut, als ihr des meinigen. Laßt sehen: ob ihr mein Mann sein werdet!

Erzb. Siegfried. Ich hoff' es — ich gelob' es euch sogar, wenn ihr mir das gegenseitige Versprechen thut, die Thüringer zur Entrichtung des Zehnedens auf ewige Zeiten zu verpflichten.

König Heinrich. Das wird sich finden, Herr Erzbischof! — Wißt ihr denn aber auch, wovon eigentlich die Rede sein wird in der Versammlung der Fürsten? Ihr könntet euch wol geirrt haben in euern Muthmasungen —

Erzb.

Erzb. Siegfried. Befindet ihr's also, könnt ihr mich in dieser Sache eines Irrthums zeihen: so nennet mich einen Blödsinnigen, einen Träumer, einen läppischen Zeichendeuter! Treff' ich aber die Wahrheit auf den Punkt —

König Heinrich. Ihr könnt sie nicht treffen, Siegfried! es ist unmöglich — schlechterdings unmöglich!

Erzb. Siegfried. Ich will des Thüringischen Zehenden verlustig werden, wenn ich die Wahrheit nicht treffe — was sezt ihr dagegen aufs Spiel?

König Heinrich. Mein Ehrenwort, daß ich euch zur Erlangung des Zehenden behülflich sein will —

Erzb. Siegfried. Es gilt! und laßt's euch nun in's Ohr gesagt sein, was der König im Sinn hat: — Er will sich scheiden lassen von seinem Weibe!

König Heinrich. Mann! wo habt ihr das her? War's ein guter, oder ein böser Engel, der euch den geheimsten Gedanken meiner Sele, den verborgensten Wunsch meines Herzens verrieth?

Erzb. Siegfried. Weder ein guter, noch ein böser Engel, gnädiger Herr! Niemand anders, als ihr selbst —

König Heinrich. Herr Erzbischof! haltet ihr mich denn für ein Kind, das nach drei Minuten nicht mehr weis, was es in der izigen geplappert hat? Ich — Niemand anders, als ich, hätt' euch mein Geheimnis verrathen? Bei Gott im Himmel! wenn ihr in euerm ganzen Leben noch keine Unwahrheit gesagt habt, so war dies die erste; denn über meine Lippen ist noch kein Wort, kein Laut von dieser Sache gegangen.

Erzb. Siegfried. Das will ich euch gern glauben. Aber es giebt auch eine Augensprache, gnädiger Herr! dem, der ihrer kundig ist, eben so deutlich und verständlich, als die Rede des Mundes.

König Heinrich. Aus meinen Augen also —

Erzb.

Erzb. Siegfried. Aus euern Augen, von eurer Stirne les' ich das Geheimnis eures Herzens — und der muß fürwahr noch ganz Neuling in der Menschenkunde sein, der beim ersten Blick auf euer Angesicht nicht findet, was in dem Innersten eurer Sele vorgeht.

König Heinrich. Es sei darum, Herr Erzbischof! Ich will nicht weiter nachforschen, woher euch die Kenntnis dessen, was bis auf diesen Augenblik in dem Innersten meines Herzens verschlossen war, gekommen sein mag. Ihr habt die Wahrheit auf den Punkt getroffen — und nun antwortet mir aufrichtig auf meine Frage: Haltet ihr die Erfüllung meiner Wünsche für möglich?

Erzb. Siegfried. Bevor ich euch Antwort gebe, auch eine Frage an euch: Haltet ihr's für möglich, die Thüringer zur Entrichtung des Zehenden auf ewige Zeiten zu verpflichten?

König Heinrich. Ihr sprecht noch von der Möglichkeit, und ich sez' euch mein

Ehren=

Vierte Periode.

Ehrenwort auf's Spiel, das ihr gewonnen habt!

Erzb. Siegfried. So antwort' ich euch aufrichtig: die Erfüllung eurer Wünsche ist schwer, aber doch möglich. Ich meines Orts will euch treulich beistehen mit Rath und That. Die Fürsten können diese kirchliche Sache nicht endscheiden; sie muß auf einer Sinode, die ich binnen Monatsfrist halten will, endschieden werden. Indessen mögt ihr euch fleißig um die Gunst der Bischöffe bewerben; für die geistlichen Herren in meinem Erzbischofthum steh' ich euch — sie sollen allesamt in eure Wünsche stimmen und ich will das Wort für euch führen.

König Heinrich. (Trompeten.) Der Herold ruft in die Versammlung! — Thut ihr eures Orts das Eurige redlich für mich; ich will das Meinige redlich für euch thun! Gott befohlen!

Erzb. Siegfried. Gott befohlen, gnädiger Herr! — Ihr erscheint doch bald?

König Heinrich. Ich folg' euch auf dem Fuße. (Erzbischof Siegfried ab.) Einen hätt' ich gewonnen! — aber ihrer sind Tausende, die wider mich sein werden — wie werd' ich diese gewinnen? womit die Habsucht dieser Tausende befriedigen?

———

Tribur

Tribur.
Zimmer im königlichen Pallaste.

Königin Bertha, Fräulein Adelgunde; hernach ein Edelknecht, und Bischof Eppo.

Königin Bertha.
Fort wär' Agnes, sagst du — ganz fort wäre die Kaiserin?

Fräul. Adelgunde. Wie ich euch sage, gnädige Frau! gegen Mitternacht ritt sie von dannen mit ihrem ganzen Gefolge.

Königin Bertha. O Agnes! Agnes! auch du? — auch du? — Aber ich hätt' es muthmasen können, ich hätte selbst darauf fallen sollen, daß mir wieder ein neues Leiden bevorstehe. Seit acht Tagen sprach sie von Nichts, als von der Nothwendigkeit ihrer Rükkehr nach Italien; und Gestern war sie den ganzen Tag über ungewöhnlich traurig. Und als sie mir gute

Nacht sagen wollte, konnte sie diese beiden Wörtchen nicht über ihre Lippen bringen; sie umarmte mich mit banger Beklemmung; ihr Herz schlug mit Ungestüm gegen das meine; sie drükt' ihre brennende Wange an meine Stirne — heise Thränentropfen fielen in meinen Busen — dann riß sie sich schnell aus meinen Armen und statt der guten Nacht zittert' ein banges Lebewohl von ihren Lippen. Ach! ich sah den schreklichen Kampf ihres Herzens und es ahndete mir doch nicht, daß er auf Trennung hindeute. O Agnes! Agnes! das war also der Abschied von deiner armen Bertha? Dies Lebewohl also das lezte Wort des Trostes, das deines Sohnes unglükliches Weib von dir hörte? diese Thränen vielleicht die lezten, die deiner Bertha geflossen sind?

Fräul. Adelgunde. Ihr seid irrig in all' euern Gedanken und Vorstellungen, meine gute Königin! diesem Lebewohl und diesen Thränen folgten euch unhörbar und unsichtbar noch tausende. Ich wußt' es, daß die Kaiserin vergangene Nacht abrei=
sen

Vierte Periode.

sen würde. Sie wollte sich und euch eines schmerzlichen Abschieds überheben; darum gebot sie mir tiefes Stillschweigen gegen euch zu beobachten. Die Verabschiedung auf die vorige Nacht von euch sollte die Verabschiedung auf immer andeuten, und, fürwahr! ich begreif' es izt noch nicht, wie es zugegangen sein mag, daß euch ihr gestriges sonderbares Benehmen nicht aufgefallen ist! Aber das wußt' ich nicht, darauf war ich nicht vorbereitet, daß sie euch in den lezten Augenbliken ihres Hierseins noch einmal überraschen und —

Königin Bertha. Sie hätte mich da noch überraschen, sich da noch verabschieden wollen von mir?

Fräul. Abelgunde. Der Wächter rufte eben die Vormitternachtsstunde ab, ich wollte mich eben entkleiden, als die Kaiserin plözlich in mein Gemach eintrat; ich schauderte zusammen, als säh' ich ein Gespenst! — Warum erschrikt Abelgunde vor meinem Anblik? fragte sie holdselig lächelnd. Ich antwortete ganz ausser aller Fassung:

E 3 Meine

Meine gnädige Kaiserin verzeihe mir das Schrekken eurer 'überraschung — — Sie fiel mir in's Worr: Gutes Mädchen! ich habe bei dir um Vergebung zu bitten, daß ich dich so sehr erschrekt habe. Ist die Königin noch wach? — „Sie war im tief„sten Schlaf, als ich sie verlies!" — Komm, Adelgunde! komm — rufte sie aus: ich muß sie noch einmal sehen, noch einmal umarmen — das lezte Mal in meinem Leben vielleicht das Weib meines Einzigen sehen und umarmen! — Die Thränen stürzten ihr bei diesen Worten aus den Augen — ich folgt' ihr voll banger Wehmuth in euer Schlafgemach —

Königin Bertha. Daß ich doch nicht erwacht bin! sonst stört mich das kleinste Geräusch, der leiseste Fußtritt aus dem Schlafe.

Fräul. Adelgunde. Ihr schlieft sehr vest und ruhig. Die Kaiserin betrachtete euch lauge mit stummer Wehmuth. Endlich übermannte sie die Gewalt ihrer Empfin=

Vierte Periode.

pfindungen; sie sank neben euch hin auf ihre Kniee; sie rang iammernd die Hände; Thränen stürzten über ihre erbleichten Wangen. Ach Gott! ach Gott! verlaß sie nicht, wenn sie verlassen von allen Menschen Trostlosigkeit und Verzweiflung ergreifen will! betete sie leise und schwieg wieder lang' in enerm Anschauen verloren. Dann riß sie sich schnell von der Erd' auf, ihr Angesicht erheiterte sich, auf ihre Wangen kehrte Leben und sanftes Lächeln zurük, sie sagte: Nein, Bertha! nein — du kannst nicht ganz unglüklich werden! — Adelgunde! ich that izt einen hellen Blik in die Zukunft — ich sah meinen Heinrich an Berthas Busen ruhen; sie lächelte dem holden Schläfer mit Zärtlichkeit; zwei liebenswürdige Jungen spielten zu ihren Füssen — das war ein prophetisches Gemählde; Berthas guter Engel bracht' es vor meine Sele in dieser bangen Stunde des Abschieds. Erzähl' ihr das, Liebe! es wird Trost und Ruh' in ihr Herz, Hofnung und Glauben an eine glüklichere Zukunft in ihre Sele bringen! — O meine

Bertha! meine gute sanfte Bertha! rufte sie lauter, küßt' euch dreimal auf's Auge und eilte davon.

Königin Bertha. Ich fühlte diese Küsse, aber es war mir, als träumt' ich nur davon.

Fräul. Adelgunde. Ihr machtet eine kleine Bewegung mit der Hand, schlugt die Augen auf, entschlummertet aber sogleich wieder.

Königin Bertha. Nun bin ich also ganz verlassen —

Fräul. Adelgunde. Nur nicht von Gott, gnädige Frau!

Königin Bertha. Nein, Adelgunde! nicht von Gott — seine Allmacht kann und wird mich schützen, seine Liebe noch glüklich machen. O sag mir diese tröstende Wahrheit recht oft vor, daß ich mich immer mehr bevestige im Glauben an Gottes Vorsehung, daß ich iedes noch kommende Ungemach mit Standhaftigkeit ertrage, daß ich in Augenblikken des schmerzlichsten Leidens

Vierte Periode.

und die Hofnung auf eine glüklichere Zukunft nicht verliere!

Fräul. Adelgunde. Täglich, stündlich will ich euch daran erinnern und das Gemählde häuslicher Glükseligkeit, das Agnes im prophetischen Geiste sah, oft — recht oft in euer Gedächtnis zurük rufen, daß sich euer Herz daran ergözen, eure Hofnung — —

Ein Edelknecht. (tritt ein.) Bischof Eppo wünscht mit Königlicher Majestät in wichtiger Angelegenheit zu sprechen.

Königin Bertha. Adelgunde! mir ahnet Nichts Gutes von dieser Botschaft. Aber sei's auch, was es sei — es soll mich doch nicht ganz zu Boden drükken! Der Bischof ist mir willkommen! (Edelknecht ab.) Einen Augenblik will ich mich erst sammlen, im Gebete zu Gott mich stärken, das Schreklichste mit ruhiger Fassung anzuhören, (geht ins Nebengemach, indem Bischof Eppo eintritt.)

Bischof Eppo. (für sich.) Unglükliche Königin! ergreifen die Schreknisse meiner

Botschaft dich schon bei meiner Annäherung, daß du mir ausweichst? — (laut.) Gott grüß' euch, Fräulein!

Fräul. Adelgunde. Gott dank' euch, ehrwürdiger Herr! und seid freundlich willkommen in Tribur.

Bischof Eppo. Warum entfernte sich die Königin so eilig? Ist ihr meine Gegenwart etwan lästig?

Fräul. Adelgunde. Mit nichten, ehrwürdiger Herr! ihr seid ihr sehr willkommen; sie wird sogleich bei euch sein.

Bischof Eppo. Ihr lebt hier sehr einsam —

Fräul Adelgunde. Und traurig, könnt ihr hinzusezen — zumal von Heut' an, da wir der Kaiserin Gegenwart vermissen.

Bischof Eppo. Ist die Kaiserin schon abgereiset?

Fräul. Adelgunde. Wenn ihr um einen halben Tag früher gekommen wär't, so hättet ihr sie noch angetroffen; sie ist, um

nicht

nicht Aufsehen zu erregen, in der Stille der Mitternacht von dannen gezogen.

Bischof Eppo. Das hör' ich ungern; ich hatte mancherlei Aufträge an sie — sollt' im Namen des Königs Mancherlei mit ihr verhandeln — (Königin Bertha kömmt zurük.) Gott segne die Königin!

Königin Bertha. Gott segne auch euch, Herr Bischof! und den, der euch gesendet hat!

Bischof Eppo. Der König läßt euch des freundlichsten grüßen.

Königin Bertha. Ich bin entzükt über des Königs gnädigen Gruß und dank' euch für die treuliche Ausrichtung. Was bringt ihr mir sonst?

Bischof Eppo. Wünsche des Königs, die euch aber gewis nicht freuen werden.

Königin Bertha. Was der König wünscht, das muß geschehen, sollte die Erfüllung desselben unserm Herzen auch noch so schwer ankommen. Macht mich mit den Wünschen und Befehlen eures

Herrn

Herrn bekannt — ihr sollt eine folgsame Unterthanin an mir finden.

Bischof Eppo. (für sich.) Bei Gott! sie ist eines glüklichern Schiksals werth — und ich muß es sein, der Heinrichs ungerechten Entschluß ihr kund thun, ihrer Ruh' und ihren Hofnungen den lezten tödlichen Stos beibringen soll!

Königin Bertha. Warum zaubert ihr denn, euch eurer Aufträge zu entledigen? warum ruht denn euer Auge mit solcher Wehmuth auf meiner Stirne? — Ist eure Botschaft traurig für mich: so wird das Traurige derselben durch langes zögern des Hinhalten nicht gemindert, sondern vielmehr vergrößert; ist sie es nicht: warum wollt ihr mir bange machen mit eurer bedenklichen Miene? Sagt: wie lautet eure Botschaft? Ihr dürft' nicht befürchten, daß sie, sei sie auch noch so schreklich, eine nachtheilige Würkung auf mich machen werde — ich bin mit Gottes Beistand auf Alles gefaßt.

Bischof

Bischof Eppo. Auf Alles — Königin! auf Alles?

Königin Bertha. Wie ich euch sage: mit Gottes Beistand auf Alles!

Bischof Eppo. Fürwahr! ihr seid ein königliches Weib! So hört denn: der König wünscht die unglükseligen Verhältnisse, welche zwischen ihm und euch herrschen und euer kostbares Leben und eure Ruhe so gut, als die seinige verbittern und tödten, mit Einmal aufzuheben — wünscht, sich der Welt wieder als einen graden teutschen Mann zeigen und von nun an frei von aller ihm äusserst lästigen Verstellung, ganz seinen Grundsäzen und Neigungen gemäs leben und handeln zu können.

Königin Bertha. So zu leben und zu handeln, ehrwürdiger Herr! das hängt einzig und allein vom König selbst und von keiner dritten Person ab. Ich meines Orts habe nie Ursache gehabt, mich in irgend einer Sache weder gegen den König, noch gegen andere Menschen zu verstellen. Ich weis es auch nicht, was den König

zeither

zeither mag verhindert haben, sich der Welt
als einen groben teutschen Mann zu zei=
gen. Wär' ich etwan gar die unschuldige
Ursache davon: so sollte mir's, bei Gott!
sehr leid thun und ich wollte dem König die=
se Sünde, ihn, wiewol unschuldiger und
unwissender Weise, zur Verstellung ge=
zwungen zu haben, auf meinen Knieen ab=
bitten! — Aber vielleicht hab' ich den
Sinn eurer Worte nicht recht gefaßt; ich
bitt' euch daher um deutlichere Erklärung
des königlichen Begehrens.

Bischof Eppo. Der König hat noch kei=
nen glüklichen Tag mit euch gelebt, ihr
nicht mit ihm; ein grausames Verhängnis
hat euch vereiniget — und die Früchte
dieser Vereinigung sind Unruhe, Kummer
und Verdrus — Mistrauen, Sklaverei
und Elend! Wünschen läßt sich's wol, aber
es läßt sich nicht erwarten, nicht einmal
als möglich denken, daß beide königliche
Herzen iemals in Eintracht und Liebe sich
zusammen fügen könnten. Ihr seid nicht
für den König, er nicht für euch —

Königin

Königin Bertha. Eppo! das waren harte Worte.

Bischof Eppo. Es sind Worte des Königs, gnädige Frau! Ich für meine Person würde mich nicht erdreusten —

Königin Bertha. So schweig' ich! — Und das Ende von dem Allen?

Bischof Eppo. Ist der Wunsch des Königs, daß ihr einwilligen möchtet in seinen Entschluß: die Bande, die euch zu euerm beiderseitigen Unglük zusammen knüpften, in Fried' und Freundschaft wieder lösen zu lassen.

Fräul. Adelgunde. Gott im Himmel!

Königin Bertha. (schaudert zusammen.) Scheidung also? Scheidung von meinem Heinrich? — Verzeihung, Herr Bischof! der Wunsch des Königs kostete mir eine Thräne! — (gefaßt.) Es sei! der Wille des Königs geschehe.

Bischof Eppo. Die Fürsten sind von dieser Sache schon unterrichtet. Die Eröfnung derselben erregte freilich allgemeines

nes Aufsehen und Bestürzung. Einige murrten laut; Andere ruften mit drohendem Ungestüm: So weit soll und darf es nicht kommen! er darf sich nicht scheiden lassen von der Königin! er darf sie nicht verstosen! — Und der König stand auf von seinem Size und sagte mit vestem männlichen Ernst: In häuslichen Angelegenheiten des Königs haben gemeine Fürsten keine Stimme! — und es herrschte augenbliklich tiefe Stille in der Versammlung.

Königin Bertha. Der Wille des Königs geschehe!

Bischof Eppo. In der ersten Woche nach Michaelis hält der Erzbischof von Mainz eine Sinode wegen eurer Scheidung. Der König läßt euch bitten, daß ihr euch ins Kloster Loresheim begeben und des Ausgangs dort harren sollet. Nicht um eure Freiheit zu beschränken läßt er dieses Begehren an euch thun, sondern daß ihr in der Nähe seid, im Fall eure persönliche Gestellung auf der Sinode erfoderlich sein sollte.

Königin

Vierte Periode.

Königin Bertha. Der Wille des Königs geschehe!

Bischof Eppo. Nun hab' ich mich meiner verhaßten Aufträge ganz entlediget und ich bitt' euch —

Königin Bertha. Ihr habt Nichts von mir zu bitten, ich habe Nichts zu geben, als den aufrichtigen Wunsch, daß Gott euch geleiten und daß es euch wohl gehen möge euer Lebelang. Grüßt den König des freundlichsten von mir — und somit Gott befohlen!

Bischof Eppo. O Königin! Königin! so gut, so edelherzig — und doch so unglüklich!

Königin Bertha. Herr Bischof! wozu frommt es, daß ihr mich daran mahnt — daß ihr mich überreden wollet, ich sei unglüklich?

Bischof Eppo. Wohl wahr, gnädige Frau! es frommt zu Nichts. Ich empfehl' euch in den Schuz des Allmächtigen und Allgütigen. (ab.)

Königin Bertha. Amen.

Mainz.

Zimmer im Erzbischöflichen Pallast.

Erzbischof Siegfried, und Burkard, des
Erzbischofs Kämmerling.

Erzbischof Siegfried.
Der König hat redlich Wort gehalten; er
ist in Thüringen eingebrochen mit groser
Heeresmacht.

Burkard. So mußt ihr ihm wol auch
Wort halten, Herr Erzbischof!

Erzb. Siegfried. Das werd' ich wol,
in sofern es von mir abhängt.

Burkard. Das muß wol ganz von euch
abhängen.

Erzb. Siegfried. Da seid ihr sehr irriger Meinung, lieber Burkard! Es ist ein
gefährlicher Handel mit dieser Ehescheidung
und ich mag mich dabei nicht blosstellen —
ich mag mich deswegen keiner Verantwortung aussezen —

Bur-

Vierte Periode.

Burkard. Wer sollt' es wagen, euch zur Verantwortung zu ziehen, wenn ihr dem König förderlich seid in der Erfüllung seines Begehrens?

Erzb. Siegfried. Der das Befugnis hat, in dieser Sache zu entscheiden!

Burkard. Das wäre wol kein anderer Mensch, als der Papst.

Erzb. Siegfried. Ihr habt's getroffen! Nun seht: den Papst möcht' ich doch um dieses Heinrichs willen nicht gern zum Unwillen gegen mich reizen, möchte das gute Vernehmen, in welchem ich izt mit der Römischen Kurie stehe, durch eigenmächtige Endscheidung dieses verdrüslichen Handels nicht gern stören —

Burkard. Daran handelt ihr auch sehr klüglich, Herr Erzbischof!

Erzb. Siegfried. Da gedacht' ich denn euch in dieser Angelegenheit, aber ganz in der Stille, nach Rom zu senden und dem Papste von dem Beginnen des Königs Nachricht geben zu lassen.

Burkard. Ich bin zu euerm Befehl und zu ieder Stunde bereit, die Reise anzutreten.

Erzb. Siegfried. Sie kann in mancherlei Hinsicht von Nuzen für euch sein. Eine schiklichere Gelegenheit, das prächtige Rom so wohlfeilen Preises zu sehen und päpstlicher Heiligkeit persönlich bekannt zu werden, dürft' euch so leicht nicht wieder vorkommen —

Burkard. Ich seh' es als einen Beweis eurer vorzüglichen Huld und Gnade gegen mich an, daß ihr mich zu dieser ehrenvollen Botschaft an päpstliche Heiligkeit erkiesen wollet —

Erzb. Siegfried. Kann ich mich aber auch auf eure Verschwiegenheit in dieser wichtigen Sache verlassen? Denn käme dem König nur das Mindeste von dieser Botschaft zu Ohren, so wär' es um sein Vertrauen und um den Zehenden in Thüringen geschehen.

Burkard. Verlaßt euch auf meine schon oft erprobte Treue; ich zieh im Geheim

von

von dannen und kehr' im Geheim wieder zurük.

Erzb. Siegfried. So mögt ihr euch diese Nacht noch auf den Weg machen. Binnen einer Stunde will ich euch die Briefschaften und Reisegelder in meinem geheimen Gemach einhändigen.

Burg Gosek.
Zimmer.

Pfalzgraf Friedrich, Graf Ludwig, Graf Sizzo, Graf Beringer; hernach Graf Adelbert.

Pfalzgraf Friedrich.
Wir haben nicht wohlgethan, Freunde! daß wir uns von dem Markgrafen haben überreden lassen, die Waffen wider den König zu ergreifen. Es geht das Gerücht, daß er sich Thüringens Grenzen schon mit starken Schritten nähere —

Gr. Ludwig. Und mir ist so eben Botschaft gekommen, daß er an der Spize eines zahlreichen Heeres schon auf Beichlingen losgehe und Alles um sich her verwüste, soweit er sich nur ausbreiten kann.

Pfalzgr. Friedrich. Da hört ihr's! er hat das Gerücht sogar, das ihn noch jenseits unsern Grenzen glaubte, mit Adlersflügeln

flügeln übereilt. Sagt' ich's doch immer: Heinrich ist kein Kind mehr; darum reizt ihn ia nicht! Er faßt kühne männliche Entschlüsse und führt sie schnell und herzhaft aus — Zaghaftigkeit ist mein Fehler nicht, auch bin ich kein Höfling; ihr dürft also nicht argwöhnen, daß ich mich scheue, dem König die Stirn' zu bieten, weil ich unsre Vereinigung mit Dedo misbillige. Aber welchen Vortheil haben wir denn davon, daß wir mit dem Markgrafen gemeinschaftliche Sache gemacht haben? Und was kümmern uns denn seine Ansprüche auf Ottos Lehnsgüther? — Hätt' er sie auf seine Gefahr ausfechten mögen! Wir konnten dabei ganz still sizen und den Ausgang ruhig abwarten, statt daß wir uns izt als Empörer anklagen und unsre Güther, Dörfer und Städte der Verwüstung preisgeben müssen.

Gr. Sizzo. Darauf war's ia doch auch eigentlich nicht abgesehen, dem Markgrafen zur Besiznehmung dieser Lehnsgüther zu verhelfen, sondern vielmehr unsre Freiheiten

heiten und Gerechtsame gegen den Erzbischof von Mainz zu behaupten. Hätte
der König nicht das Gebot ins Land ergehen laffen, daß wir der Mainzer Kirche
den schuldigen Zehenden unverweigerlich
entrichten sollten: so wär's gewis Keinem
von uns in den Sinn gekommen, das
Schwert für Dedo wider den König zu
ziehen.

Gr. Beringer. Meines Bedünkens,
Herr Graf! hätten wir dieses Gebot wol
nicht gar zu ernstlich aufnehmen, hätten
uns damit von dem Markgrafen nicht über-
eilen und bethören laffen sollen.

Gr. Ludwig. Da bin ich ganz deiner
Meinung, mein Bruder! Man weis es
ja, in welcher Absicht der König dieses Gebot ergehen ließ! — Thust du mir das,
so thu' ich dir das! mochte der feine geistliche Herr zu ihm gesagt haben. Wie konnt'
er nun anders handeln? War er nun nicht
gezwungen, zum Schein wenigstens das
Gebot wegen Entrichtung des Zehenden an
uns ergehen zu laffen? — Darum hätten

wir

wir uns aber mit dem unruhigen Markgrafen nicht sogleich vereinigen, nicht sogleich die Waffen wider den König ergreifen sollen.

Pfalzgr. Friedrich. Was geschehen ist, das ist schlechterdings nicht mehr ungeschehen zu machen, edle Herren! Jzt kommt es lediglich darauf an: ob wir uns entschliessen wollen, Gewalt mit Gewalt zu vertreiben? oder ob wir — —

Gr. Adelbert. (tritt ein.) Gott grüß' euch, Freunde!

Pfalzgr. Friedrich. Willkommen — willkommen in meiner Burgwart, edler Graf!

Gr. Adelbert. Hätt' ich doch nicht geglaubt, die Edelsten und Gewaltigsten im Thüringerlande so ruhig und friedlich beisammen zu finden, indes es wenige Stunden von hier gar toll und mörderisch hergeht.

Gr. Sizzo. Toll und mörderisch — wie so? wie so?

Gr. Adelbert. Sonderbar, daß ihr noch so fragen könnt! Ihr wißt's wol nicht, daß der König in Thüringen einge= brochen ist?

Gr. Sizzo. Das wissen wir wol und haben eben darüber gerathschlagt. Aber weiter wissen wir Nichts —

Gr. Adelbert. Wenn ihr weiter Nichts wißt, so ist's sehr wenig, edle Herren! und so komm' ich mit meiner Botschaft ge= wis nicht zu spät — so bin ich gewis der Erste, der euch von Dedos gänzlicher Nie= derlage Kunde giebt.

Gr. Beringer. Es ist also schon zu Streit gekommen zwischen dem König u. dem Markgrafen?

Gr. Adelbert. Dazu noch nicht ein= mal — und dennoch haben Dedos Schaa= ren eine starke Niederlage erlitten. Sie streiften in der Gegend von Mühlhausen und Nordhausen umher und verwüsteten Alles von Grund aus, raubten und plün= derten und ließen sich's wohl sein. Da
über=

Vierte Periode.

überfielen sie die königlichen Voigte mitten im Taumel ihrer Siegestrunkenheit, und schlugen sie in die Flucht und es fehlte wenig, daß sie nicht auch den Markgrafen selbst gefangen hätten. Aber er war noch so glüklich in Geleitschaft eines kleinen Haufens zu entrinnen — indes . . . . .

Gr. Sizzo. Ich dächte, das wäre der schlimmen Botschaften für Einmal genung, Herr Graf! Es scheint aber, als ob ihr deren noch mehrere auf dem Herzen hättet.

Gr. Adelbert. Hättet ihr mich nicht unterbrochen, so wüßtet ihr izt schon so Viel, als ich selbst weis.

Gr. Sizzo. Fahrt nur fort, Freund! ihr sollt nicht wieder unterbrochen werden.

Gr. Adelbert. Ich bin sogleich am Ende. Der König rükte, indem seine Voigte die Markgräflichen schlugen, vor die Burg Scheidungen und foderte die Besazung zur Übergabe auf; die Burgmänner waren zu schwach, sich zu halten und öfneten ihm unter der Bedingung des freien Abzugs

das

das Thor. Dann gieng's vor Beichlingen; der Burgvoigt gab dem Herold, der ihn zur Uibergabe auffoderte, trozige Antwort und wehrte sich tapfer, als es zum Stürmen kam. Aber der König war ihm weit überlegen; er eroberte die Burg und zerstörte ihre Vesten —

Gr. Ludwig. Nun sieht's, fürwahr! sehr schlimm aus mit dem Markgrafen. Wenn ihm der König vollends den Rükzug nach Meisen abschneiden sollte —

Gr. Adelbert. Ei! sonder Zweifel wird er das wollen, um ihn zu fangen und weidlich zu züchtigen —

Gr. Sizzo. Den Markgrafen? — Edle Herren! unsre Schwerter müßten eingerostet, unsre Arme gelähmt, Thüringens mannliche Streiter müßten zu Knaben geworden sein, wenn wir das geschehen lassen könnten.

Gr. Adelbert. Und doch, Herr Graf! werden wir's müssen geschehen lassen, wenn wir den König nicht frevelhafterweise

zum

zum Zorn und zur Rache wider uns reizen, das Thüringerland nicht mit Feuer und Schwert von ihm verwüsten lassen wollen.

Gr. Sizzo. Das können wir ihm wol wehren —

Gr. Adelbert. Das können wir ihm nicht wehren; wol aber können wir ihn, wo nicht durch gütliche Vorstellungen, doch gewis mit den Waffen in der Hand zu dem Gelöbnis bringen, unsre Freiheiten und Gerechtsame fürder nicht zu kränken, und die Anmasungen des Mainzer Erzbischofs fürder nicht zu unterstüzen. So geb' ich euch denn zu überlegen: ob es für Thüringens Wohlfahrt nicht räthlicher sei, zuvörderst den Weg der Güte mit dem König einzuschlagen, bevor wir uns ihm mit Wehr und Waffen widersezen?

Gr. Sizzo. Und den Marggrafen Dedo, unsern Bundesgenossen, sollten wir fallen lassen? sollten der Rache des Königs ihn preisgeben —

Graf

94   Kaiser Heinrich der Vierte.

Gr. Adelbert. Unser Bundesgenosse ist Markgraf Dedo nicht —

Pfalzgr. Friedrich. Ist's nicht, edler Graf! und kann's unter den gegenwärtigen Umständen nicht werden. Was kümmern uns seines Weibes Ansprüche auf Ottos eingezogene Lehnsgüther?

Gr. Ludwig. Ich stimm' euch vollkommen bei, edle Herren! Wir ergriffen zwar zugleich mit dem Markgrafen die Waffen wider den König; aber nicht für ihn, sondern für die Behauptung unsrer Freiheit, zur Vereitelung seiner mit dem Mainzer wider uns gefaßten Rathschlüsse, zur Abwerfung des drükkenden Joches, das die geistliche Habsucht auf unsern Nakken legen wollte. Könnten wir nun in Fried' und Freundschaft mit dem König auseinander kommen, unsern Endzweck ohne Blutvergießen und Landesverwüstung erreichen — wie mögen wol Markgraf Dedos Händel, von welchen wir keinen Gewinn haben, uns daran hindern?

Graf

Vierte Periode.

Gr. Adelbert. Darum eben, edle Herren! hielt ich's für räthlich, den Weg der Güte zu versuchen, bevor wir einen Schritt weiter gehen. Und so euch mein Vorschlag gefällt ——

Pfalzgr. Friedrich. Wem Thüringens Ruh' und Wohlfahrt so nah' als euch und mir, am Herzen liegt, dem muß euer Vorschlag gefallen. Und in diesem Fall bin ich erbötig, mit dem König darüber zu unterhandeln.

Alle. (auser Graf Sizzo.) Thut das! thut das!

Pfalzgr. Friedrich. So will ich mich straks aufmachen, um den König dahin zu vermögen, daß er des Thüringerlandes schonen und es uns nicht zur Sünde anrechnen solle, was Markgraf Dedo an ihm verschuldet hat.

Gr. Adelbert. Und ich will euch geleiten und eure Rede unterstüzen.

Graf

Gr. Sizzo. Und der König wird euch bethören und das Thüringerland wird verwüstet werden, wenn ihr auch treulos handelt an Dedo!

Vierte Periode.

Feldlager bei Queblinburg.

König Heinrich, Graf Eberhard, Graf Leopold von Merseburg; hernach Ulrich von Cosheim; zulezt Pfalzgraf Friedrich, und Graf Adelbert mit Rittern.

König Heinrich.

Wir wollen aufbrechen, Freunde! dürfen dem Markgrafen nicht Zeit gewinnen lassen, seine zerstreuten Schaaren zu sammeln und sich mit den Thüringern zu vereinigen —

Gr. Eberhard. Auch die gute Gelegenheit nicht verstreichen lassen, ihn zu fangen und weidlich zu züchtigen, da er mit seinen geschwächten Haufen keinen zweiten Angrif auszuhalten vermag.

Gr. Leopold v. Merseburg. So es die Thüringer redlich mit ihm meinten, so sie ihm ernstlich beizustehen gedächten: so könnt' er uns wol noch kräftigen Widerstand thun.

Aber

Aber mit den Thüringern ist's ein seltsamer Handel. —

König Heinrich. Worein ich mich selbst nicht finden kann. Jedermann sagt: sie hätten die Waffen wider mich ergriffen, hätten sich mit Dedo auf Leib und Leben wider mich verbunden, suchten sich frei und unabhängig zu machen von unsrer Oberherrschaft, Dedon hingegen zum Besitz des Markgrafthums Thüringen, oder doch wenigstens zu den Lehnsgütern, welche Markgraf Otto besessen hat, zu verhelfen — und dennoch ist uns noch kein Thüringischer Reuterknecht aufgestoßen, hat sich uns noch keiner ihrer Haufen entgegen geworfen, haben sie uns auf ihrem Grund und Boden herumtummeln lassen, wie es uns gelüstet hat. Wer mir das mit der gemeinen Sage zusammen reimen kann, der soll mir für einen klugen Mann gelten — ich kann mich nicht darein finden! — (Trompeten.) Was bedeutet das?

Ulrich v. Cosheim. (kommt.) Pfalzgraf Friedrich und Graf Adelbert halten

Vierte Periode.

ten vor dem Lager und bitten um geneigtes Gehör.

König Heinrich. Sie sind uns willkommen. (Ulrich von Cosheim ab.)

Gr. Eberhard. Nun wird sich's wol aufklären — (Pfalzgraf Friedrich und Graf Adelbert kommen.) Sie kommen als Friedensboten, wenn ihr freundliches Aussehen nicht trügt.

Pfalzgr. Friedrich. Gott segne den König!

Gr. Adelbert. Gott erhalte den König!

König Heinrich. Seid willkommen, edle Herren! — Was führt euch zu mir?

Pfalzgr. Friedrich. Der aufrichtige Wunsch aller treuen und edlen Thüringer, mit Königlicher Majestät in Fried' und Freundschaft zu leben.

König Heinrich. So seid ihr mir um so herzlicher willkommen, wenn ihr in solcher freundlichen Absicht mir zusprecht. Aber euer zeitheriges Beginnen läßt ganz Etwas anders vermerken als eure Worte versichert!" "Ohne die mindeste Veranlaßsung von meiner Seite, lediglich auf Anstiften bösgesinnter Menschen, denen das gute Vernehmen zwischen Haupt und Gliedern nicht in ihre gehässigen Entwürfe paßt und die mir sehr wohl bekannt sind, rottetet ihr euch mit den Waffen in der Hand zusammen, verschmähtet ihr jeden meiner Befehle, verbandet ihr euch mit meinen Feinden zu meinem und des Reichs Verderben —

Gr. Adelbert. Königliche Maiestät verzeihe —

König Heinrich. Dazu bin ich allemal von Herzen geneigt, edle Herren! Aber zugestehen müßt ihr mir doch, daß Wort und That sich bei euch offenbar widersprechen. Oder mögt ihr's leugnen, daß ihr euch mit dem Markgrafen Dedo wider mich empört, daß ihr in die königlichen Kammergüther räuberische Einfälle gewagt, daß ihr meine Schlösser und Burgen angegriffen und zu zerstören gesucht habt? Hätten meine treuen Voigte euch

nicht

Vierte Periode.

nicht so tapfern Widerstand gethan, hätt'
ich euch nicht selbst an der Spize eines gewaltigen Heeres überrascht und den Markgrafen geschlagen und seine Vesten zerbrochen — traun! der Wunsch, in Fried'
und Freundschaft mit euerm König zu leben, möcht' euch so früh wol noch nicht in
den Sinn, geschweige denn ins Herz gekommen sein!

Gr. Adelbert. Ohne die Königliche
Majestät gebührende Ehrfurcht zu verlezen,
müssen wir auf solch eine harte Anklage
dennoch sagen und behaupten —

König Heinrich. Was mögt ihr dagegen aufbringen? was mögt ihr mit Bestand der Wahrheit in Worten noch für
euch behaupten wollen, wenn Thatsachen
wider euch zeugen?

Gr. Adelbert. Also Thatsachen? —
Ei so nennt sie uns doch, damit wir wissen, wodurch wir uns die entehrenden Beschuldigungen der Empörung zugezogen haben? damit wir wissen, in wiefern unsre
Worte

Worte mit unsern Thaten im Widerspruch stehen?

König Heinrich. Graf! ihr führt eine sonderbare Sprache gegen euern König. Pfalzgraf Friedrich äußerte den Wunsch —

Pfalzgr. Friedrich. Und der ist wahr und aufrichtig, gnädiger Herr! — Verzeihung, wenn die Gerechtigkeit unsrer Sache den edlen Grafen zu Auslassungen verleitete, die Königlicher Maiestät allerdings beleidigend scheinen müssen! Verzeihung auch mir, wenn ich es wage, die harten Beschuldigen, die ihr euern getreuen Thüringern so eben gemacht habt, für ungegründet zu erklären! — So ihr mir geneigtes Gehör vergönnen wolltet —

König Heinrich. Redet sonder Scheu, Herr Pfalzgraf!

Pfalzgr. Friedrich. Ihr seid übel berichtet, gnädiger Herr! wenn ihr wähnet, daß wir die Waffen wider euch ergriffen, daß wir uns mit dem Markgrafen zu Meisen wider euch verbunden, daß wir Empörung

pörung wider euch im Sinn gehabt haben. Unverbrüchliche Treue gegen den König war von ieher die erste allgemeine Tugend edler Thüringer, ist's noch und wird's immerdar bleiben. Aber ihr zur Seite stand von ieher und stehet und herrschet izt noch eine andere gleich trefliche Tugend, die in ihrer Würksamkeit oft verkannt und wenn sie in ihrer vollen Kraft und mit dem Schwert in der Hand hervortritt, mit dem Namen einer Empörerin von kleinen Selen belegt wird —

König Heinrich. Und wie nennt sie sich eigentlich?

Pfalzgr. Friedrich. Freiheit, gnädiger Herr! — auf innre Kraft und Stärke, auf uraltes Herkommen, auf wohlverdiente Gerechtsame sich gründende Freiheit!

König Heinrich. Wobei euch Gott erhalten wolle, so lange der Name Thüringer genennet wird!

Gr. Adelbert. Fürwahr! ein königlicher Wunsch!

König Heinrich. Ihr habt also in dem Wahne gestanden, als ob ich —

Pfalzgr. Friedrich. Nein, gnädiger Herr! auf diesen Wahn konnten wir bei der Kenntnis eurer Treflichkeiten nimmermehr verfallen.

König Heinrich. Und rüstetet euch doch wider mich? empöret euch doch wider mich?

Pfalzgr. Friedrich. Noch einmal, König und Herr! — und, bei Gott dem Allwissenden! nicht wider euch — nicht wider euch!

Gr. Adelbert. Dessen vermaß sich wol Markgraf Dedo, aber die Thüringer nicht; — wir hatten keine Gemeinschaft mit ihm — es war Zufall, daß er mit seinen Schaaren zu der nemlichen Zeit in Thüringen einbrach, als wir zur Behauptung unsrer Freiheiten und Gerechtsame uns zu rüsten genöthiget waren.

König Heinrich. (zu den Grafen Eberhard und Leopold.) Wer mir das zusammen reimen kann, der soll mir für einen klugen Mann

Vierte Periode.

Mann gelten — sagt' ich vorhin zu euch: Seid ihr indessen klüger geworden, Freunde?

Gr. Eberhard. Ich nicht, gnädiger Herr!

Gr. Leopold v. Merseb. Ich auch nicht.

Pfalzgr. Friedrich. Es scheint, als ob ihr die Wahrhaftigkeit unsrer Versicherung bezweifeltet — und ich muß es selbst gestehen, daß sie einer Erdichtung nicht unähnlich, und daß der Schein wider uns ist. Aber der Zufall fügt's in der Welt oft gar sonderbar.

König Heinrich. Ja wohl gar sonderbar, edle Herren! Auch mich führte der Zufall grad' in dem Zeitpunkte, da die Thüringer und Meißner sich wider mich rüsteten, mit einem stattlichen Heere ins Land.

Pfalzgr. Friedrich. Spottet ihr unsrer, Herr König! so sind wir mit unsern Aufträgen am Ende und haben hier kein Wort mehr zu verlieren. Wollet ihr uns aber noch einen Augenblik geneigtes Gehör vergönnen —

König Heinrich. Es sei fern von mir, solcher wakkern treflichen Männer zu spotten! Aber ihr seht doch, daß ich mich in diesen seltsamen Handel nicht finden kann — warum geht ihr also nicht mit der Sprache grad' heraus, wie es teutschen Männern ziemt? warum eröfnet ihr mir die eigentliche Veranlassung zu eurer Kriegsrüstung, samt der wahren Absicht eures gegenwärtigen Zuspruchs nicht gradezu? So lange ihr mich mit euern Entschuldigungen und Versicherungen im Kreise herum führt; so lange muß ich argwöhnen, daß ihr mich erst sicher zu machen und dann zu bethören trachtet.

Pfalzgr. Friedrich. Also grab' heraus, gnädiger Herr! wir ergriffen die Waffen zur Behauptung unsrer Freiheiten und Gerechtsame gegen den Mainzer Erzbischof, weil er uns zur Entrichtung des Zehenden mit Gewalt zwingen wollte. Wir nahen uns izt Königlicher Maiestät und bitten im Namen aller edlen Thüringer, daß ihr uns als unser König und Herr bei unsern

wohl-

Vierte Periode.

wohlgegründeten Freiheiten und Gerechtsamen schützen wollet gegen männiglich und izt besonders gegen die Anmasungen des Mainzers — wogegen wir euch unverbrüchliche Treue und männlichen Beistand gegen eure Feinde geloben —

König Heinrich. Ihr wißt doch das goldene Sprüchlein: Gebt dem Kaiser, was des Kaisers und Gott, was Gottes ist?

Pfalzgr. Friedrich. Das wissen wir wohl und geben, was wir zu geben schuldig sind, lassen uns aber keine neuen Lasten aufbürden und behaupten unsre Freiheiten, so lange noch ein warmer Blutstropfen in unsern Adern rinnt.

König Heinrich. Ich gesteh' es euch unverholen, daß ich dem Erzbischof mein Wort gegeben habe, die Thüringer zur Entrichtung des Zehenden anzuhalten und im Weigerungs-Fall mit Gewalt der Waffen dazu zu zwingen.

Pfalzgr. Friedrich. So gieng die Rede vor eurer Ankunft in Thüringen; aber

wir

wir hielten sie für lügenhaftes Geschwäz, für einen Kunstgrif der geistlichen Herren zu Mainz —

Gr. Adelbert. Es konnt uns nicht in den Sinn kommen, daß König Heinrich zur Durchsezung einer offenbar ungerechten Sache die Hand bieten sollte —

König Heinrich. Der Erzbischof behauptet, die Mainzer Kirche hab' ein uraltes wohlgegründetes Recht auf den Thüringischen Zehenden —

Pfalzgr. Friedrich. So behauptet er eine Unwahrheit, die er mit all' seinem geistlichen Ansehen nimmermehr zur Wahrheit erheben soll!

König Heinrich. Er behauptet, daß Markgraf Otto ihm dieses Recht, dessen seine Vorfahren im Erzbischofthum sich lange Zeit nicht bedienet hätten, wieder erneuert habe —

Pfalzgr. Friedrich. Das mag er mit Bestand der Wahrheit wol behaupten; denn Markgraf Otto versucht es auf alle Weise,

dem

dem Erzbischof Wort zu halten. Es war nun so ein Handel zwischen den beiden Herren. Thust du mir dies, so thu' ich dir das — hieß es, und so gelobten sie einander gegenseitigen Beistand zur Unterdrückung der freien Thüringer. Wohl ihm, daß der Tod seine tollen Entwürfe so plözlich zerstörte. Thüringens Edle waren seines Regiments vorher schon, eh' er sie mit dem Zehenden belasten wollte, überdrüßig gewesen. Als er vollends mit diesem ärgerlichen Gebot hervortrat und es mit Gewalt durchzusezen versuchte: so beschloß die gesammte Ritterschaft offne Fehde wider ihn und den Erzbischof.

König Heinrich. Ihr wollt euch also auf keine Weise zur Entrichtung des Zehenden verstehen?

Pfalzgr. Friedrich. Auf keine Weise, gnädiger Herr!

König Heinrich. Wollt euch auch dann nicht fügen, wenn ich Gewalt gegen euch zu brauchen drohe. —

Pfalz-

Pfalzgr. Friedrich. Auch dann nicht, erklär' ich euch im Namen aller edlen freien Thüringer! Ihr könnt unser Land verwüsten, könnt uns unsrer Güter berauben, unsre Weiber und Kinder uns entreißen — aber nicht unsre Freiheit! nicht unsre Freiheit!

König Heinrich. Ich sagt' euch vorhin, daß ich dem Erzbischof mein Wort gegeben hätte — könnt ihr verlangen, daß ich wortbrüchig werden soll?

Pfalzgr. Friedrich. Das können wir, weil das Recht auf unsrer Seite ist. Das Ehrenwort auf Unrecht gegeben, kann auch einen König nicht binden —

König Heinrich. Wer mag's endscheiden, auf wessen Seite das Recht ist? Ich kann den ehrwürdigen Erzbischof nicht Lügen strafen, ich kann Thüringens Edle der Unwahrheit nicht bezüchtigen. Nun wißt ihr, was in zweifelhaften Fällen, wo unser Verstand nicht ausreicht, Herkommens und Rechtens ist —

Graf

Vierte Periode.

Gr. Adelbert. Wir wollen uns beurlauben, Herr Pfalzgraf! — es ist Alles in den Wind geredet, was ihr da vorbringt.

Pfalzgr. Friedrich. Wohlan, gnädiger Herr! so endscheide das Schwert, auf wessen Seite das Recht ist. Lieber Tod und Verderben über uns und unser Thüringen, als daß Thüringens freie Männer zu Pfaffenknechten sich dahingeben sollten! — Gott befohlen! (will fort.)

König Heinrich. Herr Pfalzgraf! eure Hand, eh' ihr von mir scheidet! — Ich liebe diesen edlen Freiheitssinn, ich ehre diese unerschütterliche Standhaftigkeit; darum thut mir's sehr wehe, daß ich euch nicht willfahren kann in euerm Begehren. Aber seid ihr mit der Versicherung zufrieden, daß ich nicht wider euch sein will, da ich wegen der Verbindung, in welcher ich mit dem Erzbischof stehe, izt nicht für euch sein kann?

Pfalzgr. Friedrich. Vollkommen zufrieden, gnädiger Herr! wenn es euch mit dieser Versicherung ein Ernst ist.

König

König Heinrich. Scherz und Kurzweil wäre hier wol ganz am unrechten Orte.

Pfalzgr. Friedrich. So nehmen wir sie mit großem Dank an, und geben euch im Namen aller edlen Thüringer die Gegenversicherung, daß wir euch treu verbleiben und euch beistehen wollen mit Arm und Schwert gegen männiglich.

König Heinrich. Auch gegen den Markgrafen zu Meisen?

Pfalzgr. Friedrich. Auch gegen diesen, denn wir haben keine Gemeinschaft mit ihm. Doch werdet ihr unsers Beistandes gegen den Markgrafen izt nicht bedürfen —

König Heinrich. Glaubt ihr, daß er sich schon in seine Heimath zurük geflüchtet habe?

Pfalzgr. Friedrich. Als wir von Gosek auszogen, da kam das Gerücht: Markgraf Dedo sei von den Reuterschaaren, die ihr ihm nachgeschikt hättet, ergriffen worden —

König

König Heinrich. Das wär' ein glückli­cher Fang, Freunde! so hätte die Fehde im Thüringerlande mit Einmal ein Ende —

Gr. Adelbert. Wenn ihr sie um Sieg­frieds willen nicht von neuem beginnen wollet!

König Heinrich. Graf Adelbert! ich bin nicht gewohnt, wegen eines unedlen Mistrauens mein Wort zweimal in einer Sache zu geben.

Pfalzgr. Friedrich. Wir vertrauen Königlicher Maiestät und ziehen ruhigen Herzens von dannen.

König Heinrich. Und könnt der vesten Zuversicht leben, daß von meiner Seite zu Gunsten des Erzbischofs kein Schwert­streich fallen soll. Aber ich wünschte, daß ihr diese Zusage izt noch geheim halten möch­tet. Ihr wißt, daß ich die Gunst der geistlichen Herren izt in meinen häuslichen Angelegenheiten nicht entbehren kann, daß ich izt säuberlich mit ihnen verfahren muß, damit sie auch mit mir wieder säuberlich verfahren und meinen Wünschen nicht entgegen arbeiten mögen —

Pfalzgr. Friedrich. Wohl! wohl! diese Herren lassen nicht Viel mit sich scherzen. (Trompeten; Ulrich von Cosheim kommt.) Ihr werdet gute Botschaft hören —

Ulrich v. Cosheim. Graf Bernhard ist zurük gekehrt, und hat den Markgrafen gefangen eingebracht.

Gr. Adelbert. Da hört ihr die Bestätigung des Gerüchts.

König Heinrich. Treflich! treflich! — Kommt, Freunde! wir wollen doch sehen, wie sich der Trozer gebehrdet!

Mainz.

Zimmer im Erzbischöflichen Pallaste.

Erzbischof Siegfried, Erzbischof Hanno, Herzog Otto, Herzog Rudolf; dann Burkhard; zulezt Graf Rether.

Erzbischof Siegfried.
Euer unfreundliches Wesen wird noch Alles verderben. Erwartet doch nur Zeit und Stunde, bevor ihr verdammet — es wird sich dann wol zeigen, wer von uns Beiden klüglicher gehandelt hat!

Erzb. Hanno. Ei was nennt ihr denn klüglich handeln? einem iungen Schwelger zur Befriedigung seiner Lüste geflissentlich Vorschub thun, seinen ungezügelten Begierden schmeicheln, ihm in der Ausführung seiner gottlosen Entwürfe mit Rath und That an die Hand gehen, ihm zur Verlezung der heiligsten Pflichten, zur Vernichtung des ehrwürdigsten Bundes, den

Natur und Religion geschloſſen haben, An⸗
leitung geben, damit er euch ſein Schwert
zur Bedrükkung eines freien Volks und zu
deſſen Zinsbarmachung leihe — das nennt
ihr wol klüglich handeln? Ich ſchäme mich
eurer Rede, Siegfried! — ſie entehrt euch
und das Amt, das ihr eine geraume Zeit
ſchon mit Würde bekleidet habt —

Erzb. Siegfried. Ich mag euch nicht
in gleichem Tone Antwort geben auf eure
ſchnöden Reden, ich mag mich nicht recht⸗
fertigen wegen der harten Beſchuldigungen,
die ihr mir ſo unbrüderlich gemacht habt.
Wiederholen muß ich's euch aber noch ein⸗
mal, daß ihr mit euerm unfreundlichen
Weſen noch Alles verderben werdet — die
Verſicherung muß ich euch noch einmal ge=
ben, daß es ſich gar bald zeigen wird, wer
von uns Beiden klüglicher gehandelt hat.

Erzb. Hanno. Wohlan denn — ich
will meine Worte zurüknehmen und ſagen:
ihr habt daran, daß ihr die Endſcheidung
dieſes ärgerlichen Handels nicht allein über
euch genommen, ſondern dem Urtheil einer

Sinode

Vierte Periode.

Sinode unterworfen habt, füglich, rechtlich sogar gehandelt; so sagt mir nun auch eures Herzens aufrichtige Meinung, auf welche Seite ihr euch neigen, oder worauf ihr bei Eröfnung der Sinode antragen wollet?

Erzb. Siegfried. Eine Frage, die ihr euch selbst gar leicht beantworten könntet, wolltet ihr nicht aus meiner Antwort, ich mag sie nun so oder so geben, Veranlassung zu neuen Vorwürfen und Beschuldigungen nehmen.

Erzb. Hanno. Ihr sucht einer bestimmten Antwort geflissentlich auszuweichen.

Herz. Otto. Das sucht ihr, Herr Erzbischof! weil ihr euch fürchtet —

Erzb. Siegfried. Fürchten? — Fürwahr ich wüßte nicht für was und warum ich mich fürchten sollte. Um alles Streites und Haders mit euch überhoben zu sein, schweig' ich, und werde dann erst reden, wenn es mir Zeit dazu dünkt. Wir allein machen die Sache doch nicht aus; die Si-

nobe

nobe wird und muß den Ausspruch thun: ob die Scheidung des Königs unter den vorwaltenden Umständen nach kirchlichen und bürgerlichen Gesezen Statt finden kann und soll, oder nicht? Was kann euch nun daran gelegen sein, izt schon zu wissen: ob mir der Sinn dahin, oder dorthin steht? ob ich für, oder wider des Königs Begehren bin?

Erzb. Hanno. Daran, dächt' ich, müßte iedem Biedermann gar Viel gelegen sein, zu wissen: ob die Häupter des Reichs in Heinrichs gottlose Anschläge einstimmen wollen oder nicht? Wer reines Herzens und Gewissens ist, der kann sich sonder Furcht und Scheu erklären. Aber ihr seib's nicht —

Erzb. Siegfried. Hanno! ich dulde Viel — ich ertrage Viel; aber solche Lästerungen —

Erzb. Hanno. Ihr seib's nicht, sag' ich euch: sonst würdet ihr euch nicht scheuen, eures Herzens aufrichtige Meinung uns zu eröfnen. Einmal müßt ihr sie doch von euch

euch geben, — Einmal müßt ihr euch doch für oder wider die Wünsche des Königs erklären — warum denn izt nicht?

Erzb. Siegfried. Weil es noch nicht Zeit dazu ist — und wenn ich ganz offenherzig reden soll: weil ich's selbst noch nicht weis, ob ich mich für oder wider den König erklären werde!

Erzb. Hanno. So seid ihr weder kalt, noch warm — so seid ihr kein Biedermann! Warum kann ich's denn? Ich behaupte ganz unverholen, daß Heinrichs Begehren um Scheidung von seinem treflichen Weibe ein gottloses Begehren ist, und erkläre hiermit vor euch und werd' es im Angesicht der ganzen Sinode thun, daß ich mich diesem ärgerlichen Beginnen mit all meinem Ansehen widersezen werde —

Herz. Otto. Und ich will euch redlich beistehen, und, so die geistlichen Herren wider alles Erwarten für den König endscheiden sollten, die Gerechtsame der Königin mit dem Schwert in der Hand schü-

zen, mich zum Rächer ihrer gekränkten
Ehre aufwerfen —

Herz. Rudolf. Gemach, gemach, Herr
Herzog! Euer Haß gegen den König reizt
euch zu Entschlüssen, die kein rechtlicher
Mann billigen kann. Ich bin Heinrichs
Freund nicht; sein ganzes Dichten und
Trachten, seine Denkart, seine Handlun=
gen, sein Regiment sind nicht nach mei=
nem Sinn — vielweniger der Schritt, den
er izt wahrscheinlich in der Absicht, seine
verkehrten Neigungen und Begierden in zü=
gelloser Uippigkeit befriedigen zu können,
gewagt hat: Aber was kümmern mich des
Königs häusliche Angelegenheiten? Wenn
ich kein Recht habe, mich in die häusli=
chen Angelegenheiten meiner Lehnsmänner
zu mischen: woher soll gemeinen Fürsten das
Befugnis kommen, sich in die häuslichen
Angelegenheiten des Königs zu mischen?
Laßt die geistlichen Herren endscheiden: ob
das Band der Ehe zwischen Heinrich und
Bertha, unter den vorwaltenden Umstän=
den, nach göttlichen und menschlichen Ge=
sezen

Vierte Periode.

ſezen wieder aufgelöſet werden kann, oder nicht? — wir haben keine Stimme dabei — —

Herz. Otto. Sonderbar, daß gemeine Fürſten in ſolch einer wichtigen, des Reichs Wohl und Wehe betreffenden Angelegenheit keine Stimme haben ſollten! Iſt Bertha als eines gemeinen Ritters Hausfrau anzuſehen? Iſt ſie nicht Königin?

Herz. Rudolf. Königin wol, aber ohne Regiment! Noch nie hat ein Weib unmittelbar über freie Teutſche geherrſcht. Was kümmert's uns alſo, ob das Weib Bertha, oder ein anderes Königin heißt? ob Bertha, oder eine andere unſern Nachkommen Könige giebt? des Königs eheliches Gemahl iſt allſtets, es heiße, wie es wolle — Königin; aber Königin ohne Macht und Gewalt und Herrſcherrechte — darum eigentlich nicht anders anzuſehen, als eines adelichen Mannes Hausfrau — darum auch kein Gegenſtand, worüber gemeine Fürſten —

Burkhard. (tritt ein.) Gott grüß euch, edle Herren! — (zum Erzbischof Siegfried,) Ehrwürdiger Herr —

Erzb. Siegfried. (winkt ihn auf die Seite.) Es freut mich, daß ihr wohlbehalten zurük gekehrt seid. Bringt ihr mir Nachrichten von Wichtigkeit mit, so laßt sie nicht laut werden. Die anwesenden Herren wissen Nichts von eurer Sendung —

Erzb. Hanno. (zu Herzog Otto.) Heimlichkeiten, Herr Herzog! Ich traue dem Mainzer nicht — er hängt izt ganz auf Heinrichs Seite.

Herz. Otto. Er soll's doch nicht durchsezen — es soll ihm doch nicht gelingen —

Burkhard. Ich bin euch großen Dank schuldig, daß ihr mich zu dieser Botschaft erkieset habt —

Erzb. Siegfried. Habt ihr selbst Gehör gefunden bei Päpstlicher Heiligkeit?

Burkhard. Zweimal, ehrwürdiger Herr! und bin beide Mal mit apostolischer Segnung entlassen worden.

Erzb.

Erzb. Siegfried. Bringt ihr mir mündliche oder schriftliche Antwort mit? —

Burkhard. Eigentlich gar keine. Es harret aber in euerm Geheimzimmer ein Legat, der euch straks zu sprechen begehrt; der wird —

Erzb. Siegfried. Ein Legat — ein Päpstlicher Legat! — Verzeihung, edle Herren! ich werde zu einer wichtigen Unterredung abgerufen — ich will mich wohl spuden, um bald wieder bei euch zu sein.
(ab mit Burkhard.)

Erzb. Hanno. Gewiß eine Unterredung mit dem König —

Herz. Rudolf. Der König ist ja noch nicht angelanget —

Herzog Otto. Treibt sich ja noch in Thüringen herum! Markgraf Dedo wird ihm Viel zu schaffen machen —

Erzb. Hanno. Treflich wär's, wenn der Markgraf ihm den Weg nach Mainz verlegt hätte, wenn er ihm wehrte, der Sinode beizuwohnen.

Herzog

Herz. Otto. Scherzt nicht, Herr Erzbischof! das ist wohl möglich —

Gr. Rether. (kommt.) So ruhig beisammen, indes die ganze Stadt in Bewegung ist? Hört ihr denn nicht das Getümmel des Volks, das Wiehern der Streitrosse, den Schall der Trompeten und Pauken?

Herz. Otto. Nun hören wir's wol! — Was giebts denn?

Gr. Rether. Schaut doch nur hinaus — der König hält seinen Einzug im Siegsgepränge. Seht nur: wie er sich brüstet auf seinem schneeweißen Rosse — wie freundlich er koset mit dem Manne zu seiner Rechten —

Erzb. Hanno. Wer ist der Mann zu seiner Rechten mit dem Bischofsstab' in der Hand?

Gr. Rether. Ist Walberts Gestalt und Gesicht euch so fremd geworden, daß ihr —

Erzb.

Erzb. Hanno. Adalbert? — Adalbert wagt es, in der Sinode zu erscheinen? — Bei Gott! für diese Kekheit sollte der Schamlose derb gezüchtiget werden —

Herz. Rudolf. Erzbischof Siegfried hat alle teutschen Bischöffe geladen —

Erzb. Hanno. Adalberten gewis nicht! Er müßte seinen Vortheil sehr schlecht verstehen, wenn er diesen gefährlichen Schmeichler dem König wieder so nahe bringen wollte.

Herz. Rudolf. Geladen, oder nicht geladen, Herr Erzbischof! so mag's ihm doch Niemand wehren, der Sinode beizuwohnen. Zwingen konntet ihr ihn wol, des Königs Hoflager zu meiden; aber seine Rechte als teutscher Fürst und Erzbischof könnt' ihr ihm nicht schmälern —

Erzb. Hanno. So mag er denn erscheinen in der Sinode. Wofern' er sich aber einer Stimme anmaßt, wofern er Heinrichs gottloses Begehren zu unterstützen sucht: so sollt ihr sehen, was Hanno vermag!

Zimmer

Zimmer des Königs.

König Heinrich, Erzbischof Adalbert; hernach Ulrich von Cosheim.

König Heinrich.

Ihr habt mich sehr angenehm überrascht. Als ich euch vorm Stadtthore gewahrte, so wollt' ich meinen Augen nicht trauen. Hättet ihr mir nicht zugerufen, so wär' ich euch fürbaß gezogen; denn ich wähnt', es sei euer Geist, der sich mir da zeige, um mir anzudeuten, daß ihr plözlich des Todes verfahren wär't.

Erzb. Adalbert. Gott sei's gedankt, daß ich noch lebe, wie ihr wol seht, und es freuet mich inniglich, daß euch meine Gegenwart nicht mißfällt — daß ihr mich noch immer eurer vorzüglichen Huld und Liebe würdiget —

König Heinrich. Wie? solltet ihr euch je haben einbilden können, daß eure Ab-
wesen-

Vierte Periode.

wesenheit meine Zuneigung gegen euch verringern werde?

Erzb. Adalbert. Ihr seid Mensch und König — Menschengunst ist wandelbar, Königsgunst noch weit mehr — Menschengunst ist einem Schilfrohr, Königsgunst einem dürren Grashälmchen ähnlich —

König Heinrich. So müßt ihr mich für einen sehr gemeinen Menschen, für einen sehr schwachen König gehalten haben, wenn ihr mich nach dieser vorgefaßten Meinung beurtheilen konntet.

Erzb. Adalbert. Ich habe mich geirrt; — Lieber! werdet ihr mir verzeihen?

König Heinrich. Für diesmal, Lieber! und damit ihr nicht wieder in solchen bösen Irrthum verfallen mögt, so bitt' und begehr' ich von euch, daß ihr mir immer gegenwärtig bleiben und mir von diesem Augenblik an das wieder sein sollet, was ihr mir ehedem gewesen seid — mein Freund, mein geheimer Rathgeber, mein Beistand in der Führung des Regiments —

Erzb. Adalbert. Wie könnt ihr solch ein Begehren an mich thun, wenn es euerm Gedächtnis noch nicht entfallen ist, daß gemeine Fürsten mich von euch ausgetrieben, daß sie mit Schmach und Tod mich bedrohet haben, wenn ich mich euerm Hoflager ie wieder nahen würde?

König Heinrich. Ihr seid unter königlichem Schuz, Adalbert! Ich bin kein Knabe mehr — lasse mich von leeren nichtigen Drohungen nicht mehr schrekken — bin Mann und König und ihr sollt sehen, daß ich mich so zeigen werde!

Erzb. Adalbert. Auf diese mannhafte, königliche Versicherung könnt' ich mich wol entschließen, bei euch zu bleiben. Aber wie? wenn mein königlicher Freund die Absicht, in welcher ich izt hieher gekommen bin und die Bedingung, unter welcher ich mich zur Erfüllung eures Begehrens entschließen könnte, unhold vermerken sollte?

König Heinrich. Absicht und Bedingung — unhold vermerken — was soll das?

Vierte Periode.

das? — Adalbert! soll ich sagen, daß Menschensinn wandelbar ist, wie Menschengunst und Königsgunst? denn Adalbert redet nicht so grad' und offen mit seinem Freunde Heinrich, als ehedem —

Erzb. Adalbert. Ich will's, mein königlicher Freund! und thät' ich's nicht, so wär' ich eurer Huld und Freundschaft nicht werth.

König Heinrich. Ihr versteht euch treflich darauf, die Neubegierde zu spannen —

Erzb. Adalbert. Eure Neubegierde soll straks befriediget werden. Hört also: ich werde Morgen in der Sinode, zwar als Freund und Verehrer Heinrichs, aber als Widerpart des Königs erscheinen — ich werde für euch, als Freund, aber wider euch als König reden!

König Heinrich. Adalbert!

Erzb. Hanno. Ihr staunt — ihr erblikt in euerm besten Freunde euern ärgsten gefährlichsten Feind? das mag euch izt freilich

freilich gar wunderlich vorkommen. Aber es ist nun einmal so und —

König Heinrich. (bitter.) Es ist so und bleibt so? — Ha der wankelmüthigen Könige! Ha der starkmüthigen beharrlichen Erzbischöffe!

Erzb. Adalbert. Ich bitt' euch, Lieber! ihr wollet euch nicht ärgernd ereifern und mich, als euern Freund, ruhig anhören.

König Heinrich. O ich bin die Ruhe selbst — ihr könnt reden, was ihr wollt — ihr werdet mich nicht aus meiner Fassung bringen.

Erzb. Adalbert. Mögt ihr doch euern ganzen Zorn an mir auslassen, mögt ihr doch den bittersten Haß, dessen euer gutes Herz fähig ist, auf mich werfen: so will ich's euch doch nicht verhelen, daß es ein thörichter, euch entehrender Streich ist, wenn ihr auf der Scheidung von euerm ehelichen Gemahl bestehet und daß ich Morgen all' meine Beredsamkeit, all' mein Ansehen aufbieten und an eure wahrhaftigen

Feinde

Vierte Periode.

Feinde mich anschliessen werde, um die Ausführung dieses Streichs mislingen zu machen.

König Heinrich. Sagt doch: wer war es denn, der mir die Verbindung mit Bertha verleidete? wer war es denn, der mich mahnte, meinen Nakken nicht so frühzeitig unter das Joch der Ehe zu beugen?

Erzb. Adalbert. Ich war es! Aber ihr folgtet meiner Mahnung nicht; die bittlichen Vorstellungen der Kaiserin, das Drängen und Treiben der Fürsten, vielleicht auch Berthas Schönheit und Liebesreiz bestimmten euch zu dem Entschluß, ihr eure Hand zu geben. Der Bund war kaum geschlossen, so gereut' es euch schon wieder. Ihr flohet das Angesicht der Königin, ihr wünschtet das Band, das euch an sie fesselt, wieder zerreissen zu können; Siegfried bestärkt' euch in euern leichtsinnigen Wünschen — er macht' euch Hofnung zu deren Erfüllung — und ihr liesset euch bethören von ihm und eröffnetet den Fürsten euer Vorhaben und gabt ihnen

J 2 dadurch

dadurch ein gröses Aergernis und den Misvergnügten Gelegenheit an die Hand, euch im ganzen Reiche als einen wankelmüthigen, treulosen, bundbrüchigen Mann zu verschreien —

König Heinrich. Hab' ich denn das Band der Ehe schon eigenmächtig zerrissen, daß man sich solcher Lästerreden gegen mich erdreusten darf? will ich sie nicht vielmehr gesezlich lösen lassen?

Erzb. Adalbert. Was Gott zusammengefügt hat, das kann kein Mensch scheiden. Der Ausspruch der Sinode muß schlechterdings wider euch sein; denn euer Begehren streitet wider alle kirchliche Ordnung. Die Zusammenberufung der geistlichen und weltlichen Herren in eine Sinode war ein bloses Blendwerk, das der Mainzer euch vormachte, um die Endscheidung eures Begehrens in die Länge zu ziehen, um unterdessen unter euerm Beistand seine Absichten auf die Erlangung des Thüringischen Zehendens zu erreichen —

König

Vierte Periode.

König Heinrich. Ihr seid sehr genau unterrichtet von Allem, was in diesen Tagen hier vorgegangen ist.

Erzb. Adalbert. Genauer vielleicht, als ihr selbst; denn ich sehe Dinge voraus, wovon ihr izt nicht einmal Etwas ahndet. Und darum bitt' und mahn' ich euch freundschaftlich und väterlich, daß ihr nicht hartnäckig beharren wollet auf euerm Vorhaben. Wollte die Sinode auch zu euern Gunsten endscheiden, wollte sie auch in diesem sonderbaren Falle von der kirchlichen Ordnung abweichen; so würde doch ihr Ausspruch von Rom aus für ungültig erklärt und ihr mit Bann und Fluch bedrohet werden, so ihr euch nicht in die gesezliche Ordnung fügen und fortfahren wollet, der Welt ein so grosses Aergernis zu geben. Laßt aber auch dies Alles dahin gestellet sein, sezt euch über dies Alles hinweg — was verliert ihr an innrer und äußrer Hoheit, an Königlichem Ansehen und Königlicher Gewalt, wenn ihr beharrend auf euern unseligen Entschlüssen bei

Für-

Fürsten und Volk Treu und Glauben verliert? Ich hab' euch die Pflichten der Könige, den Geist der Fürsten, die Sinnesart des Volks kennen gelehrt; ich hab' es euch oft wiederholt, mit welcher Standhaftigkeit, mit welchem vestem Gleichmuth, mit welcher unerschütterlichen Entschlossenheit die Zügel des Regiments zu fassen und zu lenken sind, wenn Teutschlands herrschsüchtige Fürsten euch nicht um alles königliche Ansehen bringen sollen — und ihr wollet euch ihnen itzt selbst in die Hände liefern — wollt das ganze Gebäude der Macht und Größe, an dessen Aufführung ich so viele Jahre gearbeitet habe, durch einen einzigen unmännlichen Streich niederreißen? — Heinrich! Heinrich!

König Heinrich. Adalbert! Adalbert! solche harte Worte aus euerm Munde —

Ulrich v. Cosheim. (tritt ein.) Ein Schreiben durch einen Eilboten von Rom aus überbracht — (übergiebt dem König ein Schreiben.)

König

Vierte Periode.

König Heinrich. Es wird doch nicht schon einen Bannfluch enthalten?

Erzb. Adalbert. Scherzt nicht, gestrenger Herr! Ich weis es sehr zuverlässig, daß euer Beginnen am Römischen Hofe grose Bewegungen gemacht hat.

König Heinrich. (das Schreiben entfaltend.) Doch nicht! — es ist von der Kaiserin! — Ist Bischof Eppo nach Loresheim abgegangen?

Ulrich v. Cosheim. Vor einer Stunde schon.

König Heinrich. Sagt dem Eilboten, daß er auf Antwort harren solle.
(Ulrich von Cosheim ab.)

Erzb. Adalbert. Wollt ihr nicht sehen, was die Kaiserin für Neuigkeiten berichtet?

König Heinrich. O Adalbert! Adalbert! ihr habt mich schreklich verstimmt.

Erzb. Adalbert. Wollt ihr das mütterliche Schreiben nicht lesen?

König Heinrich. Mir ist's, als hätt' ich's schon gelesen. Sie führt eine Sprache, so stark und herzerschütternd, wie ihr — sie ist einverstanden mit euch und mit allen meinen Feinden, mich zu einer weibischen Nachgiebigkeit zu demüthigen. Aber es soll euch nicht gelingen — und spräche mein Herz noch so laut für Wahrheit und Liebe, wollten mich meine Empfindungen sogar betrügen und wankend machen in meinen Entschließungen — nein! nein! ich muß es durchsezen, was ich begonnen habe — kost' es auch, was es wolle, ich muß es durchsezen! — Nun bin ich gefaßt und entschlossen — nun mag Agnes sprechen! Ich bitt' euch, mir das Schreiben vorzulesen.

Erzb. Adalbert. (liest.) „Es geht ein „schnödes Lügengerücht von meinem kö„niglichen Sohn in der Stadt herum; ich „hab' ihm mit allem mütterlichen Eifer „widersprochen — aber es läßt sich nicht „schweigen. König Heinrich, sagt man: „habe den versammelten Fürsten auf dem

„Hof-

„Hoftage zu Worms erklärt, daß er ent=
„schlossen sei, sich von der Königin schei=
„den zu lassen, weil er es nicht über sich
„vermöge, mit dieser sonst treflichen Frau
„ein glükliches Eheleben zu führen; dazu
„wäre, nicht wie ich argwöhnte Erzbischof
„Adalbert von Bremen, sondern Erzbi=
„schof Siegfried von Mainz ihm beiräthig,
„welcher sich anheischig gemacht habe, die
„Sache zu Gunsten des Königs auszu=
„führen. Es ist eine Lüge, es ist offen=
„bare Verleumdung! entgegnete ich hier=
„auf allemal, so oft man sich solcher Lä=
„stereden in meinem Beisein erdreustete:
„der König ist mein Sohn und ein edler
„Mann! — er wird und kann nicht unedel
„handeln — —

König Heinrich. Unedel handeln! —
heißt das unedel handeln, wenn ich eine
Bürde abwerfen will, die mich zu Boden
drückt? wenn ich mich losreißen will von
einem Weibe, das ich hasse?

Erzb. Adalbert. Guter Heinrich! das
redet ihr wider euer Gefühl und wider eure

J 5 Uiber=

Uiberzeugung; denn ihr haßt die Königin nicht — ihr könnt sie nicht hassen! — Aber ich dächte, ihr hörtet ganz ruhig zu, was die Kaiserin euch weiter berichtet. Erst den Text und dann die Auslegung; aber nicht umgekehrt! pfleg' ich immer zu sagen.

König Heinrich. Ich will euch nicht wieder unterbrechen, wenn sie mich auch mit Ruthenstreichen bedrohte.

Erzb. Adalbert. (fortlesend.) „Er wird „und kann nicht unedel handeln — nicht „zerreißen wollen, was Gott zusammen ge=
„fügt hat — nicht brechen wollen den „Schwur, den er vor Gottes und teut=
„scher Fürsten Angesicht geschworen hat— „nicht zum Aergernis und zum Spott der „Welt werden wollen bei der Uiberzeu=
„gung, daß Gott ihn auf den Königs=
„thron erhoben hat, um seinen Völkern „als ein Muster der Tugend vorzuleuch=
„ten! — Man lächelte spöttisch ob dieser „Gegenrede; man würdigte sie kaum einer „Widerlegung, so sehr hielt man sich von „der Wahrheit des Gerüchts für überzeugt.

„Ich

Vierte Periode.

„Ich kann, und wenn Tausende für die
„Wahrheit dessen, was dieses meinen König
„und meinen Sohn entehrende Gerücht durch
„ganz Rom, durch ganz Italien verbrei-
„tet hat, mit Ehre und Leben bürgen
„wollten — ich kann ihm keinen Glau-
„ben beimessen. Aber es hat mich doch
„unruhig gemacht, es hat doch mancher-
„lei Zweifel in mir aufgewekt und ich wer-
„de, bis zur Rükkehr des Eilbotens,
„den ich mit diesem Schreiben nach
„Teutschland absende, in steter Beäng-
„stigung —

„O Heinrich! Heinrich! so wär' es
„denn doch wahr, was das Gerücht von
„deinem Beginnen verbreitet hat? — Ach
„es ist nicht möglich — es ist nicht mög-
„lich! Ich muß, bis ich die Bestätigung
„desselben nicht aus deinem eignem Mun-
„de vernommen habe, alle Beweise für
„ungültig, alle briefliche Urkunden für
„untergeschoben halten – denn ich kann's
„nicht glauben, daß mein Sohn Heinrich
„so thöricht — so unedel — so schänd-
„lich

„lich zu handeln vermag."— Der Kardi-
„nal und Archidiakon Hildebrand hat mir
„so eben die Abschrift eines von dem Main-
„zer Erzbischof an Päpstliche Heiligkeit er-
„lassenen Schreibens zugesendet, in wel-
„chem klar und deutlich enthalten ist —

König Heinrich. Erzbischof Siegfried
hätt' es nach Rom berichtet? — Hat er
das? — hat er das?

Erzb. Adalbert. (fortlesend.) „Klar
„und deutlich enthalten ist, daß König
„Heinrich ihn bittlich angegangen sei, eine
„vollkommene Ehescheidung zwischen ihm
„und der Königin zu bewirken, dergestalt
„und also, daß es jedem Theile freistehen
„möge, sich anderweit zu verehelichen.
„So sehr er sich auch über dieses Ansinnen
„ereifert habe, so sei es doch der Klugheit
„verträglicher gewesen, in Gegenwart des
„Königs zu schweigen und mit leeren Ver-
„sprechungen ihn hinzuhalten, als durch
„unzeitigen Eifer — —

König Heinrich. Mit leeren Versprechungen — mich hinzuhalten mit leeren
Ver-

Vierte Periode.

Versprechungen? — Ha des überfeinen Pfaffenstreichs! —, Mainzer! den sollst du mir nicht umsonst gespielt haben! Ich mag dem Geschwäz meiner Mutter izt nicht länger zuhören — (will fort.)

Erzb. Adalbert. Was wollt ihr beginnen?

König Heinrich. Dem Heuchler den Mantel der Ehrlichkeit von der Schulter reißen und ihm lohnen nach Verdienst und Würden. (schnell ab.)

Erzb. Adalbert. Heinrich! ich bitt' euch — (ihm nach.)

Kloster

Kloster Loresheim.
Zimmer.

Königin Bertha, Fräulein Adelgunde; hernach Bischof Eppo.

Fräulein Adelgunde.
Meine gnädige Königin ist auf einmal recht heitern Sinnes geworden! — Habt ihr frohe Botschaft erhalten?

Königin Bertha. Wie sollte mir die frohe Botschaft zugekommen sein, da ich seit acht Tagen, außer den Klosterleuten, keine menschliche Gestalt gesehen habe?

Fräulein Adelgunde. Verzeihung, gestrenge Frau! eure getreue Magd Adelgunde zählt sich auch unter die menschlichen Gestalten. Nun hab' ich euch zwar gar keine, geschweige denn frohe Botschaft zugebracht, weis auch, daß außer den Klosterleuten kein Mensch zu euch gekommen

Vierte Periode.

men ist — so könntet ihr aber dennoch und
ganz im Geheim — —

Königin Bertha. Dennoch und sogar
ganz im Geheim? — Ei so sag' an, du Allwisserin! wie das zugegangen sein mag,
sintemal ich selbst Nichts davon weis?

Fräulein Adelgunde. Das kann wol
also zugegangen sein, daß euch ein Engel,
oder ein Heiliger, oder eine Heilige erschienen wäre und euern trüben Sinn mit erwünschter Botschaft von euerm Heinrich
erheitert hätte; oder, daß ihr wenigstens
im Traume —

Königin Bertha. Darauf dient dir
zur freundlichen Antwort, Träumerin Adelgunde! daß es mit all deinen Muthmasungen eitel Träumerei ist; daß mir der schönste Traum für Nichts mehr, als für einen
Traum gilt, und daß es mit den Erscheinungen der Engel und Heiligen gar selten
mit rechten Dingen zugehen mag.

Fräulein Adelgunde. Ich bescheide
mich dessen in ziemlicher Ehrfurcht. Aber
um

um desto räthselhafter wird mir eure plözliche Sinnesänderung —

Königin Bertha. Damit dir deine Neubegierde, wenn sie unbefriediget bliebe, nicht schädlich werde, so will ich dir das Räthsel lösen. Sieh: ich war sonst thöricht genug, mich über iedes in der Zukunft der Möglichkeit nach mir etwan zustoßendes Ungemach gar schreklich zu ängsten. Da gedacht' ich denn immer mit Furcht und Bangigkeit: was wird dir Heute, was Morgen, was binnen Monden= und Jahres=Frist noch Uibels begegnen? wie wird diese Verworrenheit sich noch entwikkeln? wenn und wie wird dieses oder ienes Leiden sich noch enden? wird das unglükliche Schiksal, das dich izt verfolgt, lange noch gegen dich zu toben und zu wüthen anhalten? wirst du es lange noch ertragen müssen und können? oder wirst du unter der Schwere desselben Morgen vielleicht, Heute vielleicht schon erliegen? Solche und mehrere dergleichen Gedanken und Vorstellungen beschäftigten mich den ganzen
Tag,

Tag, beunruhigten mich die ganze Nacht hindurch. Müde dieses wahrhaftigen Elends, dieser entsezlichen Peinigungen ermannt' ich mich denn plözlich und fühlte mich plözlich gestärkt, beruhiget und erheitert —

Fräul. Abelgunde. Das Leztere bemerk' ich eben an euch, aber das Wie und Wodurch begreif' ich nicht.

Königin Bertha. Durch ein starkes, vestes, lebendiges Vertrauen auf Gottes allwaltende Vorsehung, die alle Dinge in der Welt — Glük und Unglük, Freuden und Leiden, Wohl und Wehe so ordnet, vertheilt und in richtiger Folge erscheinen und wieder verschwinden läßt, daß sie zum Besten des Ganzen würken müssen. Warum sollt' ich also vor dem kommenden Augenblik schon zittern und zagen, da ich nicht weis, ob er frohe oder traurige Empfindungen in mir erwekken wird? Bringt er ein Ungemach über mich: wohlan! so bin ich um desto stärker und muthiger zur Ertragung desselben, wenn meine körperlichen und geistigen Kräfte durch keine vorgängigen

gigen Schrekken der Einbildung geschwächt und Herz und Sinn durch leere Hirngespinnste noch nicht muthlos geworden sind;— öffnet er mir der Freuden wohlthätige Fülle, führt er mich dem Glük und der lange gewünschten Ruhe und dem beseligenden Genuß der Lieb' in den Schoos: ei! so wär' es ja die unverzeihlichste Thorheit, wenn ich mich auf diesen wohlthätigen Genuß mit finstern ängstenden Vorstellungen vorbereiten wollte. Der kommende Augenblik bringe mir aber auch, was er nur wolle —

(Bischof Eppo tritt ein.)

Fräul. Adelgunde. Unglükliche Königin! Bischof Eppo bracht' euch noch nie Etwas Gutes.

Königin Bertha. Es sei! und brächt' er mir auch die traurigste Botschaft: so bleibt mir doch der Trost, die Augenblikke vor seiner Erscheinung froh genossen zu haben. (wendet sich gegen den Bischof.) Seid mir willkommen, lieber Eppo!

Bischof Eppo. Gott segne die Königin!

Köni-

Vierte Periode.

Königin Bertha. Seid ihr gekommen, mich aus diesem öden Klosterverlies zu erlösen?

Bischof Eppo. Ihr sprecht, als wärt' ihr in diesem Kloster als eine Gefangene gehalten worden. Das war nicht der Wille des Königs, gnädige Frau! der König würd' es scharf zu ahnden wissen, wenn man euch —

Königin Bertha. Mit nichten, Herr Bischof! ich habe keine Klage über die guten Klosterleute und scherzte nur mit euch. Was führt euch izt zu mir?

Bischof Eppo. Des Königs Gebot, euch seinen freundlichen Grus zu vermelden und euch anzusagen, daß Morgen die Sinode zur Endscheidung eures beiderseitigen Schiksals eröfnet werden soll.

Königin Bertha. Für die Uiberbringung des königlichen Gruses dank' ich euch. Daß die Sinode Morgen eröfnet werden soll, das habt ihr mir vor drei Wochen schon kund gethan und es ist meinem Gedächtnis so wenig als meinem Herzen entfallen.

fallen. Habt ihr sonst noch eine Ausrichtung an mich, so bitt' ich, daß ihr euch derselben ohne langsame Vorbereitung entledigen wollet; denn ihr findet mich zu Allem bereit und auf Alles gefaßt.

Bischof Eppo. Der König wünscht und läßt euch bitten, daß ihr euch straks aufmachen und mit mir gen Mainz ziehen möchtet —

Königin Bertha. Soll ich etwan der Sinode mit beiwohnen?

Bischof Eppo. Das wünscht der König —

Königin Bertha. Der Wille des Königs geschehe! Binnen einer Stunde sollt ihr mich reisefertig finden. (will fort.)

Bischof Eppo. Noch ein Wort, gestrenge Frau! Vernehmt erst die Bedingung, unter welcher euch der König in der Sinode zu sehen wünscht.

Königin Bertha. So ich sie zu erfüllen vermag, so sollt ihr mich ebenfalls bereit dazu finden. Zaudert nur nicht —

Bischof

Vierte Periode.

Bischof Eppo. Der König wünscht und läßt euch bitten, daß ihr, um alle Hindernisse, welche man seinem Begehren entgegen sezen könnte, vorher aus dem Wege zu räumen, vor der Versammlung der Fürsten und Herren in sein Begehren nicht nur willig einstimmen, sondern daß ihr selbst auch auf vollkommene Scheidung von ihm, als einem Manne, mit dem ihr nie ein ruhiges glükliches Leben zu führen hoffen dürftet, bringen und euch an diesem Begehren durch keine Uiberredung, durch keine Bitten und Drohungen irre machen lassen sollet.

Königin Bertha. Das kann ich nicht! — Es thut mir leid, daß ich auf des Königs Wünsche und Bitten zum Erstenmal in meinem Leben mit Nein antworten muß; aber ich muß, weil mein Ja in diesem Falle Versündigung an Gott und Menschen, weil es eine gröbliche und meine erste Lüge sein würde!

Bischof Eppo. Warum wollt ihr doch dem König in diesem Stükke nicht gefällig sein,

sein, da die Scheidung auch ohne euer ausdrükliches Begehren erfolgen wird — euer Schweigen und eure Weigerung sogar von keinem Nuzen für euch sein kann?

Königin Bertha. Ich füge mich gelassen in mein Schiksal, ich unterwerfe mich willig dem Ausspruch der Fürsten — mögen sie für unsre Scheidung stimmen — ich kann's nicht ändern, ich werde nicht murren. (mit Würde.) Aber das soll man nicht von mir verlangen, daß ich mich zum Sprachrohr eines andern gebrauchen lassen, geschweige denn, daß ich mich zu Lügen erniedrigen soll! Es ist fürwahr schon sehr Viel, guter Eppo! wenn ich euch und dem König gelobe, meine Empfindungen soweit zu verleugnen, daß ich in der Sinode schweigen und nicht auftreten will wider den König, wenn es zum Spruch kommt.

Bischof Eppo. Unglükliche Königin! ihr jammert mich — ich sehe, daß auch das Schweigen euch schwer fallen wird!

Köni-

Königin Bertha. Ihr seid sonst ein guter Mann; ich vertraute mich euch gern – aber ihr seid Freund des Königs!

Bischof Eppo. Freund des Königs, aber nicht der Sache, gestrenge Frau! Kein rechtlicher Mann wird diesen ärgerlichen Schritt billigen.

Königin Bertha. Er kann seine geheimen Ursachen dazu haben, welchen ich nicht nachforschen mag; darum verdamm' ich ihn nicht und verzeih' ihm von Herzen. Aber gestehen kann ich's euch, weil ihr ein guter Mann und ein ehrlicher Mann seid, daß es mir Nichts weniger, als gleichgültig ist: ob die Synode für oder wider das Begehren des Königs entscheidet? Wäre mir Heinrich ein gemeiner Mensch, liebt' ich ihn nicht so stark und so feurig, als kein Geschöpf Gottes im Himmel und auf Erden ihn lieben kann, wär' ich nicht vollkommen überzeugt, daß Güte und Liebe für Bertha in seinem Herzen tiefe Wurzel geschlagen hätten und daß nur Vorurtheile,

Mißverständnisse und ein gewisser falscher Stolz, keinesweges aber Abneigung und Haß gegen mich, ihn zur Verleugnung iener süssen beseligenden Empfindungen bestimmten: so wäre mir gewis auch dieses sein Beginnen sehr gleichgültig, so sollt' es mir wenig Mühe kosten, eine thörichte Liebe gegen einen Undankbaren und meiner Unwürdigen rein aus meinem Herzen zu vertilgen, so wollt' ich dem Augenblikke, der die Banden, die uns zu unserm gegenseitigen Unglück vereinigen, lösen oder zerreissen würde, mit froher Erwartung entgegen sehen. Aber Heinrich liebt mich so wahr und so herzlich, als ich ihn liebe! davon bin ich in einem Augenblikke, in welchem er sich seinen Empfindungen ganz unbefangen überließ, bis zur vollkommensten Gewisheit überzeugt worden. Vorurtheile blenden und bethören ihn izt nur und ich behaupte und möchte beinahe drauf schwören, daß er einst, wenn ihm die Binde vom Auge fallen wird, alle die Maulredner und Schmeichler, die sich izt für seine Wünsche knechtisch erklären, als seine ärg-

sten

Vierte Periode.

ſten Feinde haſſen und verfolgen — —
(Ulrich von Cosheim kommt.) Schon
wieder Botſchaft vom König — diesmal
wird ſie euch gelten, Herr Biſchof!

Ulrich v. Cosheim. Herr Biſchof! der
König iſt ſehr unruhig über euer langes
Auſſenbleiben —

Biſchof Eppo. Das thut mir leid, lieber Ulrich! ich bin aber mit meiner Botſchaft noch nicht am Ende.

Königin Bertha. Ihr ſeid's, ehrwürdiger Herr! wenn ihr mir weiter Nichts
zu ſagen habt —

Biſchof Eppo. Mehr hat mir der König nicht aufgetragen, als ich euch treulich berichtet habe. So ihr nun mit uns
nach Mainz ziehen wollet, ſo mögt ihr
euch ſtraks entſchließen —

Königin Bertha. Ihr kennt meine Geſinnungen und meine Entſchlüſſe — Beide ſind unwandelbar und unwiderruflich;
nun

nun mögt ihr bestimmen: ob ich mit euch ziehen soll, oder nicht?

Bischof Eppo. So könnt ihr nicht mit uns ziehen, gestrenge Frau! denn nur unter jener Bedingung —

Königin Bertha. Die ich nimmermehr eingehen werde, weil ich mich nimmermehr zu einer Lüge herabwürdigen werde!

Ulrich v. Cosheim. Das wollt' ich eben wissen: ob die Königin gen Mainz ziehen würde, oder nicht? daran eben war dem König so Viel gelegen! — Ich eile voraus, ihm Kunde davon zu geben — Gott befohlen! (ab.)

Königin Bertha. Wollt ihr ihm nicht nacheilen? wollt ihr nicht lieber in Geleitschaft des wakkern Ulrichs, als allein reisen?

Bischof Eppo. Ach Königin! Königin! ich wollte, daß ich Heut' und Morgen noch nicht nach Mainz zurükkehren dürfte. Ich werd' euch doch die letzte, schrekliche Botschaft bringen müssen — der König hat mich einmal dazu ersehen, euch lauter trau=
rige

Vierte Periode.

ihe Nachrichten zu bringen; so muß ich euch denn endlich ein verhaßter Gegenstand werden —

Königin Bertha. Das dürft ihr nicht fürchten, Herr Bischof! der gute Mann bleibt immer derselbe, wenn auch seine Botschaft noch so böse ist. Und dann wißt ihr's ja besser, als ich, daß nach Gottes ewigen Rathschlüssen im Himmel und auf Erden Nichts geschieht, was nicht geschehen soll —

Bischof Eppo. Ihr habt mehr Vertrauen auf Gottes Vorsehung, als ich — seid ruhiger und gefaßter in dieser ärgerlichen Angelegenheit, als ich — laßt mich beinahe noch hoffen —

Königin Bertha. Wer wird nicht noch hoffen? wer wird verzweifeln, so lange noch nicht Alles verloren ist?

Bischof Eppo. So scheid' ich mit Hofnung von euch, gute trefliche Königin! — Möcht' ich doch mit der Botschaft: eure Hofnungen haben euch nicht getäuscht! zurückkehren —

Königin Bertha. Wie Gott will!

Her=

Herberge zu Mainz.

Herzog Otto, Markgraf Debo; hernach Graf Bernhard.

Herzog Otto.

Ich beklag' euch aufrichtig, Herr Markgraf!

Mkgr. Debo. Ich mich selbst, Herr Herzog! daß ich so thöricht gewesen bin, euern und meines Weibes Anreizungen zu folgen.

Herz. Otto. Wer konnt' aber auch vorhersehen —

Mkgr. Debo. Das war wol leicht vorher zu sehen, daß der König bei meinem Einfall in Thüringen kein müßiger Zuschauer bleiben würde. Aber ich baut' auf eure Versicherung, daß die Thüringer gemeinschaftliche Sache mit mir zu machen gesonnen wären —

Herz.

Vierte Periode.

Herz. Otto. Deſſen verſicherten mich die Thüringer; auch hatten ſie ſchon zu den Waffen gegriffen —

Mkgr. Dedo. Aber nicht wider den König, ſondern wider den Erzbiſchof zu Mainz, weil er ſie zur Entrichtung des Zehendens hatte zwingen wollen.

Herz. Otto. Der König hat den Erzbiſchof und die Thüringer zugleich bethört — dem Erzbiſchof gelobt' er, die Thüringer zur Entrichtung des Zehendes zu zwingen, weil er izt ſeiner bedarf — den Thüringern, daß er keinen Schwertſtreich gegen ſie führen, daß er ſie bei ihren Freiheiten und Gerechtſamen ſogar in Schuz nehmen wolle gegen männiglich, wenn ſie ihm förderlich ſein wollten in andern Dingen.

Mkgr. Dedo. Seltſame Dinge, die mir meine beſten Lehnsgüther und viertauſend Mark löthigen Silbers koſten, wenn ich noch ſo glüklich bin, um dieſen Preis meine Freilaſſung zu erhalten.

Herz.

Herz. Otto. Ihr sollt gerochen werden — ich geb' euch mein Ritterwort darauf!

Mkgr. Debo. Ich vertrau' euerm Ritterwort, Otto! aber wenn ich vollkommen gerochen werden soll, so muß mir auch das und zwar verdoppelt wieder erstattet werden, was ich für meine Befreiung izt dahin geben muß.

Herz. Otto. Ihr sollt vollkommen gerochen werden, darauf könnt ihr vest vertrauen —

Gr. Bernhard. (tritt ein) Der König gewährt eure Bitte, Herr Markgraf! Ihr seid um den dargebotenen Preis frei.

Herz. Otto. Wie theuer verkauft denn euer König Freiheit und Gerechtigkeit?

Gr. Bernhard. Der Preis ist unbestimmt, Herr Herzog! Ein guter Handelsmann schäzt seine Waare nach dem Käufer.

Herz. Otto. Sonderbar! seine Waare bleibt doch immer die nemliche?

Graf

Vierte Periode.

Gr. Bernhard. Ihrem innern Gehalt nach wol die nemliche, aber nicht ihrem Werthe nach — wie möchte der Handelsmann sonst bestehen?

Herz. Otto. Ihr sprecht so hochgelahrt, daß mir's nicht einmal begreiflich ist.

Gr. Bernhard. So will ich's euch durch ein Beispiel begreiflich zu machen suchen. Horcht wohl auf, Herr Herzog! — Wenn Markgraf Dedo seine Freiheit für viertausend Mark löthigen Silbers verkauft, so möchte sie euch vielleicht für das ganze Herzogthum Baiern nicht zugeschlagen werden! — Nun habt ihr mich doch verstanden?

Herz. Otto. Ich hab' euch verstanden! — Und ihr sollt gerochen werden, Dedo!

Königlicher Pallast zu Mainz.
Zimmer.

König Heinrich, Ulrich von Cosheim; hernach Bischof Eppo; zuletzt Erzbischof Siegfried, und Erzbischof Adalbert.

König Heinrich.

Dies ihre eignen Worte?

Ulrich v. Cosheim. Wie ich sie aus dem Munde der Königin selbst vernommen habe.

König Heinrich. Es mag darum seyn — verlaßt mich izt, guter Ulrich!

(Ulrich von Cosheim ab.)

Sie will also nicht kommen? nicht in meine Wünsche, in mein Begehren um Auflösung unsers Bundes mit einstimmen, weil sie sich nimmermehr zu einer Lüge herabwürdigen will? Stolz — sehr stolz gesprochen, Königin Bertha! Aber ich liebe
diesen

Vierte Periode.

diesen Stolz, wenn er sich auf Wahrheit gründet. Und was wäre denn Wahrheit in diesem Falle? — Soll ich mir's aufrichtig gestehen, so wär' es wol Liebe zu mir, was sie zu Verwerfung meiner Bitte bestimmt! — Ha Liebe! Liebe! — unglükliche Liebe! — Nein! es ist nicht möglich — sie kann mich nicht lieben! den Mann, der sie so lange verschmähte, der ihr die ersten Tage der Liebe mit Angst und Verzweiflung und jeden folgenden Tag bis auf den heutigen mit Kummer und Elend verbitterte, der unablässig arbeitet, die Schmach der Scheidung und der Verstossung über sie zu bringen — den kann sie nicht lieben! sie muß ihn hassen und verabscheuen, wie einen Meuchelmörder — er tödet ihre Ruhe, ihre Hofnungen, ihre Freuden — —

(verfällt in finstres Nachdenken.)

Mag sie mich doch hassen, oder lieben — mir muß das izt gleichgültig sein! der Schritt ist einmal gethan — ich kann nicht wieder zurüktreten. Sei Glük oder

Unglük, Raub' oder Verzweiflung die Folge davon — ich kann, ich darf nicht wieder zurüktreten! (Trompetenstoß; er schaudert zusammen.) Fürchterlich! fürchterlich! — Die Posaune des Weltgerichts erschallt — sie ruft den Richtern, Gericht zu halten über den ehebrecherischen König! — Wer ist mein Kläger? — Siegfried! — Ha des Heuchlers, der mich so schändlich überlistete! — Kläger! wenn ich verdammt werde im Gericht; wenn die Richter ihr dumpfes Wehe! Wehe! Wehe! über mich ausrufen, wenn der Blutrichter mich faßt und das Verdammungsurtel an mir vollstreken will — Kläger! dann raff' ich mich noch einmal auf in meiner ganzen Kraft und schlage dich zu Boden, und ziehe dich mit hinab — hinab — hinab —

(fällt in Betäubung.)

Schrekliche Gestalten! (mit schwacher Stimme.) Wacht' ich, oder träumt' ich mit offnen Augen? — Groser Gott! wie ist mir denn? was dacht' ich, was sagt' ich denn? was gieng denn mit mir vor, daß alle

alle meine Sinne in wilden Aufruhr und
Zerrüttung geriethen? Ich hörte noch
Trompeten und — (ruft.) Ulrich!

Ulrich v. Cosheim. (kommt.) Gestren=
ger Herr!

König Heinrich. Habt ihr Nichts auſ=
ſerordentliches geſehen, Nichts Wunderba=
res gehört?

Ulrich v. Cosheim. Nichts, geſtren=
ger Herr! Euch hört' ich wol laut auf=
ſchreien — ihr ruftet mit fürchterlich=krei=
ſchender Stimme: hinab — hinab!

König Heinrich. Ruft' ich? — Aber
was bedeutete denn das Trompeten?

Ulrich v. Cosheim. Daß sich die Für=
ſten und Herren in die Sinode verfügen
ſollten.

König Heinrich. Ha das! — war
mir's doch ganz entfallen, daß der Main=
zer Heut' eine Sinode hält. Es iſt gut,
lieber Ulrich! ihr könnt wieder gehen.

Ulrich v. Cosheim. (für sich) Bei Gott! ich glaube, daß es mit dem König wirrig zu werden anfängt! (ab)

König Heinrich. Ich begreif' es nicht, was mit mir vorgegangen sein muß! Ich bin erschüttert durch alle meine Gebeine — meine Kraft hat mich verlassen — in meinen Nerven ist keine Spannung, keine Vestigkeit mehr — niedergedrükt von seiner Schwere sinkt mir das Haupt auf die Brust herab — es ist aus mit mir! es ist aus mit mir! — Wer hat diesen entsezlichen Schlag mir beigebracht? wer hat mit diesen Schreknissen der Hölle mein Herz erfüllt? — Gewissen! Gewissen! du legst mich auf die Marterbank — du geisselst mich, wie den verruchtesten Missethäter! — Was hab' ich denn gesündiget? was hab' ich denn verschuldet, daß ich so schwer büssen muß? — Ich will mich scheiden lassen von einem Weibe — — (Bischof Eppo tritt ein) Still! still! daß du nicht zum Spott deiner Freunde, zum Hohngelächter deiner Feinde werdest — still! still!

Bischof

Bischof Eppo. Gott grüß euch, mein König!

König Heinrich. Schon gut — schon gut —

Bischof Eppo. Heiliger Gott! was ist euch? was ist mit euch vorgegangen? — ihr seid schreklich entstellt — euer Auge —

König Heinrich. Laßt's gut sein, mein Freund! es ist vorüber.

Bischof Eppo. Wie war euch denn? was ist denn geschehen?

König Heinrich. Nichts! Nichts! — ich bitt' euch, laßt's gut sein und forscht nicht weiter nach.

Bischof Eppo. O gnädiger Herr! euer Herz ist in einer peinlichen Lage — eine finstre Trauerwolke hängt über eurer Sele —

König Heinrich. Nichts mehr davon, wenn ich euch fürder für meinen Freund halten soll! — Seid ihr allein zurük gekehrt?

Bischof

Bischof Eppo. Allein! Ulrich von Cosheim wird euch den Entschluß der Königin schon kund gethan haben.

König Heinrich. Sie beharrte also standhaft darauf?

Bischof Eppo. Standhaft und unerschütterlich, gestrenger Herr! — Lieber zeitlebens unglüklich und elend, lieber sterben, als eine Lüge sagen, beschloß sie.

König Heinrich. So muß ich wol auch standhaft bleiben! — Wie geht'ß der Königin sonst? wie benimmt sie sich in ihrer schwankenden Lage? was erwartet, und was fürchtet sie von mir?

Bischof Eppo. Wohl geht es ihr freilich nicht, wie ihr leicht denken könnet; aber sie benimmt sich als Königin, erwartet Nichts und fürchtet Nichts von euch und fügt sich in den Willen der Vorsehung.

König Heinrich. Das Beste, was sie thun kann! — Was haltet ihr übrigens von der Königin?

Bischof

Vierte Periode.

Bischof Eppo. Erlaßt mir die Antwort auf diese Frage; sie möcht' euch empfindlich beleidigen.

König Heinrich. Wenn sie Wahrheit enthält, so beleidiget sie mich nicht. Ihr könnt ganz freimüthig über sie urtheilen —

Bischof Eppo. So antwort' ich, daß ihr das ganze teutsche und römische Reich durchziehen könnet, ihres Gleichen aufzusuchen und nicht finden werdet, was ihr sucht — daß ihr dieses köstlichen Kleinods nicht werth seid, und daß —

König Heinrich. Bischof Eppo! zu solchen Lobeserhebungen und zu solchen Lästerungen hat euch der König nicht bevollmächtiget.

Bischof Eppo. Aber zur freimüthigen Antwort auf eure Frage, und anders kann ich nicht antworten. Unglüks genug für mich, daß ich mich eurer Versündigungen an diesem Engel mit habe theilhaftig machen müssen; da ich mich zum Uiberbringer eurer grausamen Befehle habe gebrauchen laßen. Wenn ihr wieder eines Bo-

ten an die Königin bedürfen solltet: so soll'
eure Wahl ia nicht auf mich — statt zur
Königin zu gehen, wandre ich graden Weges in mein Bischofthum zurük, und seh'
euer Angesicht nie wieder.

König Heinrich. Ich verzeih' euch;
denn ihr seid von dem Lächeln eines Weibes bethört worden.

Bischof Eppo. Wärt ihr doch weniger
bethört, als ich! möchtet ihr euch doch selbst
verzeihen können, was ihr gegen das Königliche Weib verschuldet habt. Es ist,
wahrlich! ein vollkommnes Weib. — ich
würde sagen, es ist ein Engel in Menschengestalt, wenn ich nicht eine Schwach-
heit, eine beinahe unverzeihliche Thorheit
an ihr bemerkt hätte —

König Heinrich. Und diese Schwach-
heit, oder diese Thorheit ist —

Bischof Eppo. Daß sie euch noch
liebt — ihrem eignen Geständnisse nach
so stark und so feurig noch liebt, wie kein
Geschöpf Gottes im Himmel und auf Erden euch lieben kann!

König

Vierte Periode.

König Heinrich. (verwirrt.) Liebt — liebt — (mit erzwungner kalter Fassung.) Freund Eppo! ihr seid sehr bethört — die Sinode ist schon seit einer Stunde eröfnet; wollt ihr der Berathschlagung nicht auch mit beiwohnen — dort könnt ihr eure Herrlichkeiten an Mann bringen und könnt des Beifalls manches rechtlichen Mannes gewärtig sein.

Bischof Eppo. (faßt den König scharf ins Auge.) Ihr redet izt nicht aus dem Herzen, Heinrich! — Gott befohlen! (ab.)

König Heinrich. Ja wohl nicht aus dem Herzen! — Ich — ich bin izt der Bethörte. Oder war ich's vorher und bin ich's izt nicht mehr? — Sie liebt mich, sagt' Eppo — liebt mich, wie kein Geschöpf Gottes im Himmel und auf Erden mich lieben kann? — Menschenkenner! dein Dolch traf den rechten Punkt; mein Herz war gepreßt — du hast es getroffen und es blutet nun aus allen Adern. O Gott! Gott! was soll ich — was kann ich thun? Soll ich mein Wort zurük nehmen und zum Spott und Hohn der ganzen Welt werden? oder soll ich auf meinem Entschluß beharren und das treflichste Weib auf Gottes Erdboden unglüklich und elend machen und mich mit ihr? Ach ich hasse sie nicht, das fühl' ich wohl; — Liebe — Liebe durchströmt — — (Erzbischof Siegfried tritt ein.) Ha du — du fehltest mir noch in dieser peinlichen Stunde!

Erzb. Siegfried. Herr König! so kommt doch — länger als eine Stunde sind die Fürsten und Herren beisammen und rathschlagen über euer Begehren. Der Streit ist schon allgemein und hizig — eure Gegenwart ist höchst nothwendig —

König Heinrich. Ich denk' einen guten Sachwalter und Wortführer an euch zu haben —

Erzb. Siegfried. Den habt ihr wol an mir; aber —

König Heinrich. Ihr habt doch meine Parthei gegen meine Widersacher ergriffen?

Erzb.

Vierte Periode.

Erzb. Siegfried. Das hab' ich wol; aber —

König Heinrich. Ihr seid doch euerm Versprechen treu geblieben?

Erzb. Siegfried. Das bin ich wol; aber —

König Heinrich. Habt euch doch nicht von dem ersten Windstos, der vielleicht von Rom aus euch den Mantel verwehet hat, über den Haufen werfen lassen?

Erzb. Siegfried. Ihr fragt sehr sonderbar und laßt mich gar nicht zum Worte kommen —

König Heinrich. Nun seht: wenn Jenes ist und dieses nicht ist; so kann ia meine Gegenwart nicht so höchst nothwendig sein. Ihr werdet meine Sache schon verfechten — ich weis, daß ihr euch treflich auf solche Dinge versteht.

Erzb. Siegfried. Ich thue, was ich kann, gestrenger Herr! aber wenn ich überstimmt und überschrieen werde —

König

König Heinrich. Herr Erzbischof! ihr kommt mir ganz bedenklich vor. Stehen die Sachen etwan nicht zum Besten mit uns?

Erzb. Siegfried. Fürwahr! nicht zum Besten — darum wünscht' ich eben, daß ihr euch selbst zeigen möchtet. Ein Wort von euch selbst gesprochen thut größere Würkung, als wenn zwanzig Andere für euch streiten.

König Heinrich. Ich will euch straks folgen. Aber das sag' ich euch, Herr Erzbischof! wenn ich den Streit verliere; so —

Erzb. Siegfried. So wollt ihr mir wol nicht Wort halten?

König Heinrich. Und doch — aber grad' in der Maße, wie Erzbischof Siegfried von Mainz mir Wort gehalten hat.

Erzb. Siegfried. Was meint ihr damit? Ihr kommt mir überhaupt gar seltsam vor!

König Heinrich. Das will ich euch nach der Sinode erklären. Eilt nur voraus, ehrwürdiger Herr! damit unsre Ge-

Vierte Periode.

gempärt während eurer Abwesenheit kein
Uibergewicht gewinnt — ich werd' euch
straks mit Dank und Lohn folgen.

Erzb. Siegfried. Der König ist toll
geworden, oder ich bin verrathen! (ab.)

König Heinrich. Nun, Heinrich! sei
ein Mann und endscheide! — Es ist doch
eine sonderbare Veränderung mit mir vorgegangen. Ich fühle mich izt leichter, ruhiger, froher — ich fühle wieder Kraft in
meinen Gebeinen, feuriges Blut in meinen Adern, Licht und Klarheit in meinem
Verstande. O Liebe! Liebe! hätt' ich etwan schon entschieden? hätt' ich für oder
wider — — Es sei! es sei! und kein
Spott und kein Hohn und kein Vorurtheil
soll mich von diesem Entschluß wieder abbringen. (ruft.) Ulrich! (Ulrich von Cosheim kommt.) Ulrich! ihr begleitet mich
in die Sinode —

Ulrich v. Cosheim. Wie seid ihr doch
auf einmal so heitern Sinnes geworden?

König Heinrich. Weil der Augenblik
meiner Erlösung nahe ist!

Erzb-

Erzbischöflicher Pallast zu Mainz.
Großer Saal.

Erzbischöffe, Bischöffe, Fürsten, Grafen und Herren. Karbinal Damiani, Erzbischof Hanno, Erzbischof Siegfried, Erzbischof Adalbert, Bischof Eppo, Herzog Rudolf, Herzog Otto; hernach König Heinrich mit Gefolge.

Erzbischof Siegfried. (tritt ein.) Der König wird augenbliklich erscheinen.

Herz. Otto. Ihr habt ihm doch Hofnung gemacht?

Erzb. Siegfried. Noch mehr, als Hofnung! Ich hab' ihm sogar gesagt, daß Alles zu seinen Gunsten —

Herz. Rudolf. Das ist doch nicht fein und ehrlich gehandelt, Herr Erzbischof! Eines Unglüklichen muß man nicht spotten.

Karbinal Damiani. Er hat's verdient!

Erzb. Adalbert. Fürwahr nicht Verspottung, Herr Karbinal! Ich bin in der

Haupt-

Vierte Periode. 175

Hauptsache ganz eurer Meinung; aber wenn ihr aus diesem Tone mit ihm reden wolltet: so müßt' ich zurüktreten und ebenfalls einen unsanftern Ton gegen euch annehmen.

Erz. Hanno. Das möchtet ihr immerhin; wir würden uns darum in unserm Reden und Handeln gegen diesen gekrönten Sünder nicht irren lassen. Es war so nicht euer Ernst, daß ihr vorhin seine Widerpart nahmt. ——

Erzb. Siegfried. Schaut auf, edle Herren! der König. —— (König Heinrich kommt mit Gefolge und setzt sich auf einen erhabenen Stuhl.)

Erzb. Hanno. Der Herr Erzbischof Siegfried hat den versammelten Erzbischöffen und Bischöffen, Fürsten und Herren das Verlangen königlicher Maiestät eröfnet. Wir haben die Sache nach ihrer Wichtigkeit reiflich erwogen und einmüthig entschieden, wie der Herr Kardinal euch kund thun wird.

König

König Heinrich. Der Herr Kardinal ist mir für seine Person sehr angenehm; aber in Angelegenheiten teutscher Nazion und ihres Königs hat er mir Nichts kund zu thun.

Kardinal Damiani. Königliche Majestät verzeihe, daß ich dieser Behauptung gradezu widerspreche. Ich stehe nicht als Kardinal, sondern als Legat Päpstlicher Heiligkeit vor euch; ich bring' euch Heil und apostolischen Segen in der einen, Bann und Fluch in der andern Hand — Die Wahl unter beiden steht euch izt noch frei. Das Gerücht von euerm strafbaren Beginnen wider die Königin, von euerm unordentlichen Regiment, von euern Ausschweifungen ist bis gen Rom gedrungen; ich bin bevollmächtigt —

König Heinrich. In geziemender Ehrfurcht zu schweigen, wenn der König gebietet.

Kardinal Damiani. Königliche Majestät bedenke, in wessen Namen ich hier stehe!

König

König Heinrich. Alle Achtung und Ehrfurcht gegen den, der euch gesendet hat und gegen euch, so lange ihr euch nicht in des Königs und teutscher Fürsten Angelegenheiten unberufen einmischt. Sobald ihr mir aber Geseze vorschreiben, mich lehren wollet, wie ich handeln soll: so gebiet' ich euch Stillschweigen; denn ich handle, wie mir's recht und gut dünkt und wie ich mir's vor Gott und der Welt zu verantworten getraue. Was diese ehrwürdige und erlauchte Versammlung wegen meines Begehrens um Scheidung von der Königin beschlossen hat, das mag ich aus euerm Munde nicht hören — das laß' ich überhaupt dahin gestellet sein. Ich habe selbst meinen Entschluß in der Sache gefaßt, den ich aber noch nicht öffentlich kund thun kann, weil ich mich darüber erst mit der Königin im Geheim besprechen muß. Bischof Eppo wird die Mühe noch einmal übernehmen gen Loresheim zu ziehen und die Königin nach Goßlar zu geleiten, wo ich ihrer harren werde —

Bischof Eppo. Wenn ihr euch erinnern wolltet, gestrenger Herr! was ich euch vorhin über diese Botschaft gesagt habe —

König Heinrich. Wenn ich euch aber als Freund darum bitte, wenn ich euch überdies versichere, daß ihr Nichts zu befahren habt?

Bischof Eppo. Ich eile straks gen Loresheim.

König Heinrich. Uibrigens dank' ich euch insgesamt, daß ihr mir in dieser häuslichen Angelegenheit mit Rath und That habt beistehen wollen. Euch, Herr Erzbischof! (zum Erzbischof Siegfried.) bleib' ich als meinem Sachwalter Dank und Lohn vor der Hand noch schuldig!

———————

Kaiser Heinrich der Vierte.

Fünfte Periode.

Personen.

Heinrich, König.
Bertha, Königin.
Adalbert, Erzbischof zu Bremen.
Hanno, Erzbischof zu Kölln.
Siegfried, Erzbischof zu Mainz.
Eppo, Bischof zu Zeiz.
Saricho, Abt zu Corvet.
Bischof Albert.
Otto, Herzog zu Baiern.
Richenza, seine Gemahlin.
Rudolf, Herzog zu Schwaben.
Magnus, Herzog zu Sachsen.
Friedrich, Pfalzgraf zu Sachsen.
Welf, Graf zu Altorf und Herzog zu Baiern.
Ethelinde, seine Gemahlin, Herz. Ottos Tochter.
Thimo, Graf zu Wettin.
Ida, seine Gemahlin, Herz. Ottos Tochter.
Graf Leopold von Merseburg.
Graf Eberhard von Nellenburg.
Graf Bernhard von Nellenburg.
Graf Ludewig von Thüringen.
Graf Rether.
Ulrich von Cosheim.
Ritter Egon.
Adelgunde.
Fürsten, Grafen, Ritter, Kampfrichter, Kampfhelden, Kreiswärtel, Edelknechte, Volk.

(Zeitraum vom Jahre 1069 — 1071.)

Mainz.
Zimmer im Erzbischöflichen Pallast.

Erzbischof Hanno, Erzbischof Siegfried, Herzog Otto.

Erzbischof Siegfried.
Ihr seid auf einmal ganz trübsinnig geworden, Herr Herzog!

Herz. Otto. Trübsinnig wol nicht, aber ärgerlich, daß gemeine Fürsten von einem unbärtigen Knaben solche schnöde Begegnungen erdulden.

Erzb. Hanno. Kommt's nicht auf meine alte Rede heraus, daß dieser Mensch sich nur zeigen, nur drohen und trozen darf, um Alle, die sich laut und eifernd wider ihn erklärt hatten, plözlich verstummen zu machen? nur gefällig lächeln, nur ein nachgebendes huldvolles Wort hinwerfen darf, um Aller Gunst, Lieb' und Vertrauen zu gewinnen? Darum sag' ich und halt' es für's Beste, daß man der Sache ihren

ihren Lauf läßt und um Folgen und Ende sich nicht kümmert —

Herz. Otto. Traun! das wär' ein feiner Rath, wenn er euch von Herzen gienge.

Erzb. Hanno. Meint ihr etwan, daß es mir kein Ernst damit sei? Ich meines Theils verliere kein Wort mehr, weder gegen den König, um ihn zu einer rechtlichern Regimentsführung, oder zu einem anständigern Lebenswandel zu überreden, noch gegen gemeine Fürsten, um sie zu männlichen Entschlüssen in Sachen teutscher Freiheit und teutscher Fürsten Gerechtsame zu vermögen. Ich mische mich, zumal Adalbert die Hand wieder im Spiele hat, von nun an in die Geschäftsverwaltung des Reichs nicht mehr; denn Adalbert und Hanno können in alle Ewigkeit nicht auf einen und eben denselben Zwek hinarbeiten. Ich ziehe mich in eine stille Einsamkeit zurük und werde bei allen entstehenden Verwirrungen und Streitigkeiten im Reiche den ruhigen unbefangenen Zuschauer machen und dann erst wieder hervortreten,

wenn

Fünfte Periode.

wenn der abgestorbene Freiheitsſinn unter Teutſchlands Fürſten luſtig wieder aufblühen und reifen wird —

Herz. Otto. Bis dahin alſo mag Alles in wilder Unordnung und Verwirrung durch einander gemengt werden — der König mag thun, was ſeinen böſen Begierden gelüſtet, mag leben wie ein wilder Heide, herrſchen wie die lezten Tirannen des alten Roms — mag der teutſchen Freiheit mit eiſernem Fuß auf den Nakken treten, Teutſchlands Fürſten und Edle zu Knechten machen, unſre Weiber und Jungfrauen zu ... ich mag den Schandnamen nicht ausſprechen! — und ihr wolltet als ein ruhiger unbefangener Zuſchauer all' dieſer Greuel daſitzen und auf eine neue Schöpfung harren? — Hanno! wenn das euer Ernſt wäre — wenn ich nicht glauben müßte, daß ihr darum ſo kalt über dieſe Dinge geredet hättet, um unſre Galle noch mehr aufzuregen, unſre verſchloſſene Wuth zum Ausbruch zu reizen —

Erzb.

Erzb. Hanno. Fürwahr! das ist nicht meine Absicht. Wohl wär' es gut und heilsam, wenn gemeine Fürsten sich vereinigten, dem König die Stirn zu bieten und ihn zwängen, das Regiment so zu führen, wie es Herkommens und für des Reichs gemeine Wohlfahrt ersprieslich ist — und solche Gesinnungen anzunehmen und so zu handeln, wie es einem braven rechtlichen Mann ziemt und gebührt. Aber ihr faßt immer hundert gute Entschlüsse und bringt nicht einen zur Ausführung; ihr seid die besten Männer nicht in der That, die ihr in Worten zu sein scheint; ihr seid wie das Schilfrohr im Evangelienbuche —

Herz. Otto. Den Vorzug muß man euch lassen und den mag euch kein Mensch, der sein Lebelang nur ein einziges Wort mit euch gewechselt hat, streitig machen, daß ihr im Hohnsprechen und in der Rauhheit der Rede eures Gleichen nicht findet von einem Ende der Welt bis zum andern.

Erzb. Hanno. Ihr macht mich beinahe lächeln, Herr Herzog! Scheint's doch,

als

als ob auch ihr euch von jenen Vorwürfen
ein wenig getroffen fühltet —

Herz. Otto. Das fehlte nur noch, daß
ihr auch mich —

Erzb. Hanno. Nicht doch, Freund! ihr
macht eine gute Ausnahme von den übri=
gen Fürsten Teutschlands; ihr seid ein gra=
der entschloßner Mann und bleibt euern
Grundsäzen getreu und haltet vest über eure
Freiheiten und Gerechtsame. Aber ich fin=
de doch Etwas an euch zu tadeln —

Herz. Otto. Also doch Etwas? und
das ist —

Erzb. Hanno. Daß ihr mehr durch
Andere, als selbst handeln wollet! — Und
nun still davon! Ich habe gehört, daß euch
der König nach Italien senden will — hat
die Sage Grund? und was ist die Absicht
dieser Sendung?

Herz. Otto. Die Sage hat Grund —
ich soll die Italiäner zur Bezahlung der kö=
niglichen Gefälle anhalten.

M 5 Erzb.

Erzb. Hanno. Das ist ein feiner Streich von Adalberten, daß er die gewaltigsten Männer vom König zu entfernen sucht, um sich selbst freien Spielraum zu verschaffen.

Erzb. Siegfried. Und izt grade, da auch wir nach Rom berufen sind —

Herz. Otto. Auch ihr? ei so ziehen wir ja eines Weges! — Und was habt denn ihr dort zu schaffen?

Erzb. Siegfried. Ich werde mein erzbischöfliches Amt zu den Füssen des heiligen Stuhls niederlegen.

Erzb. Hanno. Das werdet ihr wol so wenig, als ich, thun. Ich geb' euch die Versicherung, daß man Nichts Verdammliches an uns finden wird, so wir uns nur nicht wie wahrhaftige arme Sünder dem heiligen Richterstuhle mit leeren Händen nahen.

Herz. Otto. Ha! ihr seid gewis des Pfründenhandels halber in Anspruch genommen worden?

Erzb.

Erzb. Siegfried. Dessen beschuldiget man uns freventlich —

Herz. Otto. Das ist fürwahr nicht fein! aber ihr werdet euch schon zu reinigen wissen.

Kloster Loresheim.

Zimmer.

Königin Bertha, allein; dann Fräulein Adelgunde, und Bischof Eppo.

Königin Bertha.

Izt muß es nun wol endschieden sein! — Warum wird mir aber keine Kunde davon gegeben? warum läßt man mich in einer peinigenden Ungewißheit über die Endscheidung meines Schiksals dahinschmachten? — Ach Gott! womit hab' ich's denn verschuldet, daß ich so geängstiget werde? — Aber ich wollte ia nicht klagen, nicht murren — ich wollte ia gleichgültig — —

Nein! nein! das kann ich nicht — zu dieser Fassung, zu dieser kalten gefühllosen Gleichgültigkeit sind meine Kräfte zu schwach, ist meine Liebe zu stark und zu feurig! Nehmt mir diese Krone, reißt mir die-

Fünfte Periode.

diesen königlichen Mantel ab, raubt mir Alles, was einer Königin Glanz und Ansehen giebt — ich lächle zu diesem Verlust; alle diese Dinge sind mir nicht halb so viel werth, als dem Kinde sein zerbrechliches Spielzeug. Aber sagt mir, daß ich meinen Heinrich verloren, ohne alle Hofnung, ihn ie wieder zu gewinnen, verloren habe, daß ich, um ruhig zu werden und in Gottes Augen nicht als eine Selbstmörderin zu erscheinen, meine von nun an strafbare Liebe zu ihm bekämpfen und töden müsse — ach dann blutet mein Herz! dann versinkt meines Lebens ganze Glükseligkeit in einen bodenlosen Abgrund, dann bin ich das traurigste elendeste Geschöpf auf Gottes weitem Erdboden.

Bertha! wohin verirrst du dich wieder? Hast du nicht der Vorsehung volles Vertrauen, deinem Schiksal ruhige Unterwerfung gelobt? Freilich wol — aber in den Tagen, da die Hofnung noch nicht ganz erloschen war, da sie noch manchen wohlthätigen Lichtstral in meine trübe Sele warf.

Jzt ist sie dahin — alle Hofnung und mit ihr alles Vertrauen, alle Fassung, aller Glaube dahin! — Ach! ich bin sehr unglüklich — Gott! Gott! stärke mich, daß ich's ertragen möge, wenn der Bote des Königs kommt und ruft: Bertha! die Sinode hat auf Trennung endschieden!

O ich habe mir mein trauriges Schiksal wol selbst bereitet! ich habe doch wenigstens thöricht gehandelt, daß ich die Einladung des Königs verschmähte und nicht mit nach Mainz zog. Vielleicht wollt' er mich prüfen und erforschen: ob ich ihn liebe? ob ich ihm vergeben könne? Er hätte mich gesehen; ich hätte mich ihm zu Füssen geworfen, ich hätte seine Kniee Liebevoll umfaßt, ich hätte mit thränenden Blikken ihn gefragt: Heinrich! was that ich euch, daß ihr mich verstossen wollet? — Heinrich ist sanft und gut: ich hätte sein Herz gerührt; es hätte sich meiner Liebe gebfnet; hinauf gerissen an seine Brust, an seine Lippen hätt' er sein treues Weib und — —

Aber

Aber wenn er mich von sich zurükgestoßen hätte — wenn er mit kalter Verachtung, mit Spott und Hohn — —

Fräul. Adelgunde. (tritt iach ein; ihr folgt Bischof Eppo.) Der Bischof — vom König —

— Königin Bertha. Bote des Unglüks!

Bischof Eppo. Der war ich euch schon zweimal, und izt —

Königin Bertha. O ich beschwör' euch: foltert mich nicht — ich hab' an einem Worte genung — ich bin gefaßt, aber nur auf ein einziges Wort —

Bischof Eppo. Ihr seid's nicht, Königin! — Auch bin ich euch diesmal kein Bote des Unglüks —

Königin Bertha. (schmerzhaft bitter.) Freilich wol — was ist's denn für ein großes Unglük, wenn ein Weib zu Boden getreten wird? der Thron des Königs bleibt darum doch vest stehen — die Erde wird darum nicht aus ihren Angeln gehoben — die Welt bleibt darum wol, was sie seit

Jahr-

Jahrtausenden gewesen ist, ein groser Sammelplaz von Ungeheuern, die Gottes gute Geschöpfe zu verderben arbeiten!

Bischof Eppo. Königin! wie find' ich euch Heute? ich verlies euch vor drei Tagen —

Königin Bertha. Als Königin! — da seht ihr's nun, was es um die Königswürde für ein köstliches Ding ist! Kaum, daß ihr mir sie unbarmherzig geraubt habt, so bin ich das schwächste — elendeste Weib geworden. (sie weint.)

Bischof Eppo. Königin! könnt ihr euch denn nicht fassen, mich ruhig anzuhören? Ich hab' euch doch sogar wenig nur zu sagen.

Königin Bertha. Sagt an, ehrwürdiger Herr! — Aber ihr müßt meiner nicht spotten mit dem verrufnen Namen: Königin! — Ich bin sehr unglüklich — das könnt ihr diesen Thränen, diesem blutenden Herzen glauben, daß ich sehr unglüklich bin.

Bischof

Fünfte Periode.

Bischof Eppo. Ihr seid's nicht —

Königin Bertha. Aber doch geschieden von meinem Heinrich?

Bischof Eppo. Nicht geschieden, gestrenge Frau! sonst hätt' ich euch —

Königin Bertha. Mann Gottes! was sagt ihr? — Nicht geschieden – nicht? – nicht? — O täuscht mich nicht mit falscher Botschaft — ich stürbe vor euern Augen, wenn ihr mir aus thörichtem Mitleiden izt Hofnung machen wolltet, um sie dann auf einen Schlag wieder vernichten zu müssen.

Bischof Eppo. Wehe dem! der an dem gemeinsten Unglüklichen sich also versündiget.

Königin Bertha. Also in Wahrheit nicht geschieden — nicht geschieden von meinem Heinrich?

Bischof Eppo. Ihr seid nicht geschieden, gnädige Frau! und werdet, wie ich hoffe, auch nimmer geschieden werden.

Königin Bertha. Wie ihr hoft? — Je nun! ich bin auch damit schon zufrieden. Hatt' ich doch alle Hofnung schon aufgegeben; hielt ich mein Unglük doch schon für gewis und vollendet —

Bischof Eppo. Gott sei gelobt, daß ich gewürdiget worden bin, euch die verlohrne Hofnung wieder zu geben! daß ich euch sogar mit vieler Wahrscheinlichkeit versichern kann, der König werde von seinem Wahn zurük gekommen sein und von nun an ein friedliches und glükliches Leben mit euch führen!

Königin Bertha. Ihr besorgt, daß mich das Ubermaas meines neuen Glüks erschrekken, betäuben, wol gar tödten möchte, darum versichert ihr mich dessen nur mit Wahrscheinlichkeit, und nicht mit Wahrheit.

Bischof Eppo. Nein, gestrenge Frau! ich geb' euch nicht mehr und nicht weniger, als ich selbst habe. Aufgegeben hat der König sein Vorhaben, sich von euch scheiden zu lassen: das ist Wahrheit. Was

er

er aber sonst im Sinn hat, das weis ich nicht. Mein ganzer Auftrag von ihm lautet also: Ich soll euch freundlich grüßen und euch nach Goslar geleiten, wohin er voraus gezogen ist und eurer zu einer geheimen Unterredung mit euch harret.

Königin Bertha. Ich dank' euch — ich dank' euch herzlich für diese Botschaft. Sie hat des Wohlthätigen und Beruhigenden schon so Viel in sich, daß ich, der König beschließe übrigens auch was er wolle, nimmermehr ganz unglüklich werden, daß ich vielmehr die süsse Hofnung, ihn noch ganz für meine Liebe zu gewinnen, in meinem Herzen nähren kann.

Bischof Eppo. Nährt sie, diese süsse wohlthätige Hofnung — sie wird euch diesmal gewis nicht bethören. Denn es ist mit dem König eine Sinnesänderung vorgegangen, von welcher ich mir für euer häusliches Glük und für des Reichs Wohlfahrt ungemein Viel verspreche, ohngeachtet ich die Veranlassung dazu nicht zu ergründen vermag.

Königin Bertha. O so laßt uns eilen, daß uns die ersten und besten Augenblikke dieser glüklichen Sinnesänderung nicht ungenuzt verschwinden!

———————

Goslar.

Goslar.

Zimmer im königlichen Pallaste.

König Heinrich, Erzbischof Adalbert, Graf Eberhard, Graf Leppold von Merseburg, Graf Otto, Graf Bernhard, sizen um einen Tisch herum und zechen; hernach Ulrich von Cosheim; zulezt Königin Bertha, mit Gefolge.

Erzbischof Adalbert. (zum König.) Fürwahr! ihr seid ein ganzer Mann; ihr habt diesmal ganz nach meinem Sinn gehandelt. Aber das kann ich euch doch noch nicht vergeben, daß ihr selbst mich, euern alten Freund und Rathgeber, so übel bethört habt.

König Heinrich. Wenn ich euch aber Abbitte und Versöhnung zutrinke?

Erzb. Adalbert. Es gilt! (sie stosen die Becher zusammen und trinken.) und es bleibt dabei, daß ihr ein ganzer Mann seid. Hätt' ich's ich's euch doch beinahe nicht zugetraut, daß ihr mit euern wahren Gesinnungen so fein hinterm Berge halten könntet! Da laßt ihr die ehrwürdigen und erlauchten Herren zu ganzen Stunden mit einander streiten und hadern über die Beantwortung einer Frage, die ihr schon längst endschieden habt — der Eine macht sich auf eine lange derbe Strafpredigt an euch gefaßt; der Andere will euch bittliche Vorstellungen thun und versichert, daß euer gutes Herz seinen väterlich-flehendlichen Mahnungen nicht widerstehen könne; wieder ein Andrer sammelt den ganzen reichen Vorrath seiner Spott- Schimpf- und Läster-Reden zusammen und schwört, euch damit gewis zu bekehren, wenn gütliche Worte Nichts über euch vermögen sollten; die Meisten pochen und trozen auf die Kraft ihres Arms und zeigen bei der Stimmensammlung auf ihr Schwert; eure Freunde sind in ängstlicher Erwartung der Dinge die da kommen sollen; denn sie kennen euern vesten Sinn — und nun schmettert die Trompete und der König tritt in die Versammlung und der

Mann

Mann, der Heil und Segen in der einen, Bann und Fluch in der andern Hand für euch hält, erhebt sich von seinem Siz' und beginnet seinen Spruch — und hat kaum begonnen —

König Heinrich. Dem guten Mann einen Becher, Freunde! er meint' es doch redlich mit mir. (Die Becher werden gefüllt.) Auf glükliche Heimkunft des guten Mannes!
(sie trinken.)

Erzb. Adalbert. Auf glükliche Heimkunft! — Es war ein wunderseltsam lächerlicher Anblik, wie sich die Herren allesamt nach eurer endscheidenden Erklärung gebehrdeten. Der gute Legat hatt' euch noch so Viel zu sagen; sein Mund blieb weit aufgethan vor Staunen und Schrekken, da ihr ihm Stillschweigen gebotet — Siegfried wand sich im Schlamme seiner Entschuldigungen wie ein armer Wurm — Hanno zerplazte schier vor Aerger, daß er seinem von Lästerungen gepreßten Herzen diesmal nicht Luft machen konnte — Otto stieß sein halb gezüktes Schwert so kräftig in die Scheide zurük, daß der Bügel des Gefäßes auf drei Schritte weit von ihm wegsprang — und eure Freunde —

Gr. Eberhard. Wir hätten laut aufjauchzen mögen vor Freude —

Gr. Leopold. Wir glaubten einen harten Sturm aushalten zu müssen, und auf das erste Wort des Königs herrschte Todenstille in der Sinode. Ich meines Orts wähnt', es gehe nicht mit rechten Dingen zu —

Gr. Otto. Das wähnten selbst die geistlichen Herren allesamt, die sich wider den König erklärt hatten —

Gr. Bernhard. Wie ihr sagtet, Herr Erzbischof! es war ein wunderseltsam lächerlicher Anblik —

Gr. Leopold. Allen schwebte das Bekenntnis auf der Lippe: wir haben uns um taube Nüsse gestritten — wir sind bethört —

Gr. Otto. Euch sogar, Herr Erzbischof! überraschte des Königs Erklärung

so

so sehr, daß ihr euch nicht sogleich zu fassen vermochtet.

Erzb. Adalbert. Freilich — freilich überrascht' es mich, und ich war herzlich verlegen und herzlich erzürnt über — — Sieh da! schon wieder in trübes Nachdenken versunken? Was ist euch denn? wo fehlt's euch denn? wollt ihr uns noch einmal bethören?

König Heinrich. Dann müßten mich meine reinsten seligsten Empfindungen erst selbst bethören —

Erzb. Adalbert. Ihr seid doch trübsinnig, besorglich wenigstens —

König Heinrich. Ist wahre Liebe nicht immer besorglich?

Erzb. Adalbert. Treff' ich die rechte Saite? — Wohlan denn: Königin Bertha soll leben!

Alle. Soll leben — soll leben — soll leben!
(sie trinken.)

Erzb. Adalbert. Auf Berthas glükliche Ankunft! (Alle stimmen ein und trinken.)

König Heinrich. Könnte sie nicht schon da sein? Sie zaudert sehr lange —

Erzb. Adalbert. Der ersten ungestüm‍sten Liebe könnt' ich diese Frage und diesen Vorwurf wol vergeben; aber euch beinahe nicht! Bedenkt doch von Lorcsheim bis Goslar —

König Heinrich. Ihr alter eiskalter Mann habt wol Recht, aber ich fürcht' – ich fürchte —

Erzb. Adalbert. Daß sie Morgen schon eintreffen wird?

König Heinrich. Daß sie sich des Wie‍dervergeltungsrechts bedienen, daß sie mir Wankelmüthigen nicht trauen — daß sie auf meine erste frostige Einladung gar nicht kommen wird.

Erz. Adalbert. Daran erkenn' ich, daß ihr wahrhaftig liebt. Wüßt' ich nur, ob ich euch dazu Glük wünschen, oder ob ich –

Ulrich v. Cosheim. (eintretend.) Der Thurmwächter gewahrt einen Haufen Reuter —

König

Fünfte Periode.

König Heinrich. (auffspringend.) Bertha! Bertha!

Erzb. Adalbert. O so bleibt doch ruhig sizen und leert lieber noch ein Duzend Becher in Ruh' auf ihr Wohlsein — es ist ia nicht möglich —

König Heinrich. Es ist wol möglich, Adalbert! — Der Lieb' ist ia Alles möglich! — Aber ich will ruhig bleiben und auf ihr Wohlsein trinken. Freunde! daß ihr den Becher rein und bis auf den lezten Tropfen leert! (hebt seinen Becher in die Höhe und ruft.) Mein Weib Bertha soll leben!

Alle. (durch einander.) Heinrichs Weib — Bertha — die Königin — Königin Bertha soll leben! — soll leben — leben — leben!

König Heinrich. Ulrich! der Haufe, den der Thurmwächter gewahrte, könnte doch wol der Königin Geleitschaft sein. Darum soll das Hofgesinde wohl aufschauen und laut aufiauchzen, wenn sie dem Pallaste nahet — und alle Trompeten

ten sollen schmettern — und alle Pauken sollen wirbeln —

Ulrich v. Cosheim. Wie ihr vorher geboten habt, gestrenger Herr! (ab.)

Erzb. Adalbert. Dieser frohe Ungestüm erfreut und entzükt mich. Ihr wißt, daß ich vordem wider diese frühzeitige Verbindung war — ich hatte meine guten Gründe dazu. Hätt' ich aber gewußt, was ich izt seh' und fühle, daß — (Trompeten und Pauken; die Königin tritt ein mit Gefolge; Alle springen auf von ihren Sesseln.)

Alle. Die Königin! die Königin!

König Heinrich. Bertha! (springt auf, und eilt ihr entgegen.) Ja, du bist's! (stürzt zu ihren Füssen.) Bertha! Vergebung — Liebe —

Königin Bertha. (sich über ihn hinbeugend.) Nichts von Vergebung! Nur Liebe — Liebe — Liebe!

Tag darnach.
Zimmer der Königin.

König Heinrich, Königin Bertha.

König Heinrich.
Bertha! ich habe nun deine ganze Vergebung — du hast sie versiegelt mit Kuß und Umarmung.

Königin Bertha. Sprich nicht mehr davon, Lieber! Laß uns vergessen, was vorbei ist und den Becher der Freuden und Wonne, den Liebe zum reinen Genuß uns dargereicht hat, mit vollen Zügen leeren —

König Heinrich. In deinen Armen, an deinem Busen, im süssen Taumel der Liebe — o Bertha! Bertha! ich bin dieser hohen Glükseligkeit nicht werth.

Königin Bertha. Heinrich! sei nicht ungerecht gegen dich selbst —

König Heinrich. Nein, Bertha! gerecht gegen dich und mich will ich sein, da ich

ich lange genug ungerecht gewesen bin. Oder soll ich alle Schuld von mir abwälzen und sagen: Ein böser Geist habe sein hämisches schadenfrohes Spiel mit mir getrieben, habe meine Sinne bethört, mein Auge geblendet, mein Herz mit Vorurtheilen bestrikt? — Gutes Weib! was werd' ich thun müssen, um Alles wieder gut zu machen, was ich schlimm gemacht habe — um dir für alle den Kummer, für alle die Kränkungen und Leiden, die du um meinetwillen erduldet hast, vollen Ersaz zu gewähren?

Königin Bertha. Wird meinem Heinrich die Buße, die ich ihm auferlegen, der Ersaz, den ich ihm zuerkennen möchte, nicht zu schwer fallen?

König Heinrich. Zu schwer? — Bei Gott! Bertha muß ihren Heinrich ganz verkennen, wenn sie das glauben kann. Sag an, du holdes Weib! du lange und gröblich von mir Beleidigte! was kann ich, was soll ich dir zur Buße aufopfern? was zum Ersaz dir darbringen?

Königin

Fünfte Periode.

Königin Bertha. Ewiges Stillschweigen über die Vergangenheit! dauernde Liebe für die Zukunft!

König Heinrich. O Bertha! Bertha! wenn ich dich, Engel! ie wieder beleidige, wenn ich ie wieder meineidig werde: so verbanne mich —

Königin Bertha. Keinen Schwur und keine Verwünschung, Lieber! deine Hand und dein Wort bürgen mir hinlänglich für deine Treue.

König Heinrich. Treflichste deines Geschlechts! lehre mich, deiner würdig zu werden.

———

Burg

Burg zu Altorf.
Zimmer.

Graf Welf, Gräfin Ethelinde, hernach Bischof Albert.

Gräfin Ethelinde. (für sich.) Was ihm nun wieder durch den Sinn mag gefahren sein, daß er so ungewöhnlich mürrisch ist!

Gr. Welf. (für sich.) Er treibt's zu weit — bei Gott! er treibt's zu weit. Wenn das dem Hofgesinde kund werden, wenn das dem König ...

Gräfin Ethelinde. Lieber Welf! was liegt euch denn Heute im Sinn, daß ihr so gar nachdenklich seid? der Fremdling hat euch gewis schlimme Botschaft aus Italien mitgebracht?

Gr. Welf. Ja wol schlimme Botschaft, Ethelinde! Ich fürcht' — ich fürchte —

Gräfin

Fünfte Periode.

Gräfin Ethelinde. O laßt mich's wissen, was ihr fürchtet, daß ich die Sorgen, die euch beunruhigen zur Hälfte mit euch theile.

Gr. Welf. Diese Sorgen gehen euch näher an, als ihr izt denken mögt.

Gräfin Ethelinde. Ei dann, Lieber! so dürft ihr mir sie um so weniger verhalten.

Gr. Welf. So hört denn, Ethelinde! daß ich besorg' und fürchte, euer Vater werde sich einmal seiner tollen Streiche halber gar schwerer Verantwortung aussezen, der König werd' ihn seiner unziemlichen Reden und Thaten halber einmal zu strenger Rechenschaft ziehen und dann ―

Gräfin Ethelinde. Meinen Vater? — Ihr macht mich bestürzt, lieber Herr! Mein Vater ist ein edler rechtlicher Mann.

Gr. Welf. Das behaupt' ich mit euch auf Leib und Leben gegen männiglich. Aber sein Ehrgeiz und seine Herrschsucht lassen ihm Dinge unternehmen, deren Ausführung er, wie die Sachen izt stehen, nicht gewachſen iſt, und die ihn doch in den Augen des Königs und ſeiner Räthe der Treuloſigkeit und der Verrätherei verdächtig machen müſſen.

Gräfin Ethelinde. Das iſt eine harte Beſchuldigung, Welf! mögt ihr ſie beweiſen?

Gr. Welf. Alte Beweiſe ſeiner feindſeligen Geſinnungen gegen den König ſind in Menge vorhanden; ich will ihrer nicht gedenken und nur das anführen, was mir der fremde Ritter ſo eben vertraut hat. Der König, der gar wohl weis, wie er mit Herzog Otto daran iſt, der es aber mit dieſem mächtigen Widerſacher nicht gern zum Bruch kommen laſſen, ihn lieber zu freundlichern Geſinnungen bewegen, ihm bei ieder vorkommenden Gelegenheit einleuchtende Beweiſe ſeines groſen Vertrauens auf ihn geben möchte, ſendet ihn mit mancherlei wichtigen Aufträgen an den Papſt und an die Italiſchen Fürſten nach Rom. Statt dieſer Aufträge mit Treue und Eifer ſich zu entledigen, beruft er

Fünfte Periode.

er die Fürsten und Herren nach Placenza; sie erscheinen in groser Anzahl und mit stattlichem Gefolge, in der Meinung, den Willen und die Befehle des Königs von dem Herzog zu vernehmen und — denkt euch das Erstaunen, das Schrekken der Fürsten —

Gräfin Ethelinde. Nun? mein Vater wird doch nicht zum Verräther an dem König geworden sein?

Gr. Welf. Ihr sagt's, Ethelinde! Statt den versammelten Fürsten und Herren den Willen des Königs kund zu thun, erhebt er schwere Klage wider ihn und sucht sie zum Abfall —

Gräfin Ethelinde. Welf! das hat hämischer Neid und heimtükkische Boßheit erdichtet! — Nein! nein! solch eines strafbaren Beginnens ist Herzog Otto von Baiern nicht fähig.

Gr. Welf. Daß ihr eures Vaters Unschuld vertheidiget, das ist wol gut und löblich von euch. So aber die Wahrheit wider ihn spricht, so die Italischen Fürsten selbst

selbst hervortreten und wider ihn zeugen sollten — (Bischof Albert tritt ein.) Ha,
mein Bruder!

Bis. Albert. Gott grüß' euch, edle
Frau! Gott grüß euch, mein Bruder!

Graf Welf.   ⎫ Willkommen! will=
Gr. Ethelinde. ⎭ kommen!

Gr. Welf. Ihr kommt gewiß vom
Hoflager aus Hildesheim, daß ihr mir zu=
sprecht?

Bis. Albert. Daher komm' ich und
bring' euch vom König einen freundlichen
Gruß mit.

Gr. Welf. Das freut mich, daß der
König meiner gedenkt! — Es soll lose Hän=
del in Hildesheim gegeben haben —

Bis. Albert. Daran fehlt es fast nie=
mals, wenn das königliche Hofgesinde mit
den Dienern geistlicher Herren zusammen=
kommt. Die Reusigen des Königs begehr=
ten eben so reichlich gespeiset und getränkt
zu werden, als die Reusigen des Bi=
schofs — darob geriethen sie hart an ein=
ander,

Fünfte Periode.

ander, schlugen sich blutige Köpfe und so mit war's ausgemachte Sache.

Gr. Welf. Aber auf den Gruß des Königs wieder zurük zu kommen, Lieber! so sagt mir doch, ob er meiner etwan bedarf, weil er darauf verfallen ist?

Bif. Albert. Daß ich nicht wüßte, Herr Bruder! wol eher wollt' ich behaupten, daß ihr seiner gar bald bedürfen möchtet.

Gr. Welf. Ich des Königs? so möcht' ich doch wissen. —

Bif. Albert. Das soll euch zur gelegnen Stunde wol offenbar werden: Izt —

Gräfin Ethelinde. Ihr wollt allein sein, vermuth' ich; — Gott befohlen! (ab.)

Bif. Albert. Das wollt' ich auch, Gräfin! — Sagt mir doch: wie lebt ihr mit Ethelinden?

Gr. Welf. Ich kann sagen: gut! sie ist eine treue wirthliche Hausfrau.

Bif. Albert. Hat sie nicht auch Etwas von ihres Vaters Geiste?

Gr. Welf. Etwas wol! Aber wie die Weiber alle sind, unruhig und herrisch —

Bif. Albert. Das sollen sie aber nicht sein, Lieber! das führt oft zu losen Dingen, verstrikt den besten wakkersten Mann oft in böse gefährliche Händel —.

Gr. Welf. Ihr sprecht das nicht ohne Absicht; ihr habt Etwas im Sinn, was mich nicht freuen wird.

Bif. Albert. Freilich hab' ich Etwas im Sinn; aber ich müßte mich sehr in euch geirret haben, wenn es euch nicht freuen sollte.

Gr. Welf. Ich bitt' euch, lieber Bruder! zur Sache, bevor mir die Geduld vergeht.

Bif. Albert. Also zur Sache! — Habt ihr neuerliche Nachricht von Ethelindens Vater aus Italien?

Gr. Welf. Leider nicht die besten.

Bischof

Bif. Albert. Ihr wißt also von sei‍nem Beginnen, die Italischen Fürsten zur Empörung wider den König zu verhezen?

Gr. Welf. Ich weis Alles, und habe so eben mit Ethelinden darüber gesprochen.

Bif. Albert. Und ich mit dem König und seinen Freunden.

Gr. Welf. Es ist also am Hoflager schon bekannt? — Unglüklicher! der Kö‍nig wird strenge Rechenschaft von dir fodern.

Bif. Albert. So schlimm steht's nun eben noch nicht. Aber was noch nicht ist, das kann wol noch werden —

Gr. Welf. Wie soll ich mir das deuten?

Bif. Albert. Nun seht: der König ist zwar von Ottos Anschlägen benachrichtiget worden, will sich aber von der Sache nicht überzeugen lassen und erklärt Alles, was ihm darüber gesagt wird, für Lügen und Lästerreden. Ihr wißt, was Hofsitte mit sich bringt; wenn der König ein für alle‍mal erklärt: das ist nicht so! wer wird ihm

ihm ins Angesicht widersprechen und sa=
gen: es ist so!

Gr. Welf. Unter tausend Höflingen
gewiß nicht Einer. Und so wird die Wahr=
heit nimmermehr an den Tag kommen und
Otto hat es dem günstigen Vorurtheile des
Königs zu verdanken, daß er der Verant=
wortung und Ahndung seiner tollen Strei=
che für diesmal entgeht.

Blf. Albert. Ihr sezt sehr wohlbe=
dächtig hinzu: für diesmal! denn der Kö=
nig sei auch noch so vest überzeugt gewesen,
daß Otto Nichts ungleiches wider ihn un=
ternehmen, daß er sich keiner Treulosigkeit
schuldig machen könne, daß er sich ledig=
lich durch seinen überspannten Ehrgeiz zu
dieser oder jener ihn beleidigenden Handlung
habe verleiten, zuweilen auch zu harten
Auslassungen über seine Regimentsführung
habe hinreißen lassen: so ist durch jene Nach=
richt dieses, wenn auch noch so vest gegrün=
dete Vorurtheil erschüttert und wankend ge=
macht worden, das volle unbedingte Ver=
trauen auf seine Treue ist verschwunden und

an

Fünfte Periode.

an deſſen Stelle hat ſich ein böſer Ver=
dacht angeſezt, der weit ſchwerer, als das
günſtigſte Vorurtheil, wieder auszurot=
ten iſt.

Gr. Welf. Alles ſehr wahr und ſehr
natürlich! Ich begreife nur nicht, in wel=
cher Abſicht ihr mir das Alles ſo deutlich
auseinander ſezt —

Biſ. Albert. Weil ich darauf eben
einen Entwurf zur Vergröſſerung eures
Glüks gebauet habe.

Gr. Welf. Ha dies der Faden, der
mich aus den Irrgängen eurer Reden ans
Ziel bringen ſoll! — Was verlangt ihr von
mir? Auf dieſen Verdacht ſoll ich Herzog
Ottos Verderben bauen? ihn ſtürzen, und
mich über ihn empor zu ſchwingen? —
Herr Biſchof! das wär' ein Bubenſtük,
deſſen Welf um keinen Preis fähig iſt!

Biſ. Albert. Ihr ſchließt ſehr vorei=
lig, Herr Graf! oder ihr ſeid der Mann
nicht, für den ich euch hielt. Stolz und
Ehrgeiz, glaub' ich, hatten Azzos Söhne
alleſamt gemein.

Graf

Gr. Welf. Gewis unser gemeinschaftliches köstlichstes Erbtheil! Aber wenn Welfs Ehrgeiz nur durch schlechte Mittel befriediget werden kann: so soll er mir immer und ewig unbefriediget bleiben.

Bif. Albert. Und wenn Graf Welf immer so voreilig und so verkehrt urtheilt, so hat ihm sein wohlmeinender Bruder kein Wort mehr zu sagen! — Doch noch eine einzige Frage — wollt ihr sie mir mit Wahrheit und Bedachtsamkeit beantworten?

Gr. Welf. Ich werd' euch auf iede Frage grade redliche Antwort geben.

Bif. Albert. Glaubt ihr, daß Herzog Otto seinen Haß gegen den König iemals werde schwinden lassen? oder daß er von nun an still sizen, sich um den König und sein Regiment weiter nicht bekümmern, in seine Angelegenheit sich fürder nicht einmischen, nach der höchsten Gewalt im Reiche fürder nicht trachten werde?

Gr. Welf. Dann müßt' Otto von neuem gebohren werden, wenn ich das von

ihm

Fünfte Periode.

ihm glauben sollte. Denn dieser Mann wird nie Ruhe haben und Ruhe halten. Ist's ihm doch sogar schon ärgerlich, wenn die Grafen und Herren im Baierlande nur einen Tag lang von Befehdungen abstehen —

Bif. Albert. Was zieht ihr für Folgen daraus?

Gr. Welf. Ihr sucht mich zu fangen, Bruder! und ich muß euch zugeben, daß Otto selbst und ohne frembes Zuthun des Königs Huld und Gnade verscherzen und schwerer Verantwortung sich aussezen wird —

Bif. Albert. Daß er sich selbst stürzen und seines Herzogthums verlustig werden wird.

Gr. Welf. Das kann über kurz oder lang wol einmal geschehen.

Bif. Albert. Das wird, das muß früher vielleicht, als ihr es vermuthet, geschehen! Und wenn nun dieser Fall eintritt —

Gr. Welf. Ihr fürchtet wol, daß dann der Zorn des Königs auch mich mittreffen könnte?

Bischof

Bif. Albert. Nein! das fürcht' ich nicht. Aber ich würd' es dann wol für räthlich halten, daß ihr euch bestrebtet, das zu erlangen, was Otto verloren hätte —

Gr. Welf. Fürwahr! dieser Gedanke ist mir nicht seit Gestern erst in den Sinn gekommen.

Bif. Albert. Ich würd' es an eurer Stelle sogar für klüglich halten, soweit es izt geschehen kann, in Zeiten darauf vorzubereiten und würd' es mit Dank annehmen, wenn sich ein Mann von Einfluß erbieten sollte, mir den Weg zum Herzogsstul zu bahnen.

Gr. Welf. Wenn er erlediget ist — mit grosem Dank!

Bif. Albert. Wenn er aller Wahrscheinlichkeit nach in kurzer Frist erlediget werden muß, so ist's wol kein Bubenstük, in Zeiten darum zu werben.

Gr. Welf. Dann freilich nicht; aber —

Bif. Albert. Und doch noch ein Aber? Ich beantwort' euch keines mehr, Bruder!

Ihr

Ihr wißt meinen Entwurf, und ich frag' euch: ob ich für euch thätig sein soll?

Gr. Welf. Thut, was euch gut und recht dünkt!

Bif. Albert. Lebt wohl, Graf Welf! — Als Baiern-Herzog und nicht eher seh' ich euch wieder.

———

Burg Hanenstein.
Zimmer.

Herzogin Richenza, Gräfin Ida, Graf Thimo; hernach ein Edelknecht.

Graf Thimo.
So es euch nicht misfällt: so zieh' ich Morgen mit meiner Ida von dannen. Der König möcht' es doch wol unhold vermerken, wenn ich noch länger hier weilen wollte —

Herzogin Richenza. Der König weis es aber doch, daß die Minne euch hier gefangen gehalten hat?

Gr. Thimo. Wohl weis er das und hätte unsrer Vermählung gewis beigewohnt, wenn er von der Minne nicht selbst gefangen gehalten würde.

Gräfin Ida. Er ist also mit der Königin vollkommen ausgesöhnt?

Graf

Fünfte Periode.

Gr. Thimo. Vollkommen! und liebt sie so wahr und so herzlich, wie ich meine Ida liebe.

Ein Edelknecht. (tritt ein.) Es hält ein königlicher Herold vor der Burg und begehrt, im Namen des Königs mit dem Herrn Herzog zu sprechen.

Herzogin Richenza. Weis es denn der König selbst nicht mehr, daß er den Herzog nach Italien gesendet hat.

Edelknecht. Herzog Otto, sagte der Herold: müsse schon lange wieder nach Teutschland zurükgekehrt sein und werde sich wol geheimer Ursachen halber auf Hanenstein verborgen halten.

Herzogin Richenza. Geheime Ursachen? verborgen halten? — Fürwahr! ich wüßte nicht, warum Herzog Otto sich vor dem König verborgen halten sollte.

Edelknecht. So sagte der Herold und erklärte, daß er seine Botschaft dem Herrn Herzog selbst kund thun müsse.

Graf

Gr. Thimo. Das find' ich gar sehr bedenklich! Ich will doch selbst mit dem Herold sprechen —— (ab mit dem Edelknecht.)

Herzogin Richenza. Geheime Ursachen — verborgen halten —. mir ist das fürwahr! ganz räthselhaft.

Gr. Ida. Mir sehr bedenklich, liebe Mutter! ich fürchte, der königliche Herold bringe gar arge Botschaft.

Herzogin Richenza. Aber ich wüßte doch nicht —

Gräfin Ida. Man kann freilich nicht wissen —. (Graf Thimo kommt zurük.) Nun, Lieber! hat dir der Herold Auskunft gegeben?

Gr. Thimo. Keine bestimmte, wohl aber errathen lassen, daß sich ein schweres Unwetter über den Herzog zusammen gezogen habe. Der König hat gemeine Fürsten nach Mainz zusammen berufen lassen, wo Herzog Otto sich gestellen und Red' und Antwort geben soll auf mancherlei wider ihn angebrachte Beschuldigungen.

Her-

Fünfte Periode.

Herzogin Richenza. Dacht' ich's doch, daß die Buben, von welchen der König umgeben ist, Ottos Abwesenheit benuzen, den edelsten Mann, den Teutschland izt aufzuweisen hat, dem schwachsinnigsten aller Könige verdächtig machen würden —

Gr. Thimo. Ida! wir reisen Heute noch von dannen. Ich muß Licht haben in dieser schreklichen Finsterniß —

Gräfin Ida. Ich bin ieglichen Augenblik zur Abreise bereit.

Kölln.
Zimmer im Erzbischöflichen Pallast.

Erzbischof Hanno, Herzog Otto.

Herzog Otto.

Was ihr doch für Aufhebens macht über die Ladung des Königs!

Erzb. Hanno. Es muß euch doch immer sehr ärgerlich sein, daß euch der König so schnöde behandelt.

Herz. Otto. Bei Kindern und Narren muß man es so genau nicht nehmen.

Erzb. Hanno. Der Herold ließ sich also nicht vermerken, worüber ihr eigentlich Red' und Antwort geben sollet?

Herz. Otto. Was soll er sich vermerken lassen, wenn er Nichts weis? Weis es es doch der König vielleicht selbst noch nicht —

Erzb. Hanno. Das mögt ihr doch ja nicht wähnen, daß Heinrich ein Possenspiel mit euch zu treiben gedenkt! Ich fürcht' — ich fürchte — —

Herz. Otto. Ich fürchte Nichts, Herr Erzbischof! Aber was fürchtet ihr?

Erzb. Hanno. Ich fürchte, daß es am Hofe kund geworden ist, was ihr mit den Italischen Fürsten verhandelt habt.

Herz. Otto. Wenn's Nichts Aergers ist, so soll mir wol kein graues Haar darum wachsen.

Erzb. Hanno. Herr Herzog! solcher Leichtsinn verträgt sich keinesweges mit euerm Alter und mit eurer sonstigen Klugheit; denn ihr sollt wissen, daß euch der König ob iener Verhandlungen der Verrätherei und Maiestäts-Beleidigung anklagen kann.

Herz. Otto. Aus Hannos Munde klingt mir diese Behauptung gar wunderlich. Es ist wahr: ich habe mit einigen Italischen Fürsten und Herren über Heinrichs Regimentsführung manche ernste Unterredung gepflogen und sie dahin zu bringen gesucht, daß sie sich mit Teutschlands wakkersten Männern verbinden und gemeinschaftlich mit diesen den König bittlich und ernstlich angehen sollten, ein löblicheres, der Würde des Reichs angemesseneres Regiment zu führen, oder sich dessen gänzlich zu begeben. Den Weichlingen wandelte Furcht und Entsezen dabei an; sie waren keines herzhaften Entschlusses fähig und es gereuete mich, daß ich teutsch zu unteutschen Männern geredet hatte. Aber kann ich dieses Beginnens halber der Verrätherei und der Maiestätsbeleidigung angeklagt und beschuldiget werden? Hab' ich das Nemliche nicht oft und laut genug in den Versammlungen gemeiner Fürsten gesagt? Kann man mich der heimtükkischen Verleumdung bezüchtigen — mich, der ich dem König wiederholte Vorwürfe über

seinen

seinen lüderlichen Lebenswandel, über sein schändliches Regiment ins Angesicht gemacht habe?

Erzb. Hanno. Was der Knabe Heinrich von euch, von mir und mehrern freimüthigen Männern geduldet hat, das wird der Mann Heinrich fürder nicht dulden.

Herz. Otto. Gilt Heinrich euch schon für einen Mann?

Erzb. Hanno. Laßt sehen, wie er sich diesmal gegen euch benehmen wird!

Herz. Otto. Nun so laßt doch sehen, wie sich die kindische Majestät eines Heinrichs gegen die Mannhaftigkeit eines Otto benehmen und verhalten wird!

Erzb. Hanno. Lieber Otto! frevelt ja nicht zu voreilig —

Herz. Otto. Wahrheit und Wahrhaftigkeit ist euch doch kein Frevel?

Erzb. Hanno. Diese Frage an Hanno gethan ist keiner Antwort werth.

Herz.

Herz. Otto. Ihr erscheint doch auf dem Fürstentage zu Mainz?

Erzb. Hanno. Ich geleit' euch dahin, so euch meine Geleitschaft — —

Herz. Otto. Wir reisen zusammen und ihr sollt Wunderdinge hören!

———

Mainz.

Mainz.
Herberge.

Bischof Albert, Ritter Egon.

Bischof Albert. (tritt ein.)
Gott grüß euch, Herr Ritter!

Ritter Egon. Großen Dank, großen Dank, ehrwürdiger Herr! Was führt euch denn so spät noch hieher?

Bis. Albert. Die Nachricht, daß Herzog Otto so eben in starker Geleitschaft hier eingetroffen ist —

Ritter Egon. Und eine gewisse ängstliche Besorgnis dazu — nicht wahr?

Bis. Albert. Ich mag's euch nicht bergen, daß ich gar sehr besorgt bin, Herzog Otto werde sich reinigen.

Ritter Egon. Oder darum vielmehr besorgt, daß Ritter Egon zum Verräther an euch werden könnte?

Bif. Albert. Das wollt' ich eben nicht sagen.

Ritter Egon. Aber es fuhr euch doch so durch den Sinn — nicht wahr?

Bif. Albert. Es fährt Einem freilich den Tag über so Mancherlei durch den Sinn.

Ritter Egon. Getroffen, getroffen! — Nun sagt mir doch: habt ihr kein Beispiel, daß die ehrlichsten Männer unter gewissen Umständen zu Schelmen geworden sind?

Bif. Albert. Ihr fragt wunderlich, Herr Ritter! und doch muß ich euch mit Ja antworten.

Ritter Egon. Nun seht: so kann es auch Beispiele geben, daß die größten Schelme unter gewissen Umständen —

Bif. Albert. Ich versteh' euch und ihr sollt sehen, daß ich Wort halte.

Ritter Egon. Und ich auch, Herr Bischof! — Nun könnt ihr alle Sorgen fahren lassen dahin —

Bischof

Bif. Albert. Ihr seid ein ehrlicher Mann! Wir wollen uns gegenseitig Wort halten ――

Ritter Egon. Für hundert Pfund löthigen Silbers ist euch Ritter Egon der ehrlichste Kerl auf Gottes Erdboden.

Bif. Albert. Sie liegen zum Empfange bereit, sobald ihr das Werk werdet vollendet haben.

Ritter Egon. Macht euch ja keinen Kummer darüber! Morgen um diese Zeit sind sie in meinen Händen.

Zimmer im königlichen Pallaste.

König Heinrich, Königin Bertha, hernach Ulrich von Cosheim, Graf Thimo, Gräfin Ida, zulezt Erzbischof Adalbert.

Königin Bertha.

Lieber Heinrich! vermag ich denn Heute gar Nichts über dich? Kann das süsseste Lächeln, der feurigste Kuß, die herzlichste Umarmung —

König Heinrich. Bertha! wenn sich der Mensch in einer so ängstlichen Lage befindet, daß er seines Lebens keinen Augenblik sicher ist: so verlieren bei ihm die Reizungen der Liebe gar Viel von ihrer Zauberkraft. Du mußt mir vergeben, holdes Weib, wenn ich dir Kuß und Umarmung izt kalt und zitternd erwiedere. Ich kann nicht ruhig, nicht froh werden, bis diese Verrätherei ganz ins Klare gebracht ist —

Königin

Fünfte Periode.

Königin Bertha. Wehe — Wehe dem Menschen, der meinen Heinrich in diese tödliche Unruhe gestürzt hat! Gottes Gericht wird ihn schwer treffen —

König Heinrich. Gottes Gericht wird endscheiden müssen; denn Otto wird sich dieses entsezlichen Verbrechens nicht schuldig bekennen.

Ulrich v. Cosheim. (eintretend.) Graf Thimo samt seinem iungen Ehgemahl —

König Heinrich. Sie sind uns willkommen. (Ulrich v. Cosheim ab; Graf Thimo, Gräfin Ida treten ein.)

Gr. Thimo. Gott segne den König und die Königin.

König Heinrich. Dank euch, lieber Graf! und meinen aufrichtigen Glükwunsch zu eurer Verbindung.

Königin Bertha. Ihr habt treflich gewählt, Herr Graf!

Gräfin Ida. Ihr seid sehr gütig, sehr gnädig —

König

König Heinrich. Treflich gewählt, das ist wahr. Die Gräfin ist iung, schön, liebenswürdig. Aber Etwas gefällt mir doch nicht an ihr —

Gr. Thimo. Ist's ein Fehler, oder ein Gebrechen des Leibes oder der Sele, was der Verbesseruug fähig ist: so —

König Heinrich. Es ist leider keiner Verbesserung fähig; denn es ist ein Gebrechen der Geburt.

Gräfin Ida. (mit Würde.) Herzog Otto ist mein Vater, Herzogin Richenza meine Mutter.

König Heinrich. Das ist's eben, was ich an euch zu tadeln finde, daß Herzog Otto euer Vater ist.

Gräfi1 Ida. Mein Vater ist ein edler Mann!

König Heinrich. Weis es Ida, welcher Verbrechen ihr Vater angeklagt worten ist?

Gräfin Ida. Ich weis es nicht, gnädiger Herr! Aber das weis ich, daß Herzog

Fünfte Periode.

zog Otto keines Verbrechens überführt werden mag.

König Heinrich. Wollte Gott! ich könnte dem Herzog, euerm Vater, Heute noch traulich die Hand schütteln und sagen: Ihr seid unschuldig! Aber das ist nicht möglich. Ich kann nie wieder sein Freund, ich muß sein Richter und mein eigner Rächer werden.

Gräfin Ida. Nicht möglich? — O Gott! Gott! was hat denn mein Vater verbrochen, daß ihr so ergrimmt —

König Heinrich. Was ich euch izt noch nicht sagen mag, weil ihr vor Schrekken und Entsezen zu Boden stürzen würdet, wenn ihr so gut und so edel seid, als es euer Aussehen zu versprechen scheint.

Gr. Thimo. Graf Thimo von Wettin hat sich eine edle Dirne zum Weib erkießt.

König Heinrich. Wohl euch, wenn die Tochter ihrem Vater nicht nachartet!

Erzb. Adalbert. (eintretend.) Die Fürsten harren eurer schon eine gute Weile —

König

König Heinrich. Sind Kläger und Beklagter gegenwärtig?

Erzb. Adalbert. Sie sind gegenwärtig.

König Heinrich. Also in Gottes Namen! (ab mit dem Erzbischof Adalbert.)

Gr. Thimo. Ida! ich kann's hier nicht ruhig abwarten — ich muß in die Versammlung der Fürsten. (ab.)

Königin Bertha. Vergebt meinem Heinrich, daß er so harte Worte gegen euch fallen ließ — Herzog Otto hat sich schwer an ihm versündiget.

Fünfte Periode.

Saal im königlichen Pallast.
Fürsten=Versammlung.

Erzbischof Siegfried, Erzbischof Hanno, Bischof Albert, Markgraf Dedo, Pfalzgraf Heinrich von Lach, Pfalzgraf Friedrich, Herzog Rudolf, Herzog Otto, Graf Welf, Ritter Egon, und mehrere Fürsten, Grafen und Herren; hernach König Heinrich, Erzbischof Adalbert, Graf Thimo und Gefolge.

Graf Welf.
(zum Erzbischof Albert heimlich.)

Ihr habt lose Streiche im Sinn!

Bis. Albert. (zum Graf Welf heimlich.) Daß ihr doch eure Zunge nicht zähmen und bändigen könnt! Wenn ihr euch nicht ruhig verhaltet, wenn ihr euch nur im mindesten in den Handel mit einmischt: so ist Alles — Alles verloren und ich ziehe meine Hand von einem Manne ab, der seiner selbst nicht einmal so weit mächtig ist, um

den

den Preis eines ganzen Herzogthums nur eine Stunde lang sich Stillschweigen aufzulegen.

Gr. Welf. Wenn aber dieses Stillschweigen die Ausführung eines verrätherischen Streichs begünstigte, wenn ——

Bis. Albert. Der König kommt! Ich frag' euch zum lezten Mal: wollt ihr schweigen? oder wollt ih mit euerm tollen Geschwäz Alles verderben? wollt ihr dadurch an mir und an euerm eignen Glükke zum Verräther werden?

Gr. Welf. Ich will schweigen!

(König Heinrich, Erzbischof Adalbert, Gräf Thimo, kommen mit Gefolge; der König erhebt sich auf den Thron.)

König Heinrich. Ehrwürdige und Erlauchte! eble, freie teutsche Männer! Ich entbiet' euch allen meinen gnädigen Gruß und sag' euch grosen freundlichen Dank für eure gehorsamliche Bereitwilligkeit, mir auf mein Bitten und Mahnen mit Rath und That beizustehen in einer Sache, welche Nichts Geringers betrift, als die Wohlfahrt

Fünfte Periode.

fahrt und den Ruhestand des Reichs und das Leben eures Königs!

Erzb. Adalbert. Gott segne und erhalte den König!

König Heinrich. Mit so tief gebeugtem Herzen bestieg ich noch nie den Thron meiner Väter, als Heute — mit so gramerfüllter Sele redete ich noch nie zu den Edelsten des Reichs, als Heute. Wollte Gott! der Mann, wider den ich Heute im Angesicht der Edelsten meines Volks auftreten und schwere Klage wider ihn erheben muß — wollte Gott! er könnte sich reinigen von der entsezlichsten Anschuldigung, die ie einem teutschen Fürsten gemacht worden ist: ich wollt' ihm mit Schaam und Reue die Hand bieten und sagen: Verzeiht mir, daß ich solchen schändlichen Verdacht auf euch werfen konnte! ich wollt' ihm ewige Freundschaft geloben — ich wollte das erste erledigte Herzogthum ihm verleihen — ich wollte, wenn ich kinderlos sterben sollte, die Fürsten bitten und beschwören, ihn oder den Biedersten seiner Söhne

Söhne und keinen Andern zu meinem Nachfolger im Reiche zu wählen. Aber wenn, er sich nicht reinigen, wenn er seinen Kläger nicht Lügen strafen kann: dann Fluch und Rache über den Verräther, der seinen König und Freund meuchelmörderisch —

Herz. Otto. Herr! wer ist's, den ihr solch eines teuflischen Beginnens verdächtig haltet?

König Heinrich. Herzog Otto — ihr seid's!

Herz. Otto. (wild und fürchterlich im Ton und Gebehrde.) Ich?

Viele. Otto? Herzog Otto?

Erzb. Hanno. Herzog Otto, der edelste biederste Mann im ganzen teutschen Reiche? — das ist nicht möglich! das ist eine fluchwürdige Lästerung.

König Heinrich. Kann Herzog Otto sich reinigen: so falle der Fluch siebenfältig auf seinen Kläger zurük!

Alle.

Fünfte Periode.

Alle. Fluch — Fluch über den Kläger — Tod und Verdammung über den Verruchten!

König Heinrich. Es geschehe also! — Der Kläger trete hervor und klage bei Eid und Pflichten vor den versammelten Fürsten, was er mir von Herzog Ottos verruchten Anschlägen im Geheim hinterbracht hat.

Ritter Egon. (steht auf und stellt sich dem Thron zur Linken.) Ich Ritter Egon, trete hervor und klage vor den versammelten Fürsten bei meinem schweren Rittereid und Pflichten, daß Herzog Otto von Baiern, geborner Graf von Nordheim, Burgherr auf Hanenstein und Besenberg, mich vor fünf Jahren schon, da ich noch Reuterdienste bei ihm that, und neuerlich wieder am Tage vor seiner Abreise nach Italien gemahnet und unter grosen Verheisungen gewonnen hat, unsern erlauchten König zu ermorden. Deß zum Zeugnis leg' ich dieses Schwert am Throne nieder und schwöre und bin erbötig zu iedem Beweise nach

Brauch

Brauch und Rittersitte, daß Otto mir dieses Schwert zur Ermordung des Königs gegeben hat und daß er ein verfluchter Lügner ist, wenn er sich dessen nicht geständig zu sein erdreustet.

Herz. Otto. (bricht hervor und stellt sich dem Throne zur Rechten.) Ein verfluchter Lügner bist du! ein Schandgesell, ein Staudenreuter, ein Teufel in Menschengestalt und kein ehrlicher Rittersmann! dein Vater war ein Henkersknecht, deine Mutter eine feile Meze! du hast dich in den Ritterorden eingeschlichen wie der Teufel ins Paradies —

Ritter Egon. So schlicht ihr euch ins Herzogthum, bethörtet, wie die Schlange unsre Stammutter, die Kaiserin Agnes und handeltet an ihrem Sohne noch schändlicher als Kain an seinem Bruder.

Herz. Otto. (zieht das Schwert und haut nach Egon, der ihm ausweicht.) Tod und Verdammung über dich siebenfachen Teufel!

König Heinrich. Euer Schwert in die Scheide, Herzog!

Fürsten.

Fünfte Periode.

Fürsten. Schwert in die Scheide! Schwert in die Scheide!

König Heinrich. All' diese Schimpf= und Läster=Reden reinigen euch nicht von des Ritters Anklage. Reiniget euch durch tüchtige Beweise eurer Schuldlosigkeit, so sollt ihr sehen, mit welchem Wonnegefühl ich euch an mein Herz drükken will.

Fürsten. Reiniget euch — reiniget euch und macht den falschen Kläger zu Schanden!

König Heinrich. Sagt an bei Eid und Pflichten: ist dieses Schwert euer Schwert? gabt ihr's dem Ritter, mich damit zu er= morden?

Herz. Otto. Es ist mein Schwert; ich gab's dem Buben vor fünf Jahren, als ich ihn zum Ritter schlug.

König Heinrich. Mich damit zu er= morden?

Herz. Otto. Verflucht sei der Gedanke!

König Heinrich. Ihr seid also der An= klage auf keinerlei Weise geständig?

Herz. Otto. Auf keinerlei Weise! und ich sag' und behaupte noch einmal bei Eid und Pflichten, daß Egon vor Gott, vor euch, und den versammelten Fürsten ein verruchter Lügner ist!

König Heinrich. Und ihr, Ritter! was sagt ihr darauf?

Ritter Egon. Ich wiederhole meine Klage, sag' und behaupte bei Eid und Pflichten, vor Gott, vor euch und den versammelten Fürsten, daß Herzog Otto von Baiern mir dieses Schwert zur Ermordung des Königs gegeben hat mit der Zusage, daß wenn der Thäter nach vollbrachtem Mord auch offenbar werden möchte, mir kein Schade daraus erwachsen sollte!

König Heinrich. Schwur gegen Schwur, ritterliche Betheurung gegen ritterliche Betheurung! — Sagt an, Ehrwürdige und Erlauchte! eble, freie teutsche Männer: wie mag Ritter Egon beweisen, daß er kein falscher Kläger ist? wie mag Herzog Otto sich reinigen von der Beschuldigung des Meuchelmords?

Erzb.

Erzb. Hanno. Des Herzogs Wort ist von größerm Gewicht, als des Ritters Schwur, behaupt' ich. Alle versammelten Fürsten und Herren werden mir beipflichten und sagen: Herzog Otto ist ein edler Mann!

Fürsten. Er ist's! er ist's!

Erzb. Hanno. Darum mein' ich, daß Ritter Egon, bevor er nicht tüchtigere Beweise zu Unterstüzung seiner Klage vorzubringen weis, für einen falschen lügenhaften Kläger geachtet und gehalten, und Herzog Otto bis dahin an seiner Ehr' und guten Leumund nicht gekränkt, sondern von männiglich frei gesprochen und des angeschuldigten Bubenstüks für unfähig erklärt werden mag.

Pfalzgraf Friedrich. Ich stimme der Meinung des Herrn Erzbischofs bei und sage: Ritter Egon gilt uns gegen Herzog Otto so lange für einen falschen Kläger, bis er seine Klage mit sieben Eidhelfern, von untadelhaften gleichen Schildern guter Rittersart, welche auf die Gräber der Heiligen zu schwören geloben wollen, zu unterstüzen vermag!

Viele. Wir stimmen euch bei — wir stimmen euch bei!

Ritter Egon. König der Teutschen! was hegt ihr hier für ein Gericht? Soll ich verdammt werden als ein Lügner, weil ich nur ein gemeiner Rittersmann bin, Otto hingegen Herzog ist? Ich habe Klage erhoben wider den Herzog, ich bin erbötig, mit Eid und Schwert auf Tod und Leben die Wahrhaftigkeit meiner Klage zu beweisen — mehr kann ich nicht thun. Eidhelfer kann ich nicht stellen; denn zu solch einem Bubenstük, wie Herzog Otto mir anmuthete, nimmt man keine Zeugen. Soll der Beklagte in Ermangelung der gefoderten Eidhelfer losgesprochen werden: so sag' ich's vor aller Welt, daß König Heinrich ein ungerechtes Gericht hegt —

Bischof Albert. Wenn es mir vergönnet ist, meine Meinung freimüthig zu eröfnen, so sag' ich: Herzog Otto kann des beschuldigten Verbrechens so wenig für entlediget, ledigct, als Ritter Egon der fälschlichen Anklage für überführt erklärt werden. Es steht Schwur gegen Schwur, ritterliche Betheurung gegen ritterliche Betheurung — da kann der gute Ruf des Einen, der minder gute des Andern weder für noch wider endſcheiden. Und wollte der König darnach endſcheiden, ſo müßt' ich dem Ritter, daß er ein ungerechtes Gericht hege, beiſtimmen und ſagen — —

Herz. Otto. Ihr habt Nichts zu ſagen — ihr habt hier keine Stimme; denn ihr war't mir von jeher aufſäzig — ihr lauertet nur auf Gelegenheit, euch eurer feindſeligen Geſinnungen gegen mich zu entſchütten und unter dem Schein des Rechts an meinem Verderben zu arbeiten —

Biſchof Albert. Herzog Otto! das ſagt ihr mir? — das ſagt ihr dem Manne, der ſich unabläſſig beeiferte, euch bei ieder Gelegenheit einleuchtende Beweiſe ſeiner Achtung und Freundſchaft zu geben?

Herz. Otto. Verwünscht seid ihr mit eurer Achtung und Freundschaft!

Pfalzgraf Heinrich v. Sach. Gemach, eble Herren! ihr springt gar weit aus dem Wege. Gefällt's euch nicht wieder einzulenken?

Erzb. Adalbert. Schelt = und Schimpfworte bringen die Wahrheit nicht an den Tag, eble Herren! Solche Auslassungen werfen auf die gerechteste Sache ein falsches Licht —

Herz. Otto. Ihr seid vollends der Mann — bei Gott! ihr seid der rechte Mann, den ich mir zu meinem Richter erkiesen möchte.

Erzb. Adalbert. Ich lasse mich Heute in keinen Wortwechsel mit euch ein, weil ihr vor Zorn und Wuth eurer Vernunft nicht mächtig seid. Ich mag mich nicht zum Richter über euch aufwerfen; ich mag euch nicht verdammen — ich mag euch aber auch nicht lossprechen — —

Herz. Otto. Ei Lieber! was wollt ihr denn?

Erzb.

Fünfte Periode.

— Erzb. Adalbert. Meine Meinung dahin eröfnen, daß dieser Handel nicht anders, als durch Gottes Urthel endschieden werden mag. Wenn Herzog Otto der ihm gemachten Beschuldigung nicht geständig sein, wenn Ritter Egon für keinen falschen Kläger gelten will: so endscheide der Kampf auf Tod und Leben, auf wessen Seite das Recht ist!

Erzb. Hanno. Das ist ein thörichter Vorschlag von euch, Herr Erzbischof!

Herz. Rudolf. Edle Herren! es wird sich gar selten zutreffen, daß Rudolf und Adalbert einerlei Meinung sind. Aber diesmal sind wir's und ich finde seinen Vorschlag dem Herkommen gemäß und behaupte: daß Ritter Egon die Wahrheit seiner Klage wider den Herzog Otto von Baiern, und dieser seine vorgebliche Unschuld im Kampfgerichte erhärten muß; es wäre denn, daß der König — —

Herz. Otto. Ich weis, was ihr sagen wollet, Herr Herzog! aber ich werde mich nimmermehr dabei beruhigen. Ich verlange

lange keine Schonung, keine Gnade —
ich fodre Gerechtigkeit und Rache!

Ritter Egon. Beides wird euch werden, entweder durch den Ausspruch des Königs und gemeiner Fürsten, oder im Kampf auf Tod und Leben.

König Heinrich. So endscheide denn Gottes Urthel im Kampf auf Tod und Leben! — Herzog Otto! Ritter Egon! ich geb' euch Beiden sechs volle Wochen Zeit zu bedenken: dem Einen, ob er fälschlich geklagt, dem Andern, ob er fälschlich geleugnet hat? Nach Verlauf dieser Frist gestellet ihr euch zu Goslar und reiniget euch im Kampfgericht.

Zimmer der Königin.

Königin Bertha, Gräfin Ida; hernach Graf Thimo.

Königin Bertha.

Nicht so bänglich, gute Gräfin! Verlaßt euch auf des Königs Huld und Gerechtigkeit; er wird den Unschuldigen nicht verdammen.

Gräfin Ida. Wenn ihn nun der König für schuldig hält — wenn sich nun mein Vater nicht reinigen könnte? nicht reinigen wollte?

Königin Bertha. Dann freilich — — warum sollt' er sich aber nicht reinigen können? nicht reinigen wollen?

Gräfin Ida. Ihr kennet Otto's stolzen Sinn nicht, gestrenge Frau!

Königin Bertha. Ich versteh' euch, Liebe! der edle Mann wird es allemal un-

ter

ter seiner Würde halten, sich gegen einen Nichtswürdigen zu vertheidigen. Aber ist es nicht ein falscher Stolz, da zu schweigen, wo Ehr' und guter Name, Leib und Leben sogar auf dem Spiele stehen?

Gräfin Ida. Es wird meinem Vater viel Uiberwindung kosten — — (Graf Thimo tritt ein.) Ha mein Thimo! ist's endschieden?

Gr. Thimo. Es ist Nichts endschieden!

Gräfin Ida. Nichts? Nichts? — Thimo! das läßt mich fürchterliche Dinge ahnden — das läßt mich befürchten, daß die Fürsten meinen Vater des angeklagten Verbrechens für schuldig erklärt haben!

Gr. Thimo. Weder für schuldig, noch für unschuldig, Ida! Er war des angeklagten Verbrechens nicht geständig; er konnte sich aber auch nicht reinigen —

Königin Bertha. Konnte nicht, oder wollte nicht?

Gr. Thimo. Konnte nicht, gestrenge Frau! weil Ritter Egon die Wahrhaftigkeit

Fünfte Periode.

seit seiner Klage gegen den Herzog mit Eid und Schwert auf Tod und Leben zu beweisen gelobte. Darum urtheilte der König und gemeine Fürsten, daß Otto sich reinigen müsse im Kampfgericht.

Königin Bertha. Das ist hart — sehr hart!

Gräfin Ida. Nein, gestrenge Frau! das ist gerecht und billig und macht mich wieder frohen Muths. Wenn Gottes Urtheil im Kampfgericht endscheidet: so kommt meines Vaters Schuldlosigkeit gewiß an den Tag und der schändliche Lügner hat seinen Lohn dahin!

———————

Burg

Burg zu Altorf.
Zimmer.

Graf Welf; hernach Gräfin Ethelinde.
Graf Welf.

Nun durchschau' ich deinen ganzen Entwurf, Albert! Nun wird mir's auf Einmal klar und wahrscheinlich, was mir vor wenigen Wochen noch dunkel und unmöglich schien. Unglüklicher Otto! du wirst deinem Verderben nun auf keinerlei Weise entgehen. Warum wagtest du es aber auch, einen Pfaffen so gröblich zu beleidigen? warum schaltest du Alberten in der Sinode zu Mainz einen schmeichlerischen Pfründenschleicher? Wußtest du es denn nicht aus alter Erfahrung, daß diese Art Menschen keine Beleidigung ungerochen hingehen läßt? — Izt rächt sich Albert schreklich an dir — und du weißt es nicht einmal, du ahndest es nicht einmal, daß der Verräther Egon nur ein Werkzeug in der Hand

eines

eines rachsüchtigen Pfaffen und daß es der beleidigte Albert eigentlich ist, der dich mit dem Namen eines Königsmörders brand=markt!

Der edle Otto muß fallen und Welf zum Herzog erhoben werden — so hatt' der Rachsüchtige beschlossen und wird's auch durchsezen! — Wie aber, wenn ich dem Pfaffen das Kniffchen vereitelte? wenn ich mich aufmachte nach Goslar, mich vor Eröfnung des Kampfgerichts vor die Schran=ken hinstellte und rufte: Ritter Egon ist ein falscher Kläger! Bischof Albert hat ihn gedungen, die Klage des Hochverraths gegen den Herzog zu erheben! Graf Welf verschmähet das ihm dargebotene Herzog=thum — (Gräfin Ethelinde tritt ein.) wenn er um diesen Preis zum Verräther —

Gräfin Ethelinde. An seines Weibes unglüklichem Vater werden soll.

Gr. Welf. Ethelinde! wie mögt ihr euch vermessen, mich zu beschleichen?

Gräfin Ethelinde. Vergebt mir, Lieber! ich hörte nur die lezten Worte eures Selbstgesprächs.

Gr. Welf. Und was führt euch izt zu mir?

Gräfin Ethelinde. Ich wollt' euch darum bitten, wozu ihr schon entschlossen seid. O mein braver Welf! beharret auf diesem edelmüthigen Entschluß und laßt euch um keinen Preis davon abbringen. Rettet meinen Vater — er ist unschuldig an dem Verbrechen, dessen man ihn angeklagt hat. Stellt euch ihm zur Seite im Kampfgericht, sprecht für ihn, handelt für ihn —

Gr. Welf. Ethelinde! ihr begehrt unmögliche Dinge. Im Kampfgerichte gilt keines Dritten Fürsprache und Beistand; da endscheidet Gottes unmittelbare Einwürkung und gewähret dem'ben Sieg, auf dessen Seite das Recht ist.

Gräfin Ethelinde. Ist Otto nicht allgemein als ein edler Mann, Egon hingegen als ein Schandgesell bekannt? Ist es

dar-

darum nicht ungerecht, ist es nicht ernstdringend für Ritterehr' und Fürstenwürde, daß der Edle mit solch einem nichtswürdigen Menschen kämpfen soll?

Gr. Welf. So ist's einmal beschlossen vom König und gemeinen Fürsten, weil Herzog Otto sich nicht zu reinigen vermochte von der Beschuldigung des Meuchelmords.

Gräfin Ethelinde. Ei sagt doch: wie würdet ihr euch denn reinigen, wenn ihr solch eines Verbrechens bezüchtiget würdet?

Gr. Welf. Eine verwegne, beleidigende Frage, Ethelinde!

Gräfin Ethelinde. Haltet ihr euch für edler, als der Herzog mein Vater?

Gr. Welf. So lange wenigstens, bis euer Vater sich nicht gereiniget hat im Kampfgericht. Und grade so lange meidet ihr mein Angesicht und bleibt in euerm Gemach verschlossen. Ich mag keine Gemeinschaft haben mit der Tochter eines Mann=

Mannes, der sich des Hochverraths so verdächtig gemacht hat, als euer Vater.

Gräfin Ethelinde. Gott! Gott! hat sich denn Alles verschworen, Schimpf und Schmach über das edle Geschlecht der Nordheimer zu bringen!

Tag des Kampfgerichts.

Goslar.
Zimmer im königlichen Pallaste.

König Heinrich, Erzbischof Adalbert; hernach Graf Leopold von Merseburg; dann Ulrich von Cosheim, und Graf Rether.

König Heinrich.
Das laß' ich mir nicht einreden, Freund! daß der tapfre Otto aus Zaghaftigkeit außenbleiben sollte. Es muß ihm ein Unfall begegnet sein.

Erzb. Adalbert. Vielleicht grade der schreklichste Unfall, der einem Verbrecher in der Stunde der Entscheidung begegnen kann!

König Heinrich. Welcher ist das?

Erzb. Adalbert. Das plözliche furchtbare Erwachen eines bösen Gewissens! Dies, gestrenger Herr! kann den Tapfersten entwaffnen, wáffnen, den Muthigsten zaghaft machen. Gewis — gewiß ist dieser Unfall bei ihm eingetreten — sonst wüßt' ich mir sein Aussenbleiben auf keine Weise zu erklären —

König Heinrich. Ich auch nicht! Und so wär' ich denn gezwungen, ihn wider Wunsch und Willen für schuldig zu erklären? — Das thut mir wehe — bei Gott dem Allwissenden! das thut mir sehr wehe, wenn ich gezwungen würde zu glauben, der edelste tapferste Mann sei so tief gefallen, daß er sich zur Ausführung des verruchtesten Bubenstüks habe entschließen können.

Erzb. Adalbert. Und doch liegt's am Tage, daß er so tief gefallen ist.

König Heinrich. Nimmermehr — nimmermehr hätt' ich mich solch einer Schandthat von diesem hochgepriesenen Manne versehen.

Erzb. Adalbert. Weil ihr ihm zu Viel übersahet, so konnte kein böser Verdacht wider ihn in euerm Herzen Wurzel fassen. Aber mir, der ich seine Handlungen scharf beobach=

Fünfte Periode.

beobachtet und den Triebfedern derselben sorgsam nachgespüret habe, mir kam die Entdekkung von Ottos Verrätherei nicht unerwartet. Beinahe Alles, was euch in euerm Leben Widriges begegnet ist, fällt ihm nicht nur zum Theil, sondern beinahe ganz zur Last. Auf Ottos heimliches Anstiften verschworen sich die Thüringer in eurer zartesten Kindheit wider euch und versprachen dem die Königskrone, der euch ermorden würde. Auf Ottos Rath verbanden sich die mächtigsten Fürsten im Reiche wider die Kaiserin, entrissen ihr mit euch das vormundschaftliche Regiment, und verhielten euch schlechter, als man eines gemeinen Reuterknechts Buben verhält. Welche harte unziemliche Reden, welche Schimpf- und Scheltworte, welche Züchtigungen sogar habt ihr nicht von ihm und seinem treuen Gesellen Hanno erdulden müssen? Wie oft hat er euch nicht in der Versammlung der Fürsten die losesten Vorwürfe gemacht, wie oft euch nicht ins Angesicht behauptet, daß ihr ein unwürdiges Regiment führtet und den teutschen

Königsthron verunedeltet? Ich will euch die ganze lange Reihe seiner mannichfaltigen Vergehungen und Maiestätsbeleidigungen nicht ins Gedächtnis zurükrufen; aber um euch zu beweisen, daß dieser hochgepriesene Otto der ihm Schuld gegebenen Meuterei gar wol fähig ist, so sollt ihr wissen, daß er es war, der den Markgrafen Dedo, im Einverständnis mit der Markgräfin Adelheide, wider euch in Harnisch brachte, daß er es war, der die Thüringer zur Ergreifung der Waffen wider euch vermochte, und daß er neuerlich noch unter den Italischen Fürsten eine Verschwörung wider euch anzuzetteln versucht hat, welches ihm aber so treflich verunglükt ist, daß er beinahe selbst das Opfer seiner Meutereien geworden wäre?

König Heinrich. Ich habe diese Sage für eine lose verleumderische Mähre gehalten; da ihr mir aber die Wahrheit derselben bestätiget —

Erzb. Adalbert. Ich kann sie euch mit brieflichen Beweisen belegen.

König

König Heinrich. Das ist schlimm — sehr schlimm! und ich wiederhol' es noch einmal, daß es mir sehr wehe thut, von nun an das Aergste, was man mir von diesem sonst so edlen Manne sagen kann, glauben zu müssen. Wenn solche Männer ausarten, wenn solche veste Stüzen des Reichs morsch werden — —

Gr. Leopold v. Merseburg. (tritt ein.) So eben ist Botschaft gekommen, daß Herzog Otto in Geleitschaft von zweihundert wohlgerüsteten Kämpen im Anzuge sei —

König Heinrich. In so starker Geleitschaft? — Freunde! der Mann hat Nichts Gutes im Sinn. So erscheint kein Beklagter im Kampfgericht —

Gr. Leopold v. Merseb. Ihr habt Nichts zu befahren, gestrenger Herr! Eure ganze Leibwache steht unter den Waffen; all' eure getreuen Ritter und Mannen sizen gepanzert zu Roß und haben Befehl, die fremden Kämpen zurük zu treiben, wenn sie sich den Schranken nähern sollten.

König Heinrich. Ist Alles zur Hegung des Kampfgerichts bereit?

Gr. Leopold v. Merseb. Seit länger als einer Stunde sizt der Kampfrichter samt seinen Kampfhelden auf ihren Pläzen und harren mit mürrischer Ungeduld auf die Kämpfer.

König Heinrich. Ist Ritter Egon auch noch nicht eingetroffen?

Gr. Leopold v. Merseb. Ritter Egon hält vor den Schranken; Fürsten und Volk murren laut über den Herzog, daß er so lang' auf sich warten läßt.

König Heinrich. So bald Herzog Otto den Schranken nahet, soll der Herold den ersten Trompetenstoß thun; dann werd' ich straks erscheinen, daß der Kampf nicht länger verzögert werde. (Graf Leopold von Merseburg ab; Ulrich von Cosheim kommt.)

Ulrich v. Cosheim. Graf Rether begehrt mit Königlicher Majestät im Namen des Baiern-Herzogs zu sprechen.

König

Fünfte Periode.

König Heinrich. Wie? der Herzog also noch nicht in Person gegenwärtig?

Erzb. Adalbert. Es kommt auf meine alte Rede, gestrenger Herr! Herzog Otto scheuet den Blutkampf. Der Graf wird ihn absagen sollen —

König Heinrich. Wir wollen doch hören — führt den Grafen herein und bleibt ihm zur Seite; solchen Gesellen darf man nicht Viel trauen. (Ulrich von Cosheim öfnet die Thüre; Graf Rether tritt ein.)

Gr. Rether. Gott grüß' euch, gestrenger Herr!

König Heinrich. Habt ihr mir des Herrn Herzogs Ankunft zu vermelden, so seid ihr mir willkommen; Fürsten und Volk harren seiner schon den ganzen Morgen an den Schranken.

Gr. Rether. Herzog Otto von Baiern läßt sich zu königlicher Huld befehlen und um Frieden in Worten und Werken und sicher Geleit bitten, so wolle er strals erscheinen vor Königlicher Maiestät und gemeinen

meinen Fürsten des Reichs, ehrlich Red'
und Antwort geben auf seines Klägers Ver=
unglimpfungen und alle Bedingungen ein=
gehen und erfüllen, die gemeine Fürsten
ihm auferlegen würden.

König Heinrich. Treibt Herzog Otto
loses Gespötte mit dem König und gemei=
nen Fürsten, daß er sich solch eines Be=
gehrens erdreustet? oder weis Otto nicht
mehr, daß er seine Unschuld, wenn er sich
deren vermessen mag, im offnen Kampf
mit dem Schwert gegen seinen Widersacher
bezeugen und die Endscheidung der Sache
dem obersten und gerechtesten Richter, Gott
dem Herrn, befehlen soll?

Gr. Nether. Das weis der Herzog
gar wohl, läßt aber Königliche Maiestät
flehentlich bitten, daß ihm noch eine Ver=
theidigung gegen seinen Kläger gestattet
werden möge; — und wollten gemeine
Fürsten auch dann noch darauf bestehen,
daß er sich reinigen müsse im Kampfgericht,
so wolle er sich dessen fürder nicht weigern,
wenn ihm nur kein Makel daraus erwachse,

weil

Fünfte Periode. 269

weil Egon ihm nicht ebenbürtig und ein gar verrufner Strasenräuber und Mordgesell ist!

König Heinrich. Leere Ausflüchte — widerrechtliche Foderungen! Sagt dem Herzog: es werd' ihm kein Fried' und kein sicher Geleit gegeben, außer zum Kampfgericht — und so er nicht Morgen bei Sonnenaufgang vor den Schranken erscheine und sich reinige mit dem Schwert: so soll er des ihm Schuld gegebenen Verbrechens für überführt erklärt und es soll dann also wider ihn verfahren werden, wie es Herkommens und Rechtens ist!

Gr. Rether. Von euch erwartete ich keine glimpflichere Antwort; aber gemeine Fürsten des Reichs werden billiger endscheiden —

König Heinrich. Sie sollen endscheiden, wenn Otto Morgen bei Sonnenaufgang nicht an den Schranken erscheint. Dies euer Bescheid!

Graf

Gr. Rether. König und Herr! wollt ihr euch nicht bewegen laſſen, den unſchuldig Angeklagten noch einmal zu hören?

König Heinrich. Wir haben ihn gehört; er flucht' und läſterte — vermochte ſich aber nicht zu rechtfertigen. Nun mag Gott ihn hören.

Gr. Rether. Herzog Otto ſcheuet den Kampf nicht; denn er kann ſeiner Unſchuld und ſeiner Tapferkeit ſoviel vertrauen, daß ſeine Widerpart auf den erſten Schwertſchlag tod zu ſeinen Füſſen ſtürzen muß. Aber ſoll ſich ein edler Mann, wie Herzog Otto, mit ſolch einem Verworfnen, der des Todes von Henkershand nicht einmal werth iſt, in einen offnen Kampf einlaſſen? Kann der König, können die Fürſten zugeben, daß ihres Gleichen Einer ſich ſo tief unter ſeiner Würde erniedrigen ſoll?

König Heinrich. Ihr wißt euern Beſcheid, Graf! und mögt izt noch in Frieden zum Herzog zurükkehren. Ich hab' euch Nichts weiter zu antworten.

Graf

Gr. Rether. Und ich einem König, dem seine Fürsten und seine Strasenräuber gleich Viel gelten, Nichts weiter zu sagen.
(ab.)

König Heinrich. Ich könnte dich züch=
tigen für deine Schmähreden —

Erzb. Adalbert. Laßt ihn in Frieden von dannen ziehen und sendet lieber schnell hinaus auf den Kampfplaz, daß Fürsten und Volk nicht länger vergeblich harren dürfen.

König Heinrich. Eilt hinaus, Ritter Ulrich! und ladet die versammelten Für=
sten und Herren auf Morgen zum Kampf=
gericht —

Erzb. Adalbert. Wo es abermals an der Hauptperson gebrechen wird!

Tag darnach.
Kampfplaz.

König Heinrich. Erzbischof Adalbert. Bischof Albert, Pfalzgraf Friedrich. Herzog Magnus, Graf Ludewig und mehrere Fürsten sizen auf einer Bühne zur Rechten, auf der gegenüberstehenden der Kampfrichter, und seine Kampfhelden; am Eingange der Schranken stehen zwei Grieswärtel, mit Lanzen; außerhalb der Schranken Ritter Egon mit seinen Kämpen, und Volk.

Kampfrichter.

Es geht nun schon in die dritte Stunde, daß wir des Herzogs von Baiern harren, gestrenger Herr! Sollen wir Heute wieder, wie Gestern, vom Sonnenaufgang bis zur Mittagsstunde vergeblich dasizen? oder gefällt's euch nicht lieber, das Kampfgericht aufzuheben?

König

Fünfte Periode.

König Heinrich. Ich habe den Herzog bescheiden lassen, daß er mit Sonnenaufgang vor den Schranken erscheinen soll. Gemeine Fürsten des Reichs mögen nun urtheilen: ob das Kampfgericht länger offen stehen, oder ob es aufgehoben werden kann?

Fürsten. (durcheinander.) Das Kampfgericht ist aufzuheben und wider den Herzog zu erkennen, was Herkommens und Rechtens ist?

Es ist frevelhaft von dem Herzog, daß er den König und gemeine Fürsten, Ritter und Volk zwei Tage hintereinander getäuscht hat!

Das Kampfgericht steht dem Angeklagten nur einen Tag offen; gestellt er sich nicht zur bestimmten Stunde, so ist's geschlossen und er des beschuldigten Verbrechens für überführt zu erklären!

Haben wir aber seiner Heute bis in die dritte Stunde geharret: so können wir auch noch bis Mittag harren.

Was sollen wir länger vergeblich harren, da er nun doch nicht kommen wird?

Er wird nicht kommen — er wird nicht kommen!

Sein Ankläger ist ihm nicht ebenbürtig und überdies noch ein übel berüchtigter Mensch — darum mag der edle Otto nicht mit ihm kämpfen!

Er scheuet Gottes gerechtes Gericht — darum mag er nicht mit ihm kämpfen!

Was sollen wir also dasitzen und seiner vergeblich harren, wenn er nicht kämpfen mag?

König Heinrich. Kampfrichter und Kampfhelden! das Kampfgericht ist geschlossen und aufgehoben.

Kampfhelden. Das Kampfgericht ist geschlossen und aufgehoben!

Kampfrichter. Grieswärtel! werft die Schranken nieder — das Kampfgericht ist aufgehoben! reißt die aufgerichtete Lanze aus der Erde und zerbrecht sie — Herzog Otto von Baiern kann fürder nicht käm-

pfen

pfen im Gottesgericht! Und der Herold verkünd' es, daß der Gottesfriede und das sichre Geleit für Herzog Otto von Baiern zu Ende ist!

Grieswärtel. Wir haben die Schranken niedergeworfen, die Lanze zerbrochen.

Herold. Dem Herzog Otto von Baiern ist von nun an der Gottesfried' und sicher Geleit versagt — wornach sich männiglich achten soll!

König Heinrich. Edle Fürsten und Herren! Herzog Otto von Baiern ist der Majestätsbeleidigung angeklagt worden; ihr habt entschieden, daß er sich reinigen solle von dieser schweren Beschuldigung im Kampfgericht, da er ihrer nicht geständig sein wollte. Er hat sich nicht gereiniget, hat sich des Kampfs unter allerlei nichtigen Ausflüchten geweigert, hat des Kampfgerichts sogar gespottet, da er den gestrigen ganzen Tag vergeblich hat auf sich warten lassen — urtheilt nun weiter über ihn, wie Recht und Herkommen es heischet!

S 2   Bischof

Bischof Albert. Nach Recht und Herkommen ist Herzog Otto von Baiern der beschuldigten Majestätsbeleidigung für überführt zu achten und zu erklären, und mit Strafe gegen ihn zu verfahren, wie der König ihm zuerkennen wird.

Herz. Magnus. Meine Sele komme nicht in euern Rath, Herr Bischof! denn ihr urtheilt sehr vorschnell. Man verdammt doch den gemeinsten Verbrecher nicht ungehört; und den edlen allgemein hochgeachteten Herzog Otto wolltet ihr ungehört verdammen?

Bischof Albert. Ist denn Otto nicht gehört worden? ist ihm nicht auf sein wiederholtes Leugnen die Reinigung im Kampfgericht gestattet worden?

Herz. Magnus. Das war nun so ein Urthel!

Erzb. Adalbert. Gemeine Fürsten des Reichs fällten es, der König bestätigte es, und Herzog Otto selbst unterwarf sich ihm

still-

stillschweigend — wie mögt ihr spöttisch sagen: es war nun so ein Urthel?

Herz. Magnus. Es war ein widerrechtliches Urthel, daß Herzog Otto mit einem verrufnen Strasenräuber kämpfen sollte.

Gr. Ludwig. Der Herzog unterwarf sich aber demselben sonder Widerrede —

Pfalzgr. Friedrich. Und erklärte noch überdies, daß er lieber mit dem verworfensten Menschen auf Tod und Leben kämpfen, als diese Schmach auf sich haften lassen wollte.

König Heinrich. Euer Urthel also?

Fürsten. (durcheinander.) Herzog Otto ist der Meuterei und Maiestätsbeleidigung angeklagt worden und hat sich nicht gereiniget, wie er nach dem Ausspruch des Königs und gemeiner Fürsten thun sollte — darum ist er der Anklage für überführt zu achten.

Hat sich schon mehrerer Meutereien gegen den König zu Schulden kommen lassen —

Hat zu wiederholten Malen in den Versammlungen gemeiner Fürsten erklärt, daß der König ein schlechtes Regiment führe, und darum gestürzt werden müsse —

Hat sich selbst zum König aufwerfen wollen —

Hat Sachsen und Thüringen wider ihn aufgewiegelt —

Hat in Italien sogar Verschwörungen wider ihn anstiften wollen —

Hat ihm in seiner zartesten Kindheit schon nach dem Leben getrachtet —

Herzog Otto ist ein edler Mann und keines Bubenstüks fähig!

Und scheuet sich doch vor Gottesgericht — und kann sich doch anders nicht reinigen von der Anklage der Meuterei und des Meuchelmords?

Er

Fünfte Periode.

Er kann sich nicht reinigen — das Gottesgericht schrekt sein Gewissen —

Es hat ihn entwafnet — es quält und foltert ihn, wie die Hölle den Verdammten —

Er ist schuldig — schuldig — schuldig!

König Heinrich. Ihr sagt's! Herzog Otto von Baiern ist der beschuldigten Maiestätsbeleidigung, der Meuterei und des vorgehabten Königsmords für überführt zu achten und zu erklären, weil er sich dem Gottesgerichte nicht hat unterwerfen wollen. Er sei also hiermit verurthelt und geächtet, und des Herzogthums Baiern entsezt auf ewige Zeiten! Ehrlos und rechtlos sei sein Name! Gottesfried' und sicher Geleite sei ihm versagt im ganzen teutschen und römischen Reiche! Er sterbe den Tod des verruchtesten Missethäters unter Henkershand, sobald er in unsern Gewahrsam gebracht wird! Und alle seine Burgen und Schlösser sollen zerstört und zerbrochen werden! und alle seine Habe soll ein Raub der Flammen werden! und wer es mit ihm hält

hält und wer ihm beisteht mit Rath und That, so lange die schwere Acht auf ihn haftet: der sei, gleich ihm, verurthelt und geächtet und für ehrlos und rechtlos erklärt und werde dem Henker überantwortet, sobald er ergriffen wird! — Hab' ich gerecht gerichtet?

Herz. Magnus. Ihr habt schreklich, — schreklich gerichtet!

Volk. Gerecht gerichtet! Gerecht — gerecht — gerecht!

Burg

Burg Hanenstein.
Zimmer.

Herzog Otto, Herzogin Richenza, Graf Rether; hernach Herzog Magnus.

Herzogin Richenza.

Unglüklicher! warum hast du dich nicht gereiniget, wenn du unschuldig bist?

Herz. Otto. Ich bin unschuldig an diesem Verbrechen, so wahr ich selig werden will! Auch würd' ich dem Kampfgericht mich unterworfen haben, wenn die Fürsten darauf bestanden hätten. Aber noch Einmal hätten sie mich doch hören sollen, da ich so dringend darum bitten ließ: sie konnten ja nicht voraus wissen, was ich zum Beweis meiner Schuldlosigkeit vorzubringen hatte.

Gr. Rether. Die Fürsten wissen es nicht einmal, daß ihr um nochmaliges Gehör gebeten habt; der König endschied auf der Stelle mit Wuth und Grimm, daß euch keine andere Vertheidigung, als im Kampf auf Tod und Leben, vergönnet werden könne.

Herz. Otto. Heinrich! Heinrich! ich kenne deine Tükken. Du hast den Schandbuben gedungen, solche schwere Klage wider mich zu erheben; du fürchtetest, daß ich ihm dieses schwarze Geheimniß aus dem Herzen reißen möchte, wenn du mir noch einmal gestattetest, Stirn gegen Stirn mich zu vertheidigen. Bei Gott! der Verräther hätte meinen durchbohrenden Blik nicht aushalten, er hätt' ihn so gewaltig erschüttern sollen, daß ihm die Larve der erkünstelten Wahrheit und Redlichkeit hätte vom Angesicht fallen müssen —

Herzogin Richenza. Was wird aber nun dein Schikfal sein, da du dich weder vertheidiget, noch gereiniget hast?

Herz.

Fünfte Periode.

Herz. Otto. Sei's was es wolle — ich geh' ihm mit furchtloser troziger Stirn' entgegen!

Herzogin Richenza. Wenn nun der König mit Rath und Beistimmung geineiner Fürsten dich als einen Maiestätsschänder verdammte — wenn er die Achterklärung wider dich ergehen ließ und losen Buben gestattete dich ungestraft zu ermorden —

Herz. Otto. Richenza! willst du, daß Otto vor den Drohungen dieses Königs zittern soll, wie der Knabe vor der Ruthe des Zuchtmeisters? — Teutschlands Fürsten sind gerecht und werden es zu keinem so ungerechten Urthelsspruch kommen lassen.

Gr. Rether. Und ließen sie's dazu kommen, so haben wir Schwerter, die einem ungerechten Urthelsspruch seine Kraft zu benehmen vermögen.

Herz. Magnus. (stürzt herein, und Herzog Otton in die Arme.) Otto! — armer unglüflicher Freund!

Herz.

Herz. Otto. Ihr kommt aus der Versammlung der Fürsten — eure Stirne verkündet Tod und Verderben!

Herz. Magnus. Bin ich der Erste, der euch Botschaft bringt?

Herz. Otto. Ihr seid's!

Herz. Magnus. So hört denn euer Urthel —

Herz. Otto. Urthel? — Haben die Fürsten Gericht gehalten über den Abwesenden? endschieden auf die Anklage eines Schandbuben?

Herz. Magnus. O schreklich — schreklich! Ihr seid als ein Schänder der Maiestät verurtheilt, weil ihr im Kampfgericht nicht erschienen seid — ihr seid geächtet — Baiern ist euch abgesprochen — euer Name ist für ehrlos und rechtlos erklärt — sobald man euch habhaft wird sollt ihr erschlagen werden von Henkershand —

Herzogin Richenza. Entsezlich — entsezlich!

Herz.

Herz. Otto. Teufel — Teufel haben dies Urthel gesprochen! nicht Menschen — nicht Fürsten!

Herz. Magnus. Es ist schrekllich — es ist entsezlich! Ich widersprach aus allen Kräften, ich bat, ich drohete, ich heulte vor Wuth, daß ich Nichts für euch thun konnte. Der König gab seinen Reuter=knechten strals Befehl, auf Raub, Brand und Mord wider euch auszuziehen — die anwesenden Fürsten allesamt, kaum drei oder vier ausgenommen, gelobten dem König, euch mit Feuer und Schwert zu verfolgen —

Herz. Otto. Auch das noch? — Nun so mögen sie denn kommen die Königs=knechte, auf Raub, Brand und Mord! Wenn ihr teuflisch handelt — —

Herz. Magnus. Schaut aus, Otto! dort steht ein ganzes Dorf in Flammen —

Herz. Otto. Mordbrenner! Mord=brenner!

Graf

Gr. Nether. Laßt eure Ritter und Mannen straks aufbieten, daß wir das lose Gesindel einfangen —

Ein Reuterknecht. (tritt ein) Rettet euch — rettet euch! Es sind an tausend Reusige wider euch im Anzuge — sie haben eure Meiereien in Brand gestekt, eure Knechte gefesselt, die ganze Gegend umher verwüstet mit Feuer und Schwert —

Herz. Otto. Allmächtiger Gott! hast du denn keinen Donnerkeil mehr für diesen Auswurf der Menschheit — für diese Misgeburten der Hölle —

Herz. Magnus. Fort — fort — ihr seid hier nicht sicher!

———

Burg

Burg Altorf.
Zimmer.

Graf Welf, Gräfin Ethelinde.

Graf Welf.
Euer Vater gedenkt das Aeußerste zu wagen und hat mich um Hülfe ansprechen lassen —

Gräfin Ethelinde. Werdet ihr dem unschuldig Verfolgten Hülfe gewähren?

Gr. Welf. Ich hab' ihm sechszig wohlgerüstete tapfre Männer verheißen.

Gräfin Ethelinde. Nur sechszig? — ihr hättet ihm wol dreimal so Viel gestellen können!

Graf Welf. Gestellen wol; aber auch entbehren? — das ist eine andere Frage. Ihr wußt's ja selbst, wie toll es izt in Baiern hergeht, seitdem das Herzogthum durch

durch den Fall eures Vaters erlediget iſt. Man hat itzt mehr als iemals Urſach, auf ſeine eigene Sicherheit zu denken —

Gräfin Ethelinde. (für ſich.) Armſelige Entſchuldigung! (laut.) Ihr laßt die Hülfsmannen doch bald aufbrechen?

Graf Welf. Sie ſind zum Aufbruch bereit und harren nur noch auf euch —

Gräfin Ethelinde. Auf mich? — auf mich?

Graf Welf. Freilich auf euch! Ihr werdet doch nicht ohne Geleitſchaft reiſen wollen?

Gräfin Ethelinde. Ich reiſen? — wohin denn reiſen?

Graf Welf. Zu euerm Vater!

Gräfin Ethelinde. O mit Freuden — mit Freuden! Aber ich weis nicht —

Graf Welf. Hätt' ich's euch denn noch nicht geſagt, daß euer unglüklicher Vater euch noch Einmal in ſeinem Leben zu ſehen wünſcht? Weil er entſchloſſen iſt, das

Aeußer-

Fünfte Periode.

Aeußerste wider den König zu wagen — weil er den Ausgang dieses Wagestüks nicht voraussehen kann, wenig zu hoffen hat, aber Alles — Alles: Hab' und Gut, Weib und Kinder, Freiheit und Leben dabei aufs Spiel sezen muß; so wünscht er, seine Kinder noch Einmal um sich zu versammeln, sich noch einmal an ihrem Anblik, an ihren Liebkosungen, in ihren Umarmungen zu laben und — —

Gräfin Ethelinde. Vater! Vater! ich komme. Daß ihr mir das doch nicht eher gesagt habt! — Laßt eure Reuter aufsizen; ich bin in einer Stunde reisefertig.

(schnell ab.)

Graf Welf. Arme Betrogne! — Ich lasse dich ungern von mir. Aber es steht der Gewinn eines Herzogthums auf deiner Entfernung! sagt Albert — da muß ich dem Klügern wol folgen.

————

Kloster Corvei.

König Heinrich, Erzbischof Adalbert, Graf Leopold von Merseburg; hernach Saricho, Abt zu Corvei, zulezt Ulrich von Cosheim.

Graf Leopold. (tritt ein.)
Die Burg Tesenberg ist geräumt, gestrenger Herr! die Reußigen sind schon wakker daran, sie der Erde gleich zu machen.

Erzb. Adalbert. Es geht ia Alles glüklicher, als wir es wünschen konnten.

König Heinrich. Wenn wir den Herzog nicht fangen; so ist unser ganzes Glük keinen Silberling werth. Hat man noch keine Spur von ihm?

Gr. Leopold v. Merseb. Noch nicht die mindeste. Die Herzogin hat sich mit ihrem ganzen Hofgesinde sogleich von Hanenstein aus zum Herzog Magnus geflüchtet.

Abt

Abt Saricho. (kommt.) Erbarmen! Erbarmen, gestrenger Herr!

König Heinrich. Was ist euch denn?

Abt Saricho. Eure Kriegsleute hausen schrecklich auf unsern Klostergütern: sie rauben und morden, sengen und brennen —

König Heinrich. Sie wissen's vielleicht, daß ihr es immer mit Ottos Parthei gehalten habt.

Abt Saricho. Seid barmherzig und versündiget euch nicht an unsern armen Heiligen! Wir haben sonst für Herzog Otto gebetet, denn er war ein gar lieber frommer Herr, gab uns manche reiche Spende und war uns immer ein mächtiger Beistand in Kriegs = und andern Nöthen. Seitdem er aber solche große Uibelthat an unserm König begangen hat, seitdem beten wir nicht anders für ihn, als für alle arme Sünder.

König Heinrich. Ihr sprecht, wie ein schlauer Abt sprechen muß.

Erzb. Adalbert. Um der armen Heiligen willen solltet ihr der Klostergüther wol schonen, gestrenger Herr!

Abt Saricho. Dafür wird Gott euern Waffen auch Glük geben —

Ulrich v. Cosheim. (tritt ein.) Es ist Botschaft gekommen von Otto.

König Heinrich. Haben sie ihn gefangen? oder —

Ulrich v. Cosheim. Es scheint nicht, als ob er Willens wäre, sich fangen zu lassen. Er hat in Eil an dreitausend Helme zusammen gebracht und ist in Thüringen eingefallen —

König Heinrich. In Thüringen mit dreitausend Helmen? Tollkühner! ist das Maas deiner Verbrechen noch nicht voll genug?

Erzb. Adalbert. Fort — fort nach Thüringen mit all' euern Schaaren! Otto hat einen verwegnen Streich im Sinn — die Königin ist in Goslar; wenn er sich ihrer bemächtigen könnte — —

Ulrich

Ulrich v. Cosheim. Das scheint er im Schilde zu führen.

Erzb. Adalbert. Und wenn ihm der Streich geläuge —

Gr. Leopold v. Merseb. Ihr müßtet ihm für ihre Freilassung Alles zugestehen, was er von euch zu fodern sich erdreusten würde.

König Heinrich. Bei Gott! das müßt' ich. Darum wollen wir unsere Schaaren straks zusammen ziehen und nach Goslar eilen.

Abt Saricho. Gott geb' euch eine glükliche Heimfahrt!

König Heinrich. Dieser Wunsch gieng euch gewis von Herzen.

Feldlager bei Eschwege.

Herzog Otto, Herzog Magnus; hernach Graf Rother; dann Gräfin Ethelinde.

Herzog Otto.

Ihr habt mir brüderlich beigestanden, Freund! Ich werd' es euch ewig Dank wissen, was ihr an mir gethan habt —

Herz. Magnus. Schweigt doch davon, Lieber! und sorgt vielmehr, daß wir bald wieder in volle Arbeit kommen.

Herz. Otto. Ich harre nur noch auf Welfs Hülfsmannen, dann wollen wir straks gen Goslar ziehen.

Herz. Magnus. Zaubert nur nicht gar zu lange; wagt's lieber mit euern dreitausend Mannen —

Herz. Otto. Eilen thut auch nicht allemal gut, lieber Magnus! der Streich, den ich im Sinn habe, muß vorsichtig ausgeführt

führt werden, wenn er nicht mislin‑
gen soll.

Herz. Magnus. Vorsicht ist dazu wol
nöthig, aber eine größere Macht, als ihr
izt schon habt, wahrhaftig nicht. Laßt's
auch sein, daß der Burgvoigt zu Goslar
in der Eile an tausend Mannen zusammen
bringt, so mögen sie sich gegen eure drei‑
tausend doch noch nicht halten. Zögert ihr
gar zu lange, verschiebt ihr die Ausfüh‑
rung des Hauptstreichs von einem Tage
zum andern: so überrascht ihr die Burg‑
leute zu Goslar nicht, sondern findet sie
auf eure Ankunft schon vorbereitet. Im=
mittelst erhält der König auch Kunde, daß
ihr euch hier herum treibt, er eilt mit seiner
ganzen Macht herbei und ihr habt die beste
Gelegenheit, euch zu rächen und euch in den
vollen Besiz eurer Güter und Würden wie‑
der zu sezen, durch ein unverzeihliches Zau‑
dern verscherzt —

Herz. Otto. Ihr habt nicht ganz Un‑
recht, Freund! Wir wollen Heute nur noch
rasten und, Weils Mannen mögen eintref‑
fen

fen oder nicht. Morgen mit Tages-Dämmerung aufbrechen.

Gr. Rether. (kommt.) Die Thüringer sammeln sich zu Haufen, und scheinen, einen Angrif wagen zu wollen. Pfalzgraf Friedrich, die Grafen Rutger, Ludwig, Sizzo und Beringer, haben all' ihre streitbaren Männer wider euch aufgeboten —

Herz. Magnus. Da habt ihr schon einen Feind mehr zu bekämpfen; auch diesen habt ihr euch durch euer langes Verweilen auf einer Stelle zugezogen —

Herz. Otto. Sie mögen nur kommen — wir wollen sie tapfer empfangen! — Laßt satteln und rüsten, Freund! wir ziehen vielleicht Heute noch von dannen.

Gr. Rether. Besser, wir wären schon Gestern von dannen gezogen. (ab.)

Herz. Otto. Sie sind doch mit Blindheit geschlagen, die Thüringer! sie wissen nicht, was ihnen gut ist. Könnten sie wol eine schiklichere Gelegenheit finden, das drükkende Joch der Knechtschaft, das ihnen

der

der König aufgelegt hat, abzuwerfen, als izt? Wenn sie meinen Vorstellungen Gehör gegeben, wenn sie sich izt mit mir vereiniget hätten — bei Gott! wir hätten diesen verhaßten König, diesen schändlichen Heinrich samt seinen losen Räthen und Freunden beinahe ohne Schwertschlag bis über die Grenzen des Reichs getrieben —

(Graf Rether und Gräfin Ethelinde kommen.)

Gr. Rether. Da habt ihr die lang erwarteten Hülfsmannen von euerm Welf!

(ab.)

Herz. Otto. Ethelinde! — Gott! wie entstellt — todenbleich dein Angesicht — fürchterlich dein Auge —

Gräfin Ethelinde. Ach mein Vater!

Herz. Otto. Weib! was ist dir? was willst du hier?

Gräfin Ethelinde. Ach mein Vater! was ich will, das weiß ich selbst noch nicht; was ich soll, das weiß ich wohl.

Herz. Otto. Spanne mich nicht auf die Folter, Weib! — du haſt mir was Abſcheuliches zu ſagen, das ſeh' ich auf deiner Stirne. Rede – rede: was ſollſt du hier?

Gräfin Ethelinde. Einem unglüklichen Vater, den die Bosheit der Menſchen und ein ungerechtes Schikſal nicht ganz haben zu Boden werfen können, den lezten Todesſtos geben.

Herz. Otto. Genug, Weib! mich ſchaudert's noch ein Wort aus deinem Munde zu hören. Eine fürchterliche Ahndung drängt ſich vor meine Sele — hinweg Weib! hinweg — du biſt geſchändet —

Gräfin Ethelinde. Und ihr mit mir!

Herz. Otto. Ich mit dir — ſchreklich! ſchreklich, wenn Kinder ihrem Vater fluchen! — Aber ich bin unſchuldig geſchändet und du —

Gräfin Ethelinde. Unſchuldig!

Herz. Otto. So ſagt' ich auch; aber man glaubte mir nicht, und ächtete mich. Izt ſollen ſie's wol glauben, die Königsknechte! izt beweiſ' ich ihnen meine Unſchuld

schuld mit Feuer und Schwert — womit willst du sie beweisen?

Gräfin Ethelinde. Ihr macht euch eine ganz irrige Vorstellung, guter Vater!

Herz. Otto. Mach' ich mir? — Laß sehen: ob ich mich besser darauf verstehe, die Wahrheit vom Irrthum, den Unschuldigen vom Schuldigen zu unterscheiden, als die Fürsten, die zu Mainz und Goslar über deinen Vater Gericht hielten! — Sag' an: Wer schändete dich?

Gräfin Ethelinde. Welf!

Herz. Otto. Welf? — Graf Welf, dein Eheherr?

Gräfin Ethelinde. Graf Welf zu Altorf hat mich verstosen, weil er keine Gemeinschaft haben will mit der Tochter eines Mannes, der wegen eines vorgehabten Königsmords geächtet und für ehrlos und rechtlos erklärt worden ist!

Herzog Otto. (mit verbissener Wuth.) Ha das — das —

Herz.

Herz. Magnus. Abscheulich! abscheulich! — Werden denn in diesem Zeitalter alle teutschen Männer zu — —

Gräfin Ethelinde. Welf ist kein Teutscher!

Herz. Otto. Ich bin tief — sehr tief gefallen! Auch diese Schmach noch — (Trompeten.) Was gilt's — (Geschrei im ganzen Lager: Thüringer von allen Seiten — Thüringer! Thüringer!) Thüringer? — ihr seid mir izt grade willkommen! — Freund! ich laß Ethelinden unter euerm Schuz. Tröstet die Unglükliche — ich will Trost im Schlachtgetümmel suchen.

———

Goslar.

Goslar.
Zimmer im königlichen Pallast.

Erzbischof Abalbert, Graf Eberhard von Nellenburg.

Graf Eberhard.
Es war hohe Zeit, daß wir uns zurükzogen. Goslar wär' izt vielleicht schon in Ottos Händen.

Erzb. Abalbert. Gewis, Freund! und die Königin in seinem Gewahrsam.

Gr. Eberhard. Darauf mocht' es auch mit dem Einfall in Thüringen abgesehen sein.

Erzb. Abalbert. Hätt' er seinen Endzwek erreicht: so wär' er auf alle Fälle geborgen gewesen. Der König hätte iede seiner Foderungen bewilligen müssen, wollt' er die Königin wieder frei haben.

Graf

Gr. Eberhard. Wir sind izt noch nicht außer aller Gefahr; das Glük begünstiget Ottos Waffen.

Erzb. Adalbert. Es ist ein ärgerlicher Handel; ich wünscht', er wär' endschieden.

Gr. Eberhard. Das wünscht der König auch!

Erzb. Adalbert. Er gedenkt es mit Gewalt der Waffen zu zwingen — und irret gar sehr.

Gr. Eberhard. Ich dächt', er könnt' es doch zwingen, Herr Erzbischof! Binnen drei Tagen ist unsre Macht bis auf zwanzigtausend Helme angewachsen — wie mag Otto mit seinem Häuflein dagegen bestehen?

Erzb. Adalbert. Ottos Häuflein ist bis auf dreitausend streitbare Männer angewachsen. Mit dieser Macht kann er sich wenigstens lange halten —

Gr. Eberhard. Wißt ihr einen kürzern Weg zum Ziel?

Erzb.

Erzb. Adalbert. Der kürzeste wäre wol der, wenn sich Otto dem König auf Gnad' und Ungnade unterwürfe —

Gr. Eberhard. Da wäre freilich die Fehde auf Einmal entschieden. Aber so wird Otto sich nimmermehr unterwerfen.

Erzb. Adalbert. Ich meine: wenn man dem Herzog versicherte, daß der König zum Vergeben und Vergessen geneigt und zum Schein wenigstens der Unterwerfung auf Gnad' und Ungnade von ihm gewärtig sei — —.

Gr. Eberhard. Glaubt ihr, daß der König zum Vergeben und Vergessen alles Ernstes geneigt ist?

Erzb. Adalbert. Ich glaub' es, weil er den Herzog im geheimen Gespräch mit mir noch immer entschuldiget — es sogar bereuet, daß er so ein hartes Urthel über ihn gefällt hat.

Gr. Eberhard. Getrauet ihr euch wol, des Königs Ehrenwort mir zu verschaffen, daß

daß er die Achtserklärung widerrufen will, wenn Otto sich ihm freiwillig unterwirft?

Erzb. Adalbert. Darauf könnt' ich euch einen Eid ablegen. Ihr wißt doch, daß ich Alles über ihn vermag!

Gr. Eberhard. Hier meine Hand darauf, Herr Erzbischof! ehe drei Tage vergehen, soll der ärgerliche Handel entschieden sein und der stolze Otto soll um Gnade flehen!

———

Zimmer der Königin.

König Heinrich, Königin Bertha.

Königin Bertha.
Lieber Heinrich! du willst also doch noch nach Baiern?

König Heinrich. Wenn es lediglich von meinem Willen abhienge, Liebe! so blieb' ich bei dir; aber ich muß —

Königin Bertha. Du mußt? — das ist traurig!

König Heinrich. Ja wol traurig, liebe Bertha! daß Könige ihrer Wünsche und ihres Willens weit weniger Meister sind, als die Geringsten im Volke! König zu sein, ist fürwahr kein glükliches Loos. Zur Erhaltung der allgemeinen Ruhe, muß er oft und fast allemal seine eigne hintansezen, aufopfern —

Königin Bertha. Im eigentlichsten Sinne des Worts: aufopfern! sonst würde

Heinrich seine Bertha unter diesen Umständen gewis nicht verlassen. Das erste Pfand der Lieb' unter ihrem Herzen —

König Heinrich. Bertha! liebe Bertha! mach mir den Abschied nicht noch schwerer —

Königin Bertha. Nein, guter Heinrich! ich möchte lieber jede Last, die dich drükt, mit dir theilen, um dich derselben zur Hälfte wenigstens zu entledigen. Aber ich fürcht' und zittre —

König Heinrich. Was fürchtet meine Bertha? wofür zittert meine Bertha?

Königin Bertha. Ich fürcht' und zittre mehr für dich, als für mich — ich fürchte, daß Otto kühner gemacht durch den Sieg, den er bei Eschwege über die Thüringer erfochten hat, deine Abwesenheit benuzen und den tollkühnen Streich, den du ihm durch deine rasche Dazwischenkunft vereitelt hast —

König Heinrich. Wenn du Nichts Aergers zu fürchten hast, Liebe! so laß dich's nicht kümmern. Herzog Otto hat

sein

ein ganzes Kriegsheer entlassen, sein bö=
ser Rathgeber, Graf Rether genannt, ist
erschlagen —

Königin Bertha. Graf Rether er=
schlagen? — der war ein böser Mensch!
der hat den edlen Mann zu all' den Un=
thaten verleitet —

König Heinrich. Das laß' ich dahin ge=
stellet sein. Zu deiner Beruhigung, liebe
Bertha! nur soviel noch: Otto hat sich dem
Außspruch gemehter Fürsten zu unterwer=
fen gelobet —

Königin Bertha. Wenn's so ist, Lie=
ber! so will ich dich sorglos und in Gottes
Namen von dannen ziehen lassen!

Burg Altorf.
Zimmer.

Herzog Welf, Bischof Albert.

Bischof Albert. (im Eintreten.)
Viel Glük dem Baiern-Herzog Welf!

Herz. Welf. Ihr habt redlich Wort gehalten — Ich bin euch großen Dank schuldig —

Bischof Albert. Nun habt ihr doch den Beweis in Händen, daß alle mögliche Dinge in der Welt auch wahr zu machen sind.

Herz. Welf. Was hab' ich aber auch aufopfern müssen —

Bischof Albert. Einige tausend Pfund Silbers und ein Weib — das ist's Alles! Kann man wol wohlfeilern Preises zu einem Herzogthum gelangen? — Das Weib war nicht für euch; so habt ihr euch
ihrer

ihrer zu euerm Glük. entlediget. Und das Geld —

Herz. Welf. Ist das wenigste und wird sich auch reichlich verzinßen. Aber einen edlen Mann ins Verderben gestürzt —

Bischof Albert. Dem Verderben entrissen, müßt ihr sagen. Wäre dem hochfahrenden Otto nicht dieser Streich gespielt worden, so hätt' er gewis nicht eher gerastet, bis er die mächtigsten Fürsten des Reichs zur Empörung wider den König vereiniget und über ganz Teutschland einen verderblichen Krieg angezündet hätte. Uiber kurz oder lang wäre denn doch der Ehrsüchtige ein Opfer seiner Meutereien geworden. Darum ist's besser für ihn, daß wir ihm einen Stein des Anstoses in den Weg warfen; sonst hätt' er sein vorgestektes Ziel in blindem Eifer verfolgt, hätte den Thron zu erklimmen gewähnt und wär' in den Abgrund gestürzt. Nun mag er sich den Stein des Anstoses erst aus dem Wege wälzen; immittelst werden ihm wol die Augen aufgehen, wird er's wohl einsehen lernen, daß

daß ihm seine Ehrſucht zeither zu lauter verkehrten Handlungen hingeriſſen hat —

Herz. Welf. Ihr geiſtlichen Herren verſteht euch doch treflich darauf, den ſchlimmſten Händeln einen Anſtrich von Rechtlichkeit zu geben. Ob er aber allemal die Probe halten möchte —

Biſchof Albert. Das kümmert euch nicht. Ihr habt gewonnen dabei, ſo könnt ihr euch wol zufrieden geben.

Herz. Welf. Heute gewonnen, was ich Morgen ſchon wieder verlieren kann. Laßt Ottos Kriegsglük ſo fortwachſen, als es angefangen hat —

Biſchof Albert. Habt ihr keine größere Sorge, ſo könnt ihr ruhig ſchlafen. Ottos Kriegsglük hat aufgehört zu wachſen —

Herz. Welf. Wie? Iſt Otto geſchlagen — gefangen —

Biſchof Albert. Geſchlagen und gefangen und ohne Schwertſchlag! Der Höfling iſt euch ein Tauſendkünſtler. Wenn er euch mit Schwert und Lanze nicht beizukom=

zukommen vermeint, so nimmt er seine Zuflucht zu glatten kosenden Worten — und ihr seid geschlagen und gefangen, ihr mögt euch sträuben, drehen und winden, wie ihr wollt. So macht' es Graf Eberhard von Nellenburg, der schlaue Gesell, mit Otto. Dieser saß im Vortheil; er hatte die Thüringer bei Eschwege geschlagen; seine Mannen brannten vor Eifer mit dem Heere des Königs zu streiten; so eben sollte das Zeichen zum Angrif gegeben werden — da sendete Eberhard einen Herold an Otto und Magnus, und begehrte vor dem Beginnen der Schlacht eine geheime Unterredung mit ihnen. Sie wird ihm gestattet; er eilt zu den beiden Herzogen und kaum ist eine Stunde vergangen, so zertheilen sich die feindlichen Schaaren und ziehen von dannen, und Eberhard kehrt mit der Nachricht zurük: Otto und Magnus unterwerfen sich dem Ausspruch der Fürsten!

Herz. Welf. Das wollt' Otto? — izt nachdem er so Viel verloren hat, izt da das Glük ihm wieder zulächelt, dem Ausspruch der Fürsten sich unterwerfen? — Unbegreiflich! mir ganz unbegreiflich!

Bischof Albert. Ihr wißt doch, daß der König gemeine Fürsten auf bevorstehendes Pfingstfest nach Halberstadt berufen hat?

Herz. Welf. Ich weis sogar, daß mir der König die Lehen dort reichen wird.

Bischof Albert. Nun so werdet ihr auch mit zu Rath sizen über Otto und Magnus. Denn dahin hat sie der König beschieden —

Herz. Welf. So möcht' ich fast sagen: das geht nicht mit rechten Dingen zu! Aber es freyt mich, daß es dahin gediehen ist. Wenn nur die Fürsten ein glimpfliches Urtheil fällen —

Bischof Albert. Wenn sie dem König zum Vergeben geneigt finden, so verfahren sie gewis auch säuberlich mit ihnen! — Aber wollt ihr dem König nicht entgegen?

Herz. Welf. Kommt der König nach Baiern?

Bischof

Biſchof Albert. Er kommt, weil er befürchtet, die Baierſchen Grafen und Herren möchten ſich wider euch empören. Gebt uns einen Herzog aus unſern Mitteln, ſagten ſie auf dem Fürſtentage zu Goslar! wir thun keinem Frembling wieder die Mannſchaft; denn Otto hat uns baß geplagt! der König gelobt! ihnen zu willfahren und hat ihnen doch nicht Wort gehalten ——

Herz. Welf. Darum iſt mir auch noch keiner zu Hof geritten, hat keiner mich noch als Herzog begrüßt, haben mir die Grafen von Bogen vornemlich gar trotziglich begegnet und es ſich nicht undeutlich vermerken laſſen, daß ich nur ein Schattenherzog ſei, daß die Herrlichkeit meines Regiments nicht einen Monden lang währen ſolle, daß ſie mir nimmermehr die Mannſchaft thun, und, begäb' ich mich der herzoglichen Gewalt, Ehr' und Würden nicht bald freiwillig wieder, mit gewafneter Hand mich dazu zwingen wollten ——

Biſchof

Bischof Albert. Werden sie euch doch zwingen, die Maulhelden! Ihr seid und bleibt Herzog von Baiern. Der König wird's schon schlichten und richten, daß — (Geschrei von außen; der König! der König!)

Herz. Welf. Daß ihr mir doch nicht eher Kunde gegeben habt! (ab.)

———

Köln.

Kölln.
Zimmer im Erzbischöflichen Pallast.

Erzbischof Hanno, Herzog Rudolf; hernach Herzog Welf.

Erzbischof Hanno.
Das hätt' ich an Ottos Stelle nimmermehr gethan.

Herz. Rudolf. Fürwahr! ich wüßte nicht, was er sonst hätte thun sollen —

Erzb. Hanno. Es lieber aufs Aeußerste ankommen lassen, als so aufs Gerathewohl sich der Willkühr des Königs und seiner losen Räthe überliefern.

Herz. Rudof. Das eine ist wol so schlimm, als das andere; denn sobald sich der König ernstlich rüstete, so war Otto mit seiner ganzen Macht auf Einmal zu Grunde gerichtet. Hätt' er nun vollends das Unglük gehabt in seine Hände zu fallen —

Erzb.

Erzb. Hanno. Gemeine Fürsten des Reichs hätten ihm das grausame Urthel an dem Herzog gewis nicht vollstrekken lassen.

Herz. Rudolf. Wie hätten sie's hindern können? Sie haben ia selbst auf Ottos Tod durch Henkers Hand gesprochen.

Erzb. Hanno. Es war ein übereiltes und ungerechtes Urthel. Izt werden sie wol billiger — (Herzog W e l f tritt ein.) Sieh da: ein edler Gast! — Willkommen! willkommen!

Herz. Welf. Verzeiht, daß ich so geradezu gehe.

Erzb. Hanno. Herzog Welf bedarf keines Vorläufers! — Wollt ihr euch nicht entwafnen lassen?

Herz. Welf. Ich wollte nur auf einen Augenblik bei euch einsprechen und kann nicht lange verweilen —

Herz.

Fünfte Periode.

Herz. Rudolf. Ihr müßt auf dem Hoftage zu Halberstadt erscheinen?

Herz. Welf. Ihr doch auch? Ich habe deswegen den Umweg über Kölln genommen, daß ich in eurer Gesellschaft reisen wollte.

Erzb. Hanno. Großen Dank für euern guten Willen. Es thut mir herzlich leid, daß ihr euch vergeblich beschweret habt —

Herz. Welf. Wollt ihr dem Hoftage nicht beiwohnen?

Erzb. Hanno. Ihr wißt, daß ich des Königs Hoflager seit Adalberts Rükkehr meide, soviel ich nur kann.

Herz. Welf. Das mag ich euch auch nicht verdenken; neben Adalbert kann kein Hanno bestehen. Aber ihr, Herr Herzog—

Herz. Rudolf. Ich auch nicht, Herr Herzog!

Herz. Welf. Ihr auch nicht? das ist sehr wunderlich —

Herz.

Herz. Rudolf. Ich brauch' euch kein Geheimnis daraus zu machen, daß ich nicht mit zu Gericht sizen mag über Herzog Otto.

Herz. Welf. Das dürft' euch nun eben nicht zurükhalten; denn der König ist friedlich und huldvoll gegen ihn gesinnt und wird gewis nicht streng richten.

Herz. Rudolf. Des Königs Huld ist gar wandelbar und unzuverläßig. Kommt ihr ihm zur glüklichen Stunde: so könnt ihr Alles, was euer Herz begehrt, von ihm erlangen; kommt ihr ihm aber zur ungelegnen Zeit, wenn er verdrüslichen Sinnes und unzufriednen Herzens ist: so mag euer Begehren noch so gerecht und billig sein — er wird's euch dennoch abschlagen und, beharret ihr darauf, Zorn und Ungnad' auf euch werfen.

Herz. Welf. Das hat wol der König mit allen Menschen gemein, lieber Herr! daß er bei heiterm Sinn huldvoller, bei mürrischem Sinn strenger handelt und im

Gericht

Fünfte Periode.

Gericht mehr nach den Umständen, als nach dem innern Gehalt der Sache entscheidet. Im gegenwärtigen Fall wollt' ich für ein glimpfliches Urthel über den Herzog wol bürgen; denn traurige Stimmung des Herzens erregt wenigstens Mitleiden, und Mitleiden ——

Erzb. Hanno. Seid ihr ein Wahrsager und Zeichendeuter, daß ihr voraus wissen könnet, wie der König im Gericht über den Herzog gestimmt sein wird?

Herz. Welf. Ohne Wahrsagerei und Zeichendeuterei läßt sich wenigstens behaupten, daß der schrekliche Eindruk, den Leopolds unglükliches Schiksal auf des Königs Gemüth gemacht hat —— ——

Erzb. Hanno. Leopolds — Graf Leopolds von Merseburg unglükliches Schiksal?

Herz. Welf. Ihr fragt so befremdend.—

Herz. Rudolf. Wir wissen nicht, daß Leopolden ein Unfall begegnet ist.

Herz.

Herz. Welf. Der traurigste, der ihm mir immer begegnen konnte. Graf Leopold reitet im Gefolge des Königs von Hildesheim aus auf Halberstadt zu; der König jagt scharf; Leopold sezt ihm nach und stürzt — sein Schwert fällt ihm im Herabstürzen aus der Scheide und —

Herz. Rudolf. Durchbohrt ihn?

Herz. Welf. Grade durch's Herz! — Jesus Christus! soll er noch geschrieen haben und straks verschieden sein.

Erzb. Hanno. Gott sei seiner armen Sele gnädig! sie war auch nicht rein von Sünden und Blutschulden —

Herz. Welf. Laßt Gott richten, Herr Erzbischof! wir sind allzumal arme Sünder.

Herz. Rudolf. Nun glaub' ich's wol, daß der König gar traurig gestimmt sein mag; Graf Leopold war ihm ein lieber trauter Freund.

Herz. Welf. Und auf so eine schrekliche Art ihn zu verlieren —

Herz.

Herz. Rudolf. Das muß unaussprech=
lich schmerzen! Solche Eindrükke verwi=
schen sich freilich so leicht nicht aus dem
Herzen —

Erzb. Hanno. Und bewegen allerdings
zum Mitleiden gegen den Unglüklichen, wie
ihr vorhin sagtet —

Herz. Welf. Darum wird der König
für seine Person gewis kein strenges Urthel
über Herzog Otto fällen.

Herz. Rudolf. Das fürcht' ich nun
selbst nicht.

Herz. Welf. Und so könntet ihr im=
mer — —

Herz. Rudolf. Seid bedankt für eure
Bemühung, lieber Herr! Diesmal kann
ich dem Hoftag' unmöglich beiwohnen.

Erzb. Hanno. Wir haben uns nun
einmal nicht dazu angeschikt.

Herz. Welf. Es wird diesmal auch
wenig Freud' und Ergözlichkeit am Hofla=
ger

ger zu erwarten sein; darum mag ich euch weiter nicht zur Geleitschaft überreden. Aber ich darf nicht außenbleiben und mag mich wohl spuden, daß ich nicht der Lezte bin. Gott befohlen!

Erzb. Hanno.
Herz. Rudolf. } Gott geleit' euch!

Halberstadt.
Zimmer im königlichen Pallaste.

___

König Heinrich, Erzbischof Adalbert; hernach Bischof Eppo.

Erzbischof Adalbert.
Fahrt nur fort, so zu reden und zu handeln, wie die Tage daher: so werden Fürsten und Volk bald glauben müssen, daß ihr König ein Kind oder ein Weib, aber kein Mann sei!

König Heinrich. So wenig schonend, so hart sprach Adalbert noch nie —

Erzb. Adalbert. Dem Sanftmüthigsten muß bei euch die Gedulb ausgehen. Was frommt denn euer Klagen und Jammern? Könnt ihr dem Todten dadurch nur ein einziges Lächeln abgewinnen? könnt ihr ihn nur einen einzigen warmen Blutstropfen damit ins Herz bringen?

König Heinrich. Er war mein Freund, Adalbert! so treu und so redlich, wie ihr es seid — sollt' ich um euch nicht trauern, wenn ihr mir entrissen würdet?

Erzb. Adalbert. Daß ihr über den Verlust eurer Freunde trauert, das ist löblich und zeigt von euerm treflichen Herzen. Aber ich würd' es euch im Grabe nicht vergeben, wenn ihr um mich so trauern wolltet, wie um Leopold! Ein gemeiner Mensch mag sich von seinem Kummer bis zur Verzweiflung hinreißen lassen — was verliert das Ganze dabei mehr, als höchstens einen brauchbaren Bürger? Aber ein König — ein König über das grose teutsche und römische Reich —

König Heinrich. Verwünscht sei das Geschik der teutschen und römischen Könige! Wir dürfen also nicht jammern und weinen, wenn der Schmerz in uns wüthet? wir dürfen nicht lächeln und frohlokken, wenn unser Herz zur Fröhlichkeit

keit gestimmt ist? Ein König muß also all' seine natürlichen Menschengefühle verleugnen, verdrehen, oder ganz ausrotten? — Wohlan denn! ich bin nun einmal so glüklich, oder so unglüklich, König zu sein — was wollt ihr von mir?

Erzb. Adalbert. Ihr dauert mich —

König Heinrich. Einem König darf Nichts dauern, so darf ein König auch nicht bedauert werden! Was wollt ihr von mir?

Erzbischof Adalbert. Ihr sollt mir in die Versammlung der Fürsten folgen und über Otto's Schiksal endscheiden.

König Heinrich. Die Fürsten mögen endscheiden; ich genehmige ihr Urtheil.

Erzb. Adalbert. Sie wollen diesmal nicht endscheiden. Es sei eine Sache, sagen sie, die eure Person allein betreffe; so möchtet ihr auch allein Gericht hegen und thun, was euch recht und gut dünkt.

König Heinrich. So mag Otto in Frieden von dannen ziehen und Magnus mit ihm — so ist der Handel auf Einmal endschieden!

Erzb. Adalbert. Endschieden wär' er damit wol, aber seltsam genug!

König Heinrich. Wenn euch das nicht zu Sinn ist, so mag Otto den Tod durch Henkershand sterben und Magnus mit ihm.

Erzb. Adalbert. Gott erhalt' euch eure fünf Sinne — das wäre gar toll! Ihr habt den Herzogen Huld und Gnade verheißen lassen —

König Heinrich. Zum Henker! was soll ich denn thun? wie soll ich denn endscheiden?

Bischof Eppo. (tritt ein.) Die Fürsten harren eurer mit Ungeduld, gnädiger Herr! Sie murren schon —

König Heinrich. Sie sollen nicht murren! Ich bin König — und Ich will endscheiden!

Kaiser
Heinrich
der Vierte.

Sechste Periode.

Personen.

Heinrich, König.
Bertha, Königin.
Adalbert, Erzbischof zu Bremen.
Limar, Adalberts Nachfolger im Erzbisf.
Hanno, Erzbischof zu Kölln.
Siegfried, Erzbischof zu Mainz.
Wezel, Erzbischof zu Magdeburg.
Werner, Bischof zu Merseburg.
Bucco, Bischof zu Halberstadt.
Hezilo, Bischof zu Hildesheim.
Bruno, Bischof zu Osnabrük.
Eppo, Bischof zu Zeiz.
Pater Felix.
Rudolf, Herzog zu Schwaben.
Otto, vormals Herzog zu Baiern.
Magnus, Herzog zu Sachsen.
Graf Herrmann, dessen Oheim.
Berthald, Herzog zu Kärnthen.
Dedo, Markgraf zu Meisen.
Adelheid, seine Gemahlin.
Friedrich, Pfalzgraf zu Sachsen.
Thimo, Graf zu Wettin.
Ida, seine Gemahlin.
Dietrich, ⎫
Adelbert, ⎬ Sächsische Grafen.
Konrad,   ⎭
Graf Eberhard, ⎫ von Nellenburg.
Graf Bernhard, ⎭
Ulrich von Cosheim, ⎫ K. Heinrichs Käm-
Graf Reginger,   ⎭ merlinge.
Adelgunde, Hoffrdulein der Königin.
Fürsten, Grafen und Herren, Ritter
und Reusige, Edelknechte.

(Zeitraum vom Jahre 1071 bis 1073.)

Mainz.
Herberge.

Herzog Otto, Herzog Magnus;
hernach ein Edelknecht.

Herzog Otto.

Es ist doch sehr schmerzhaft, wenn man seines Willens und seiner Handlungen nicht Herr sein darf. Da müssen wir nun dem König von einem Orte zum andern nachziehen und der Hofschranzen Spottreden und Hohnlächeln erdulden; müssen uns anstellen, als würd' uns durch diese glimpfliche Behandlung besondere königliche Huld und Gnade erzeigt und dürfen nicht murren dawider, nicht einmal den Wunsch äußern, daß wir dieser schimpflichen Gefangenschaft entlediget werden möchten; müssen diesem Heinrich und seinem Gesindel die losesten Dinge unternehmen sehen und dürfen kein Wort darein reden, uns ihnen in keiner Sache und auf keinerlei Weise widersezen...

Herz. Magnus. Laßt's doch gehen, wie's geht, lieber Freund! Was nicht zu ändern

ändern ist, das muß man gelassen ertragen —

Herz. Otto. Schlimm genug, daß man's ertragen muß! und noch schlimmer, daß der Unschuldige —

Herz. Magnus. Ihr verfallt wieder in den alten Klageton, Freund! und den hör' ich nicht gern; denn er steht einem Mann, wie Herzog Otto ist, gar schlecht an.

Herz. Otto. Habt ihr mich ie schon über mein eignes Mißgeschik klagen hören?

Herz. Magnus. Ich weiß, worauf ihr deutet und bitt' und beschwör' euch bei unsrer Freundschaft, daß ihr doch endlich einmal davon schweigen wollet!

Herz. Otto. Nein, Lieber! darüber kann und werd' ich nimmermehr schweigen, darüber kann und werd' ich mich nimmermehr beruhigen, daß ich euch in mein Unglük mit verwikkelt habe —

Herz. Magnus. Gemeine Fürsten haben nun einmal endschieden.

Herz. Otto. Nicht sie, sondern Heinrich hat uns zu dieser schimpflichen Gefangenschaft verdammt. Hätten gemeine Fürsten selbst und nach Recht und Billigkeit endschieden: so würd' unser Schiksal nicht so hart sein.

Herz. Magnus. Fürwahr, Lieber! ihr macht es euch selbst härter, als es würklich ist. Hätten gemeine Fürsten endscheiden wollen, so hätten sie auf ihrem ersten über euch ausgesprochenen Urthel bestehen müssen. Darum überließen sie die Endscheidung der Huld des Königs — und es ist immer zu verwundern, daß er sich dabei so sehr verleugnet und keine härtere Strafe uns zuerkannt hat.

Herz. Otto. Ist Verlust der Freiheit noch nicht hart genug?

Herz. Magnus. Verlust der Freiheit auf Augenblikke nur ist zwar schon hart; wie aber, wenn er sie uns ganz, wenn er uns sogar das Leben abgesprochen hätte, nachdem gemeine Fürsten ...

Herz. Otto. Lieber das Leben und Alles — Alles verloren, als Ehr' und Freiheit!

heit! Wer bürgt uns denn dafür, daß Heinrich uns der Gefangenschaft ie wieder entlassen werde? wer bürgt uns denn dafür, daß Haß und Rache und böse Rathschläge ihn nicht noch zu einem Todesurthel — (Trompetenschall und Volksgeschrei auf der Strase.) Horcht doch — seht doch — das Getümmel des Volks! das lustige Trompeten! das Rufen und Jauchzen —

Herz. Magnus. Sie rufen und jauchzen wild durch einander: es lebe der König! es lebe die Königin!

Herz. Otto. Aber warum denn? warum denn? (ein Edelknecht tritt ein.) Ihr kommt sehr haftig! Was wollt ihr?

Edelknecht. Ich soll euch bitten und mahnen, daß ihr euch straks zu königlicher Majestät verfügen wollet.

Herz. Otto. Straks zu königlicher Majestät?

Edelknecht. Straks! straks!

Herz. Otto. Das muß wol in wichtiger Angelegenheit sein, weil ihr so treibt?

Edel-

Sechste Periode.

Edelknecht. Vielleicht zu euerm Westen, gestrenger Herr! Eilt nur —

Herz. Otto. Ich allein? oder Herzog Magnus zugleich mit mir?

Edelknecht. Herzog Otto allein — gebot der König.

Herz. Otto. Sonderbar! warum denn ich allein? warum denn Herzog Magnus nicht mit mir?

Herz. Magnus. Sonderbar von euch, daß ihr euch darum bekümmert — daß ihr den Edelknecht darum befragt!

Edelknecht. Der Herr Herzog mag fragen, was und wie er will: so kann ich doch keine andere Antwort geben, als daß der König mich gesendet hat, ihn straks in die Burg vor königliche Majestät zu bescheiden.

Herz. Otto. Und ihr wißt nicht: warum?

Edelknecht. Wie sollt' ich's wissen?

Herz. Otto. Wißt auch nicht: was das lustige Trompeten, das Rufen und Jauchzen bedeutet?

Edel-

Edelknecht. Das weis ich wol; es wird euch aber mehr Freude machen, wenn ihr die Deutung aus dem Munde des Königs selbst hört!

Herz. Otto. Ich habe noch gar wenig Gutes aus dem Munde dieses Königs gehört!

Edelknecht. Darauf kann ich euch noch weniger mit Antwort vergnügen. Aber wiederholen will ich's euch noch einmal, daß der König mich abgeschikt hat, euch straks zu ihm zu bescheiden.

Herz. Otto. Ein wunderlicher Einfall von königlicher Maiestät!

Herz. Magnus. Mag er doch wunderlich sein, wenn er nur zu euerm Glük beiträgt.

Sechste Periode.

Zimmer im königlichen Pallaste.

König Heinrich, Erzbischof Adalbert; hernach ein Edelknecht
und Herzog Otto.

König Heinrich.
Ich habe der Gräfin Ida auf Fürsprache
der Königin einmal mein Wort gegeben.

Erzb. Adalbert. Euer Wort muß euch
immerdar heilig sein und ich werd' euch gewiß nicht rathen, daß ihr es brechen sollet.

König Heinrich. Aber ihr mißbilliget
es doch —

Erzb. Adalbert. Nicht, daß ihr es
der Gräfin in Rüksicht ihres Vaters gegeben habt, sondern daß ihr es im Taumel
eurer Wonne auch auf Herzog Magnus aus-
dehnen wollet.

König Heinrich. Soll Magnus, der
keines so schweren Verbrechens angeklagt
ist, als Otto, dennoch mit mehrerer Strenge behandelt werden, als dieser?

Erzb.

Erzb. Adalbert. Ich will nicht entscheiden: ob Dieser oder Jener sich schwerer an königlicher Maiestät versündiget hat? Otto hat sich zwar noch nicht gereiniget, ist aber auch des angeklagten Verbrechens noch nicht überführt worden; dahingegen es bei seinem Freunde keinem Zweifel unterworfen ist, daß er sich offenbar wider euch empört hat. Wollet ihr nun Beiden gleiche Gnade wiederfahren lassen, so frag' ich euch: wie gedenkt ihr die beiden ehrsüchtigsten, tollkühnsten und mächtigsten Fürsten im Zaum zu halten? wie gedenkt ihr euch ihrer Treue und Freundschaft so zu versichern, daß ihr auf keinerlei Weise von ihnen zu befürchten habt?

König Heinrich. Seltsam ist euer Frage —

Erzb. Adalbert. Und seltsam euer Beginnen, mein königlicher Freund! und ganz den Grundsäzen einer klugen Regimentsführung zuwider und ganz den Maasregeln zuwider, die ihr, wenn es euch anders um die Behauptung und Beveftigung königlicher Würde und Gewalt ein Ernst ist,

ist, unter den gegenwärtigen bedenklichen Umständen nothgedrungen ergreifen solltet.

König Heinrich. Ihr seid mein sehr lieber Freund, Herr Erzbischof! Aber daß ihr mir allemal in den wenigen ganz frohen Augenblikken meines Lebens, allemal dann, wenn sich mein Herz ganz zur Freude gestimmt fühlt, wenn ich mich der königlichen Sorgen gern ganz entschlagen, wenn ich gern ganz als ein freier Naturmensch empfinden, denken und handeln möchte — daß ihr mich dann allemal so feindselig mahnet, meiner königlichen Würde eingedenk zu sein . . .

Erzb. Adalbert. Das ist euch ärgerlich — nicht wahr? Aber eben daran sollet ihr erkennen, daß ich euch ein treuer wahrhaftiger Freund bin, weil ich, wenn ihr freudetrunken seid, mich lediglich zu euerm Besten der Nüchternheit befleisige — weil ich, wenn in Augenblikken des höchsten Entzükkens eure Unbefangenheit, eure Gutmüthigkeit, eure Grosmuth mit eurer Klugheit davon laufen will, gar ernstlich für euch sorg' und klügle —.

Heinr. 2 Th.   Y   König

König Heinrich. Es ist kein Auskommen mit euch; ihr müßt doch allemal Recht behalten!

Erzb. Adalbert. So euch das einleuchtet, so thut, wie ich euch gerathen habe.

König Heinrich. Ich muß wol —

Ein Edelknecht. (tritt ein.) Otto harret im Vorgemach und erwartet königlicher Maiestät Befehle.

König Heinrich. Ich bin seiner gewärtig. (Edelknecht ab; Herzog Otto tritt ein.)

Erzb. Adalbert. Viel Glük, Herr Herzog! — der König ist sehr gut gestimmt; ihr mögt diesen günstigen Augenblik nicht ungenuzt verstreichen lassen. (ab.)

Herz. Otto. (für sich.) Schalksgesicht!

König Heinrich. (für sich.) Er geht und gebietet vielleicht schon, damit ich nicht wieder zurüktreten kann.

Herz. Otto. Königliche Maiestät —

König Heinrich. Seid mir willkommen, edler Herr!

Herz.

Sechste Periode.

Herz. Otto. (für sich.) Es beginnt ziemlich spöttisch! (laut.) Was ist euer Begehren, gestrenger Herr!

König Heinrich. In Fried' und Freundschaft zu leben mit allen Menschen, folglich auch mit euch. Ihr wißt es doch, daß mich die Königin Heute mit einem Buben beschenkt hat?

Herz. Otto. Das Jauchzen des Volks verkündete mir diese frohe Mähre so eben erst. Ich statt' euch meinen aufrichtigen Glükwunsch ab —

König Heinrich. Ich dank' euch und wünschte, daß ich euch meine Achtung und meine Freundschaft nicht mit leeren Worten, sondern mit That und Wahrheit beweisen dürfte.

Herz. Otto. Verzeihung, gestrenger Herr! wenn ich mich der Frage an euch erdreuste: ob ihr aus ernstlichem Wohlwollen, oder aus Spott und Hohn also redet?

König Heinrich. Zu ieder andern Zeit und unter andern Umständen würd' ich diese

diese Frage sehr beleidigend finden. Aber Heute —

Herz. Otto. Königliche Majestät verzeihe —

König Heinrich. Sie sei euch verziehen. Möcht' ich euch doch iedes Ungebührnis, iedes Verbrechen, dessen ihr euch gegen mich schuldig gemacht habt, so leicht, so von ganzem Herzen verzeihen können, als diese beleidigende Rede!

Herz. Otto. Ich habe mich des bezüchtigten Verbrechens gegen königliche Majestät nicht schuldig gemacht —

König Heinrich. Und habt euch doch nicht gereiniget?

Herz. Otto. Hätten gemeine Fürsten mir noch eine Vertheidigung zugestanden, hättet ihr mich nicht, beinahe so gut als ungehört, verdammt: so hätt' ich euch meinen Ankläger gewis in seiner schändlichen Blöse darstellen, es ihm ins Angesicht behaupten und beweisen wollen, daß er der lügenhafteste, verruchteste Böse-
wicht

nicht und gedungen worden sei, solche
schwere Klage wider mich zu erheben.

König Heinrich. Hättet ihr euch Gottes Urthel unterworfen: so wär't ihr allem Ungemach und allen üblen Nachreden entgangen, Baiern wär' euch nicht abgesprochen, eure Burgen und Meiereien wären nicht mit Feuer und Schwert verwüstet, ihr wäret nicht geächtet worden und der Schuldige hätte seinen Lohn dahin —

Herz. Otto. Es war doch hart und widerrechtlich, daß ein edler Mann mit einem Verworfnen kämpfen sollte.

König Heinrich. Eure Fürsten hatten darauf endschieden: so mochtet ihr euch dessen nicht weigern und den Kampf nit Egon, sonder Gefährde für eure Ehr' und euern guten Leumund, bestehen. Ihr sagt: es sei hart und widerrechtlich, wie die Sächsischen Fürsten über euch endschieden haben — laßt sehen: ob ich sie durch meine Endscheidung euch wieder versöhnen kann? Ich habe mir's zum Gesez gemacht, den heutigen glüflichen Tag mit lauter milden gütlichen Handlungen zu bezeichnen. An euch, Lieber! will ich den Anfang machen, so ihr mir von nun an unverbrüchliche Treue, aufrichtige Freundschaft und gute Dienstleistung gelobet —

Herz. Otto. Ich bin sehr unglüklich, daß ich meinem König und Herrn der Treulosigkeit verdächtig gemacht worden bin.

König Heinrich. Wollet ihr, daß ich als König und Richter, und nicht als Freund, mit euch reden soll: so sei euch eine nochmalige Vertheidigung vor gemeinen Fürsten gestattet; aber dann — Otto! und wenn alle Fürsten, und wenn alle Engel und Heiligen sich bittlich für euch verwendeten, so soll, bei meinem königlichen Wort! auch nicht ein Buchstab' an euerm Urthel geändert, vielweniger gemildert werden.

Herz. Otto. Ich unterwerfe mich königlicher Huld und Gnade.

König Heinrich. Ihr mögt euch auch nicht rechtfertigen, nicht reinigen von den mannichfaltigen Beschuldigungen der Treu-

losig-

losigkeit gegen euern König. Und wenn ich auch Egons Anklage für schändliche Verleumdung halten, wenn ich auch alle Beleidigungen, die ihr mir von meiner zartesten Kindheit zugefügt habt, auf's Beste deuten wollte: so müßt' ich euch dennoch wegen eurer unter den Italischen Fürsten angesponnenen Meutereien als König und Richter —

Herz. Otto. Otto ist nicht gewohnt zu zittern und zu zagen, nicht gewohnt, wiederholt um Gnade zu betteln — ihr mögt richten über ihn!

König Heinrich. Nein, harter Mann! Heinrich will und mag nicht richten über seinen Freund.

Herz. Otto. Aber auch nicht endscheiden mit Huld und Gnade? nicht vergeben und vergessen —

König Heinrich. Vergeben und vergessen, wenn ihr mir von nun an unverbrüchliche Treue gelobt.

Herz.

Herz. Otto. Wenn ich ie treulos gegen königliche Mäiestät erfunden werde, so straft mich sonder Gnad' und Erbarmen, wie ich's verschuldet habe —

König Heinrich. Ich vertrau' euerm Ehrenwort und sprech' euch frei von aller Schuld und Strafe, entlass' euch hiermit eurer Haft und vergönn' euch den ruhigen Besiz eurer Erbgüther. So ihr euch dieser huldvollen Endscheidung würdig bezeiget und mit Freundschaft und guter Dienstleistung mir immerdar zugethan bleibt: so geb' ich euch hiermit meine königliche Versicherung, daß ihr für Baierns Verlust vollkommen entschädiget werden sollet!

Herz. Otto. Mein König und mein Freund! ihr seid gerechter als ich — ich bin solcher königlichen Huld und Gnade nicht werth. Und dennoch — ich muß es euch aufrichtig gestehen — dennoch gnügt mir noch nicht ganz an dieser gnädigen Zusicherung —

König Heinrich. Wie? kann Otto noch mehr verlangen, als ich ihm schon gewährt habe?

Herz.

Sechste Periode.

Herz. Otto. Nicht für mich, gestrenger Herr! — denn für mich war ich nie in Sorg' und Kummer, für meine Person hätt' ich mich königlicher Huld und Gnade nie unterworfen — sondern für den edlen Mann, der sich aus Freundschaft gegen mich aufgeopfert hat, der — —.

König Heinrich. (mit Unwillen.) Laßt euch an meiner Gnade gnügen, und kümmert euch nicht um eures Mitschuldigen Schikfal.

Herz. Otto. Herr! wenn ihr diesem nicht gleiche Huld und Gnade wiederfahren lasset —

König Heinrich. So wollt auch ihr meine Huld und Gnade verschmähen?

Herz. Otto. Das sei fern von mir, gestrenger Herr! Aber ich müßte glauben, daß mir euer gnädiger Ausspruch mehr zur Strafe, als zur Freude gereichen sollte, wenn ihr mich in meinem Freunde desto empfindlicher kränken wolltet.

König Heinrich. (freundlich.) Lieber! ihr habt Nichts für euern Freund zu fürchten. Herzog Magnus hat die Endscheidung seines Schiksals in seiner Gewalt — warum sollt' er sich nicht ebenfalls Vergebung und Freiheit zusprechen, wenn ihn der König zum Richter in seiner eignen Sache bestellt?

Harzburg.
Geiselgewölbe an der Stiftskirche.

Herzog Magnus; hernach Pater Felix; ihm folgen zwei Choriungen mit brennenden Trauerkerzen.

Herzog Magnus.
(sizt auf einem Grabstein.)

Schweig — schweig, Teufel des schwärzesten Argwohns! und entweihe nicht die Stätte der Heiligen mit deinen boshaften betrügerischen Eingebungen. Es ist nicht möglich — es ist nicht möglich, daß der edelste Mann an seinem Freunde zum Verräther hat werden können! Es ist nicht möglich, daß der biedre Otto sich Leben und Freyheit, um solch einen schändlichen Preis, hat erkaufen können!

Aber Otto ist der Haft entlassen worden, sagt mein Geisler: Otto prunkt am Hoflager des Königs und wird sich um seinen unglüklichen Magnus nicht kümmern! — — Nicht kümmern! — Nicht kümmern um den

den Freund, der dem Rufe der Freundschaft noch nicht ein einziges Mal sein Herz verschloß — der zu Ottos Rettung und Rache auf den ersten Wink herbeieilte — der Gut und Blut, Freiheit und Leben so gern für ihn aufopferte; um den sollt' Otto im Taumel des Hoflebens, im Sonnenschein der wiedererlangten Königshuld sich nicht kümmern? O das wäre schändlich — schändlich!

Nein! nein! — mein edler biedrer Otto kann so nicht denken, so nicht handeln; es wäre Beleidigung und Hochverrath gegen den Treflichsten aller teutschen Fürsten, wenn ich mir solche lose Dinge nur auf einen Augenblik als möglich gedächte. Otto ist hintergangen mit falscher Nachricht von mir — sonst würd' er mich nicht in diesem Elende verschmachten lassen, würde mich erlösen aus diesem häßlichen Geiselgewölbe und mit Tod und Verderben den, der solche Schmach über seinen Magnus gebracht hat, verfolgen!

— Schauervoller Aufenthalt unter modernden Leichnamen! wenn werd' ich dich verlassen

Sechste Periode.

laſſen dürfen? wenn werd' ich aus dieſem düſtern fürchterlichen Gewölbe erlöſet werden? Das iſt nun ſchon die dritte Nacht, die ich ſchlaflos unter den Schlafenden verſeufze! — Schändlich! ſchändlich! Waſſer und Brod meine Nahrung — Geiſelhiebe mein Labſal — Todengeruch und Moder mein Balſam! — Heinrich! Heinrich! ſo grauſam, ſo abſcheulich hätt' ich dich mir nicht gedacht. Aber Gott wird dich finden und richten, wenn ich dich nicht finde! Dieſe Schmach und dieſes Elend über einen Unſchuldigen verhangen, wird tauſend- und abermal tauſendfältig auf dein Haupt zurük fallen. Es wird dich bald, es wird dich als Mann und Greis noch gereuen, was du — ſei's aus eignem Antrieb deines böſen Herzens, oder auf Rath und Eingebung . . .

(Das Gewölbe wird von Fakkel-Schimmer erleuchtet; Glockenläuten und dumpfer Grabgeſang.)

Ha! was iſt das? Singt ihr mir ſchon das Sterbelied? läutet ihr ſchon meinen Leichnam zu Grabe? — Wem — wem
ſollte

sollte dies Todengeläute, dies Sterbege=
wimmer sonst gelten als mir? — Ich
muß also sterben — sterben von Henkers=
hand? Wie anders, da die Pest der To=
den mich noch nicht ergriffen hat? da ich
noch lebendig umherwandle unter den Ge=
beinen der Heiligen? O Heinrich! Hein=
rich! nun werd' ich dich nicht finden – aber
Gott – Gott wird dich finden und richten.
(Pater Felix tritt ein mit zwei Choriun=
gen, welche brennende Trauerkerzen tragen.)
    Sie kommen! mein Geisler, und mein
Henker — seine Buben mit ihm!

    Pater Felix. Herzog Magnus! wo
seid ihr?

    Herz. Magnus. (hervortretend.) Hier,
Henker! hier bin ich – hier ist mein Nakken.

    Pater Felix. Ihr seid der Geiselung
überhoben. Es thut mir leid, daß ich
solche schwere Buße an euch habe vollstrek=
ken müssen; aber ich bin linder mit euch
verfahren, als mir geboten war und ver=
dien' es fürwahr nicht, daß ihr mich euern
Henker scheltet.

                                        Herz.

Herz. Magnus. Seid ihr izt nicht in der Absicht gekommen, mir den Tod von Henkershand anzukündigen?

Pater Felix. Gott sei eurer armen Sele gnädig — sie ist schreklich zerrüttet! Ich habe Befehl, euch dem Burgvoigt zu überantworten, der euch ein gemächlicheres Gefängnis anweisen wird.

Herz. Magnus. Der mich dem Henker überantworten wird, wolltet ihr sagen —

Pater Felix. Seid ihr denn nicht abzubringen von diesem fürchterlichen Gedanken?

Herz. Magnus. Ihr hört doch, daß eure Brüder mir schon das Sterbelied singen — daß sie meinem Leichnam schon zu Grabe läuten?

Pater Felix. Das gilt dem Söhnlein des Königs, das Gott sogleich nach der Taufe wieder zu sich genommen hat.

Herz. Magnus. Heinrich! Heinrich! Gott ist gerecht —

Pater

Pater Felix. Aber auch gnädig und barmherzig, lieber Herr! — Kommt! ich will euch durch den Kreuzgang dem Burg=voigt zuführen.

Herz. Magnus. Darf ich dem Leichen=begängnis nicht beiwohnen?

Pater Felix. Das dürft ihr nicht. Es ist mir geboten, euch wegzuführen und dann das Geiselgewölbe zu reinigen mit Gebet und heiligem Rauchwerk.

Herz. Magnus. Bin ich ein so grosser Verbrecher? bin ich mit Bann und Fluch belastet, daß man sagen kann, euer Gei=selgewölbe sei durch mich verunreiniget worden?

Pater Felix. Wir sind allzumal Sün=der, lieber Herr! und kein Mensch mag sich rühmen: er sei ganz rein! Kommt — folgt mir; der Leichenzug ist schon sehr nahe.

Kölln.

Kölln.

Zimmer im Erzbischöflichen Pallast.

Erzbischof Hanno, Herzog Rudolf, Graf Reginger.

Erzbischof Hanno.
Nun trift euch die Reihe, Herr Herzog!

Graf Reginger. Das könnte wöl kommen; denn in gütlicher Absicht läßt der König den Herrn Herzog gewis nicht nach Goslar bescheiden.

Erzb. Hanno. Werdet ihr euch gestellen?

Herz. Rudolf. Warum sollt' ich nicht? Meint ihr denn, daß ich mich scheue, dem König und seinen Gesellen unter die Augen zu treten? Mit mir mag Heinrich ia nicht lose Händel anfangen — gegen mich mag Adalbert seine Ränke ia nicht spielen lassen —

Gr. Reginger. Bei diesem lieben Herrn wird sich's bald gar ausgespielt haben!

Erzb. Hanno. Wie so?

Gr. Reginger. Er hat die Menschen lange genug geneckt; izt kommen die Vorboten des Todes, bedienen sich des Vergeltungsrechts und necken ihn baß.

Herz. Rudolf. Daß er doch bald in Frieden dahinfahren möchte, so könnte man doch hoffen, daß der König noch andern Sinnes werden —

Erzb. Hanno. Das ist eine eitle Hofnung, Freund! Wo Grund und Boden Nichts taugt, wo das Unkraut schon so tiefe Wurzel geschlagen hat, als in Heinrichs Herzen: da läßt sich mit Wahrscheinlichkeit keine Veredlung erwarten.

Herz. Rudolf. Ihr weissagt wenig Gutes.

Erzb. Hanno. Kann man sich von diesem Heinrich etwas Gutes versprechen? muß man nicht alles ersinnliche Böse von ihm befürchten? Ihr seid doch auch nicht von Gestern her, und habt Gelegenheit genug gehabt, mit eignen Augen zu sehen,

mit

mit eignen Ohren zu hören, nach welchen Grundsäzen das Regiment izt geführt, wie Recht und Gerechtigkeit gehandhabt, durch welche schelmische Mittel der teutsche Biederſinn ausgerottet, die Freiheiten und Gerechtsame teutscher Fürsten vernichtet, die wakkersten Männer niedergedrükt, oder zu Schurken gemacht werden. Wenn dies geschieht am grünen Holz, was soll am dürren werden? Wenn Heinrich der Jüngling nicht zu bändigen, nicht zu einer löblichern Regimentsführung zu zwingen ist: wie wird Heinrich der Mann zu bändigen und zu zwingen sein? Wenn wir und andere rechtliche Männer, die seinem Unweſen izt noch entgegen arbeiten, des Todes verfahren, oder wenigstens doch um alles Ansehen und um alle Gewalt im Reiche gebracht sein werden: wer wird dann noch aufstehen wider den königlichen Frevler und seinen tollen Unternehmungen eine eiserne Stirn' entgegen sezen, seinen widerrechtlichen Geboten trozen und dem allgemeinen Verderben wehren und steuern? —

Herz. Rudolf. So tief werden unsere Nachkommen nicht fallen und Teutschlands Fürsten und Edle werden nicht so sehr ausarten, daß sie sich von der Weichlichkeit alles Ansehen und alle Gewalt aus den Händen winden und den König handeln und herrschen lassen sollten, wie es ihm gelüstet. Und so lange wir selbst noch stehen, Freund! so lange noch Muth und Redlichkeit in unserm Herzen, Kraft und Stärke in unsern Armen ist —

Erzb. Hanno. Ei, Lieber! wißt ihr denn, wie lange wir noch stehen werden? Wir mögen uns wohl vorsehen, daß wir nicht fallen. Das ist ja eben des schlauen Adalberts Zwek und Absicht, alle diejenigen, die ihm nicht zu Gunsten reden und handeln, vom Hoflager zu entfernen, zu verleumden und zu stürzen, damit er samt seinem königlichen Schüler freien Spielraum gewinne. Dessen sind alle seine Reden und Handlungen, dessen sind Dedo, Otto und Magnus Zeugen. Izt kommt die Reihe an euch, lieber Herzog! es wird
euch

euch nicht besser ergehen, als diesen wakkern Männern.

Herz. Rudolf. Traun! ich wüßte nicht, unter welchem Vorwand der König mir zu nahe kommen, oder was er mir zur Last legen könnte! Markgraf Dedo ergrif die Waffen wider ihn, Herzog Otto ward der Verrätherei und Majestätsbeleidigung von ihm angeklagt, Herzog Magnus nahm sich seines geächteten Freundes an und unterstüzte ihn mit seiner ganzen Macht — was mag man wider mich aufbringen, das mir zum Vorwurf gereichen könnte?

Erzb. Hanno. Wer Einem zu schaden, oder gar zu Schanden zu machen trachtet, dem wird's an Gelegenheit dazu gar selten fehlen. Vielleicht dient dem König izt der Handel, den ihr mit dem Babenbergischen Abt Rupert gehabt habt, zum Vorwand, euch eines Eingrifs in die königlichen Gerechtsame zu bezüchtigen. —

Herz. Rudolf. In die Gerechtsame der Abtei Reichenau, wollt ihr sagen.

Erzb. Hanno. Nicht doch, Freund! Ihr schüztet ja die Gerechtsame der Abtei, wehrtet Ruperten, der sich Ring und Stab vom König mit schwerem Geld erkauft hatte, die Besiznehmung derselben, und ließt ihn von dem Reichenauer Kastenvoigt gar schimpflich zurüktreiben, als er sich ihrer mit gewafneter Hand bemächtigen wollte.

Gr. Reginger. Das ist ein feiner lustiger Streich, edle Herren! so hat sich noch kein geistlicher Filz betrogen, als Rupert —

Erzb. Hanno. Der König wird ihm das Kaufgeld nicht wieder zurükzahlen?

Gr. Reginger. Das ist ein arger Streich. Der zweite und ärgere aber ist der, daß er die Abtei Babenberg auch schon weiter verliehen hat und Rupert nun um Geld und Amt zugleich gekommen ist.

Herz. Rudolf. Wohl gönn' ich dem schäbigen Gauch diesen Selbstbetrug!

Gr. Reginger. Darum aber, daß ihr Ruperten die Besiznehmung der fetten Reichenau

chenau gewehret habt, zürnt der König nicht auf euch, Herr Herzog! Ihr seid, wie ich vernommen habe, eines weit schwerern Verbrechens angeklagt worden, habt mit dem Baiern=Herzog beinahe gleiches Schiksal —

Herz. Rudolf. Gleiches Schiksal mit Otto — gleiche Anklage der Verrätherei und des Meuchelmords wider mich? Das wär' abscheulich! das lügt ihr — das lügt ihr!

Gr. Reginger. Was für Gewinn hätt' ich davon, wenn ich euch mit falscher Nachricht bethörte? Ich will euch nur warnen —

Herz. Rudolf. Also gleiche Anklage — gleiches Verbrechen?

Gr. Reginger. Nicht ganz, gestrenger Herr! Auf Leib und Leben seid ihr nicht angeklagt, aber doch beschuldiget worden, daß ihr mit Rath und Beistand der Sächsischen Fürsten Heinrichen des Regiments zu entsezen und euch selbst an seine Stelle auf den Thron zu schwingen gedächtet.

Herz.

Herz. Rudolf. Verdammt seid ihr mit euern Lügen und Verleumdungen!

Erzb. Hanno. Da habt ihr's! Nun mögt ihr euch rechtfertigen —

Herz. Rudolf. Ich mich rechtfertigen? gegen solch eine grobe, offenbar lügenhafte Beschuldigung mich rechtfertigen? — Bei Gott! ich acht' es unter meiner Würde, ich halt' es für schimpflich, nur ein Wort zu meiner Rechtfertigung zu verlieren.

Erzb. Hanno. Ihr wollt doch wol der Anklage nicht geständig sein?

Herz. Rudolf. Von euch hätt' ich mir diese Frage nimmermehr vermuthet.

Erzb. Hanno. Ihr seid gar wunderlich, Lieber! So ihr euch weder rechtfertigen, noch für schuldig bekennen wollet, so weis ich fürwahr nicht, wie der König endscheiden soll —

Sechste Periode.

Herz. Rudolf. Der König müßte sehr kurzsichtig, sehr unverständig sein, wenn er solch einer groben Verleumdung Glauben beimessen wollte.

Gr. Reginger. Mir scheint's aber doch so —

Herz. Rudolf. Treflich! treflich! so könnte mir's ia eben so schlimm ergehen, als es den Herzogen Otto und Magnus ergangen ist?

Erzb. Hanno. Besser gewis nicht, Freund! Ihr mögt euch nun rechtfertigen, oder euerm Kläger ein verächtliches Stillschweigen entgegen sezen wollen: so seid ihr auf ieden Fall in der Verdammnis.

Herz. Rudolf. Das ist sehr trostreich! das ist eine löbliche Rechtspflege!

Erzb. Hanno. Es ist izt einmal so Sitte, lieber Herr! Wer dem König und seinen Räthen verhaßt ist, der wird irgend eines Verbrechens angeklagt — wer einmal angeklagt ist, der wird auch zuverläs-

sig verdammt — und wer einmal ver:
dammt ist...

Herz. Rudolf. Daß ihr doch selbst
verdammt würdet, ihr Otterngezücht!—
Mich sollt ihr, bei Gott! nicht fangen.

―――――――

Harz=

Harzburg.
Zimmer.

Herzog Magnus, Herzog Otto; hernach Graf Eberhard.

Herzog Otto. (eintretend.)

Freund Magnus! (Umarmung.) Mein braver, unglüklicher — um meinetwillen unglüklicher Freund!

Herz. Magnus. Edler Otto!

Herz. Otto. Gott sei Dank, daß ich euch wohlauf finde! — aber Gott sei's geklagt, daß ich euch in dieser Lage finde!

Herz. Magnus. Wenn Otto noch mein Freund ist: so ist meine Lage nicht traurig, nicht beklagenswerth.

Herz. Otto. Konntet ihr einen Augenblik nur daran zweifeln?

Herz. Magnus. Freund meines Herzens! vergebt mir, wenn ich bekenne, daß
ich

ich während unsrer Trennung oft — sehr oft an der Aufrichtigkeit eurer Freundschaft gezweifelt habe — daß ich mich manchen Augenblik, manchen Tag lang mit dem unseligen Gedanken gequälet habe: der biedere Otto ist an seinem besten Freunde zum Verräther geworden! der redliche Magnus hat sich für einen Undankbaren aufgeopfert.

Herz. Otto. O Gott! Gott! das schneidet durch's Herz. Solch einer schändlichen Vorstellung von mir, hielt ich meinen Magnus nicht fähig —

Herz. Magnus. Otto! werft keinen Haß auf mich, begegnet mir nicht mit Verachtung ob dieses offnen Bekenntnisses. Man hielt mich in harter Gefangenschaft, man mißhandelte mich, man sperrte mich in ein düstres Geiselgewölbe, man geiselte mich dreimal des Tages, man verfuhr mit mir, wie mit einem gemeinen Missethäter. Ich hörte, daß Herzog Otto seiner Gefangenschaft entlassen und vom König wieder zu Gnaden angenommen worden wäre — und um meine Befreiung, um meine Begnadi=

gnadigung kümmerte sich Niemand. Es
vergiengen Tage, Wochen und Monden —

Herz. Otto. Ich bin schelmisch bethört,
schändlich betrogen worden. Als ich mei=
ner Gefangenschaft entlediget worden war,
so bat ich den König auch um eure Freilaß=
sung; er ließ mir vermerken, daß er mei=
ner Bitte schon zuvor gekommen sei. In=
dessen kam ein Edelknecht und vermeldete
dem König: Herzog Magnus läßt für Kö=
niglicher Maiestät Huld und Gnade demü=
thig danken und um Vergebung bitten, daß
er nicht persönlich Dank sagen könne, weil
er so eben von dem Abscheiden seines Herrn
Vaters, Herzog Ordulfs, Botschaft erhal=
ten habe und eilen müsse

Herz. Magnus. Freilich wohl hätt'
ich eilen sollen; denn mit der Botschaft von
meines Vaters Tode hatt' es seine vollkom=
mene Richtigkeit. Aber das Eilen verbie=
tet sich wol von selbst, wenn ein einzelner
Mann, ohne Wehr und Waffen, von einer
ganzen Schaar umringt und ihr zu folgen
gezwungen wird. Indem ihr mich frei

und

und auf dem Wege nach meiner Heimath zurükeilend glaubtet, führten Adalberts Knechte mich sonder Gefährde in das Geiselgewölbe auf Harzburg.

Herz. Otto. O mein braver — um meinetwillen unglüklicher Freund!

Herz. Magnus. Ihr seid schändlich betrogen worden; ihr habt in dem Wahne gestanden —

Herz. Otto. Und stünde noch darinn, wenn nicht Graf Thimo es erkundet hätte, daß ihr hier gefangen gehalten würdet.

Herz. Magnus. Es ist noch zu verwundern, daß man euch den Zutritt zu mir gestattet hat.

(Graf Eberhard kommt.)

Herz. Otto. Seht da: des Königs Günstling!

Herz. Magnus. Hätten wir uns von dieses Höflings glatten Worten nicht bethören lassen, so wären wir alles Ungemachs überhoben gewesen.

Graf

Sechste Periode.

Gr. Eberhard. Gott grüß euch, edle Herren! In so guter Gesellschaft glaubt' ich unsern werthen Gefangnen nicht zu finden.

Herz. Magnus. Es soll mich freuen, wenn Graf Eberhard den Werth eines solchen Gesellschafters zu schäzen weis.

Gr. Eberhard. Ein Freund, wie Herzog Otto, ist unschäzbar. —

Herz. Magnus. Kann uns die Ungerechtigkeiten der Könige sogar vergessen und verachten lehren.

Gr. Eberhard. Wohl euch, daß euch der Himmel solch einen Freund gegeben hat! — Gefällt's euch nun, meiner Botschaft an euch geneigtes Gehör zu vergönnen?

Herz. Magnus. Sagt an, Herr Graf! wessen der König meinetwegen entschlossen ist.

Gr. Eberhard. Der König ist entschlossen, euch der Gefangenschaft von Stund' an los und ledig zu lassen, so ihr gelobet und schwöret, folgende Bedingungen pünktlich zu erfüllen —

Herz.

Herz. Magnus. Also doch Bedingungen? also kann der König ohne Bedingungen, ohne mit baarer Münze dafür bezahlt zu werden, in keiner Sache gerecht handeln? — Nun so laßt doch hören!

Gr. Eberhard. Ihr sollet die Güter und Einkünfte, welche euer Vater der Kirche zu Bremen entzogen hat, an den Herrn Erzbischof wieder überantworten —

Herz. Magnus. Mir ist Nachricht gekommen, daß sich der Herr Erzbischof der streitigen Güther sogleich nach meines Vaters Absterben ganz widerrechtlicher Weise bemächtiget hätte; wie mag man mir zumuthen, das noch einmal zu geben, was man mir schon entrissen hat?

Gr. Eberhard. Was man euch entrissen hat, lieber Herr! das werdet ihr gewis wieder zu erlangen suchen; der König will aber, daß ihr euch zur ewigen Abtretung dieser Kirchengüther verpflichten sollet,

Herz.

Sechste Periode.

Herz. Magnus. Darüber will ich mich nach der Hand erklären. Ihr habt mir doch noch mehrere Bedingungen vorzulegen?

Gr. Eberhard. Ihr sollet geloben und schwören, nie wieder, es sei unter welcherlei Vorwand es wolle, die Waffen wider den König zu ergreifen, weder mit Rath, noch mit That den Feinden des Königs beizustehen, sondern ihm ieberzeit und so oft er euch darum mahnen laffen möchte, die Heeresfolge gehorsamlich zu leisten.

Herz. Magnus. Ich kenne meine Pflichten gegen den König und das Reich, Herr Graf! und werde mich zu gerechter Fehde der geforderten Heeresfolge nimmer entbrechen.

Gr. Eberhard. Und endlich und vornehmlich sollet ihr euch an euern väterlichen Erbgüthern begnügen lassen, bei deren Besiz der König euch gegen männiglich zu schüzen verheißet; dem Herzogthum aber für euch und eure Nachkommen auf ewige Zeiten feierlich entsagen —

Herz. Magnus. Entsagen, — meinem Herzogthum entsagen? Hält mich der König für kindisch=albern, oder für toll, daß er mir solch eine Bedingung machen läßt? Wirft man ein Herzogthum so gleichgültig weg, wie ein unnüzes Spielzeug?

Herz. Otto. Es wird dem König mit dieser Bedingung wol kein Ernst sein!

Gr. Eberhard. So viel ich weis, ist's ihm voller Ernst damit.

Herz. Otto. Das wäre hart — sehr hart und der sicherste Beweis, daß es ihm mit des Herzogs Freilassung kein Ernst ist.

Gr. Eberhard. Herzog Magnus darf sich nur zur Erfüllung dieser drei Bedingungen verstehen, so sollet ihr straks das Gegentheil erfahren.

Herz. Magnus. Nein, Herr Graf! dazu kann sich kein Mann von Ehre verstehen; der Preis für meine Freiheit ist ein wenig zu kostbar —

Graf

Sechste Periode.

Gr. Eberhard. Es kommt auf euch an; ob ihr euer Herzogthum oder eure Freiheit für kostbarer haltet.

Herz. Magnus. Sezt an die Stelle der dritten Bedingung eine andere, dann will ich mich erklären —

Gr. Eberhard. Stünd' es in meiner Macht, euch die Freiheit zu bewürken: so solltet ihr sie ohne alle Bedingung erhalten.

Herz. Magnus. Fodert dreitausend Pfund löthigen Silbers zum Lösegeld — ich will es euch redlich gewähren.

Gr. Eberhard. Was der König geboten hat, das kann ich nicht abändern. Er bestehet darauf, daß ihr dem Herzogthum entsagen sollet!

Herz. Magnus. So bleib' ich in seinem Gewahrsam!

Gr. Eberhard. Dies euer vester Entschluß?

Herz. Magnus. Wenn ihr mir keine vernünftigern Bedingungen vorzulegen habt:

so bleib' ich in des Königs Gewahrsam, so lange Gott will.

Gr. Eberhard. Uiberlegt es euch reiflich, Lieber! bevor ihr euer Schiksal endscheidet —

Herz. Magnus. Braucht es dazu noch eine Uiberlegung: ob man ein Schandflek seines Geschlechts werden will, oder nicht?

Gr. Eberhard. Wenn ihr die Entsagung des Herzogthums für schändlich haltet, so könnt ihr mir freilich keinen andern Bescheid auf des Königs Verlangen geben. Aber es thut mir leid! daß ich ohne euch zum König zurükkehren muß —

Herz. Magnus. Ihr seid sehr mitleidig; das ist sonst nicht der Höflinge Tugend.

Gr. Eberhard. Ich mein' es gewis redlich und freundschaftlich mit euch; ich will Alles anwenden, um den König zu mildern Gesinnungen gegen euch zu bewegen — aber ich fürchte, daß Alles vergebens sein wird.

Herz.

Sechste Periode.

Herz. Magnus. Gebt euch nur keine Mühe, lieber Herr! sie möcht' euch gar übel belohnt werden.

Gr. Eberhard. So behüt' euch Gott, edle Herren! (ab.)

Herz Magnus. Daß dich der Henker geleitete, du windschiefes Schranzengesicht!

Herz. Otto. Magnus! vergebt mir, daß ihr um meinetwillen in schimpflicher Gefangenschaft schmachten müsset und harret nur noch eine kleine Weile in Geduld. Ich hab' euch in dieses Unglük gestürzt — ich will euch auch wieder herausreißen!

Herz. Magnus. Keinen tollkühnen Streich, Freund! keine ungerechte blutige That um meinetwillen —

Herz. Otto. Nennt meinen Namen mit Abscheu, brandmarkt meine Stirne mit Hochverrath, flucht mir als einem Meineidigen, wenn ich euch nicht rette und räche!

———————

Goslar.

Goslar.
Zimmer im königlichen Pallaste.

König Heinrich, Erzbischof Adalbert, (sizt in einem Krankenstuhl.) hernach Herzog Otto.

Erzbischof Adalbert.

Eure Hofnung betrügt euch, eure Wünsche sind vergeblich, mein guter König! Mein Stundenglas ist ausgelaufen; ich fühl' es, daß ich dem Ziele meiner Pilgerschaft schon sehr nahe bin.

König Heinrich. Adalbert! Adalbert! ihr zerreißt mir das Herz. Ich ertrag' euern Verlust nicht — er ist unersezlich.

Erzb. Adalbert. Das könnet ihr izt noch nicht behaupten. Gott kann euch wieder einen Freund zuführen, der es eben so redlich mit euch meint, als ich — der euerm Herzen vielleicht noch theurer werden kann, als ich.

König Heinrich. Nimmermehr! nimmermehr! — Ihr seid mir Vater und Freund zugleich — das kann mir kein Mensch wieder werden!

Erzb. Adalbert. Und doch, mein edelherziger Heinrich! Ein Mann, wie ihr seid, hat allemal mehr Neider und Feinde, als ein gemein denkender Alltagsmensch; aber er findet auch allemal Freunde, die vester ihm anhangen, als gemeiner Menschen gewöhnliche Freunde.

König Heinrich. Ein leidiger Trost, Vater Adalbert! Möcht' euch Gott lieber das Leben noch eine geraume Zeit fristen, daß ich nicht nöthig hätte, neue Freunde zu suchen!

Erzb. Adalbert. Ich danke Gott, daß er mir mein Leben noch so lange gefristet hat — so kann ich doch hoffen, daß ihr euch als edler Mann und als König mit Würde behaupten werdet, wenn ihr die Grundsäze —

König Heinrich. Sie sind tief in mein Herz eingewurzelt und keines Menschen

und keines höhern Geistes Gewalt vermag
sie da wieder auszurotten. —

Erzb. Adalbert. Bleibt ihnen getreu:
so wird man euch im Sonnenschein des
Glüks lieben und ehren, im Drange des
Unglüks bewundern. Ich habe nur noch
wenige Augenblikke zu leben und möchte sie
euch gern ganz widmen; denn meine Rechnung mit dem Himmel ist abgeschlossen —
ich kann, was die blinden Eifrer nimmermehr glauben werden, mit ruhigem Gewissen auf meine lange durchwandelte Laufbahn zurüksehen und mit freudigem Herzen dem Tod ins Angesicht schauen. Sezt
euch an meine Seite und laßt mich's euch
noch einmal wiederholen, nach welcher
Richtschnur ihr handeln müsset, wenn ihr
einst den Ruhm eines guten und großen
Königs mit ins Grab nehmen wollet. Sezt
euch, Lieber! wir möchten Morgen vielleicht nicht so wieder beisammen sizen —

König Heinrich. Das ist traurig —
sehr traurig!

Erzb.

Sechste Periode. 377

Erzb. Adalbert. Ihr seht, daß mein alter Verdacht wider den Herzog Rudolf sich bestätiget; ihr habt ihn dreimal vorladen lassen, habt ihm sicher Geleit sonder alle Gefährde verheisen und er ist doch nicht erschienen — der auffallendste Beweis, daß er sich getroffen fühlt und wol nicht ganz rein sein mag von dem Verbrechen, dessen man ihn angeklagt hat. Darum hütet euch ja vor diesem Mann; er ist euch gefährlicher, als der ungestüme Otto, der seine kühnen Entwürfe nie ganz reif werden läßt, zur Ausführung derselben die schiklichste Zeit nicht abwartet und so durch seine Hize sie selbst zerstört, da iener hingegen mit kluger Bedachtsamkeit zu Werke geht, von seinen wahren Gesinnungen nie Etwas laut werden läßt, sondern immer im Verborgnen handelt und immer mächtiger zu werden trachtet. Habt ein wachsames Aug' auf ihn und sucht ihn auf alle Weise zu schwächen. Könntet ihr ihn zu euern Gunsten gewinnen, so wär' euch das wohl ersprießlich und ihr könntet euch von seiner Klugheit und Tapferkeit manchen

Aa 5 wich=

wichtigen Vortheil versprechen. Ich fürcht' aber, daß seine Ehrsucht alle seine übrigen Leidenschaften und Tugenden überwiegt und daß er lieber für sich selbst, als für das gemeine Beste und für seines Königs Ehr' und Ansehen arbeitet. Werdet ihr davon gründlich überzeugt: so thut, wie ich euch gerathen habe und behandelt ihn ia nicht glimpflicher, als ihr den Baiern=Herzog behandelt habt —

König Heinrich. Wenn Rudolf sich nicht reinigen kann, so erklär' ich sein Herzogthum straks für erledigt und verleih' es dem biedern Friedrich von Staufen, der mir mit besondrer Lieb' und Treue zugethan zu sein scheint.

Erzb Adalbert. Ein treflicher iunger Mann! für dessen Treue gegen euch ich mit meiner Seligkeit bürgen wollte. Uiberhaupt, lieber Heinrich! müsset ihr ernstlich darauf bedacht sein, gemeine Fürsten nie zu mächtig werden zu lassen, ihnen nie zu viel Einfluß in euer Regiment zu gestatten; die Zubringlichen immer fern von euch

Sechste Periode.

euch zu halten, die Bescheidnen immer näher an euch zu ziehen; die Uibermüthler zu demüthigen, die Verachteten zu erhöhen — so werdet ihr euch der Erstern entledigen, ihnen wenigstens die Kraft benehmen, euch in euern Unternehmungen entgegen zu arbeiten und zu schaden, die Leztern aber zur Dankbarkeit und Treue gegen euch verpflichten. Herzog Rudolf ist euch auf ieden Fall gefährlich; darum müßt ihr ihn zu Boden drükken — Herzog Otto ist zwar geschwächt, aber sein Busenfreund Magnus—

König Heinrich. Traun! der soll seiner Freiheit und seines Lebens nicht eher wieder froh werden, bis er sich seines Herzogthums feierlich begeben hat.

Erzb. Adalbert. Das einzige Mittel, den alten Leuen Otto und den iungen grimmigen Wolf Magnus zu bezähmen! — Dann, Lieber! vergesset aber auch nicht eure Getreuen mit königlicher Freigebigkeit zu belohnen, ihnen bei ieder Gelegenheit auszeichnende Beweise eurer Huld und Liebe zu geben und so sie immer verbindlicher gegen

gen'euch zu machen. Die Grafen Eberhard und Bernhard von Nellenburg, Graf Otto, euer Burgvoigt, Graf Friedrich von Staufen, Ulrich von Cosheim, der wackre Junge, Bischof Eppo, Bischof Rimar... (Herzog Otto tritt ein, Erzbischof A d a l b e r t schaudert zusammen.) Gott! was will dieser?

Herz. Otto. Genugthuung will ich — volle Genugthuung für die Schmach und das Elend, das ihr über meinen Freund gebracht habt!

König Heinrich. Otto! wie mögt ihr euch erdreusten —

Herzog Otto. Ihr habt mich schändlich betrogen! Macht mir Hofnung, daß Magnus seiner Gefängenschaft entlediget werden solle, laßt mir vermerken, daß ihr ihm in dem Augenblicke, als ich bei euch war, Freiheit und Gnade verkünden lassen, laßt das Gerücht ausstreuen, daß er sich plötzlich aufgemacht und sich eiligst in sein Herzogthum begeben habe, — indeß sen der edle Mann, von euern Knechten auf Harzburg geschleppt, in ein modri-

ges

Sechste Periode.

ges Geiselgewölbe geworfen, dreimal des
Tages gegeiselt und auch izt noch wie der
verworfenste Missethäter behandelt wird.
Das ist schändlich — schändlich!

König Heinrich. Otto! ich gebiet' euch
zu schweigen, wenn ihr meiner Gnade nicht
wieder verlustig werden wollet.

Herz. Otto. Handelt gerecht und ehrlich; entlaßt den Herzog seiner schmachvol-
len Gefangenschaft: so will ich schweigen,
will's verschmerzen, wie wehe ihr mir in
meinem Freunde gethan habt —

König Heinrich. Magnus entsage dem
Herzogthum, so sprech' ich ihn zur Stunde frei!

Herz. Otto. Ein schändliches, grausames Begehren! Aber ihr, König! ihr
könnt so eine schnöde Foderung nicht thun,
ihr könnt aus euch selbst nicht so reden;
denn ihr habt Biedersinn und Edelmuth —
ihr seid nur das Sprachrohr dieses alten
verhaßten Sünders, den Gott richten wird!—
Seht: sein Gewissen treibt ihn die Angst ins

Ange-

Angesicht — seht: wie sein Auge verzweifelnd starrt! wie er sich krümmt und windet!

König Heinrich. Barmherziger Gott! er stirbt — wilder entsezlicher Mann! du hast ihm den Todesstos gegeben —

Herz. Otto. Darob wird ganz Teutschland iauchzen und frohloken, wenn Adalberts Todenglokke schallt!

Erzb. Adalbert. Vergebt ihm, mein König — wie ich ihm vergebe —

König Heinrich. Aus meinen Augen, Otto! oder ihr seid des Todes.

Erzb. Adalbert. Friede! Friede! — Gott sei mir — armen — Sünder —
(stirbt.)

König Heinrich. Gnädig — ia gnädig, gnädig — denn so sanft, wie du, entschlummert kein Verworfner!

Sechste Periode.

Meisen.
Zimmer in der Burg.

Markgraf Debo, Markgräfin Adelheid, Bischof Bucco, Graf Herrmann; hernach Herzog Otto.

Markgräfin Adelheid. (eintretend.) Verzeihung, wenn ich euch störe. Ich bring' euch eine überaus fröhliche Botschaft —

Mkgr. Debo. Sie muß sehr fröhlich sein; denn so heiter sah ich euch seit Jahresfrist nicht.

Markgräfin Adelheid. Vielleicht rathschlagtet ihr eben darüber.

Bischof Bucco. Uiber Adalberts Entfernung vom König?

Gr. Herrmann. Uiber die Befreiung unsers Magnus?

Markgräfin Adelheid. Nicht auch über Adalberts Tod?

Bischof

Bischof Bucco. Wär' Adalberts Tod eure Botschaft —

Markgräfin Adelheid. Sie ist's!

Bischof Bucco. Markgräfin! das wär' eines algemeinen Dankfestes im ganzen teutschen und römischen Reiche werth.

Markgräfin Adelheid. So mögt ihr's ausschreiben in euerm Sprengel; denn meine Botschaft hat guten Grund. Ein Bube von Otto überbrachte sie und sagte, daß der Herzog selbst —

Gr. Herrmann. Herzog Magnus? — das ist treflich — treflich!

Markgräfin Adelheid. Nicht doch, Vater Herrmann! es war ja nicht die Rede vom Herzog Magnus, sondern vom Herzog Otto —

Bischof Bucco. Und von Adalberts Tod — das ist das Treflichste —

Markgräfin Adelheid. Und das Wahrhaftigste!

Bischof

Sechste Periode.

Bischof Bucco. Wir sind Gott Preis und Anbetung, Dank- und Jubel-Lieder dafür schuldig.

Mkgr. Dedo. Nun wird Alles am Hof und im Reich' eine ganz andere Gestalt gewinnen —

Markgräfin Adelheid. Wenn gemeine Fürsten mit vereinter Kraft daran arbeiten, wenn sie die gegenwärtige gute Gelegenheit, der Regimentsführung eine vortheilhafte Wendung zu geben, ihre Freiheiten und Gerechtsame geltend zu machen, ihr Ansehen und ihre Gewalt über den König zu behaupten, nicht wieder verschlafen.

Bischof Bucco. Ein mannhafter Ausspruch! eine wichtige Mahnung an uns! — (Herzog Otto kommt.) Ha willkommen! willkommen!

Mkgr. Dedo. Euer unfreundliches Aussehen widerspricht der Botschaft, die ihr an uns voraus geschikt habt.

Markgräfin Adelheid. Euer Bube versicherte auf euern Namen, daß der Bremer

mer des Todes verfahren sei — hat der Bube unwahr geredet?

Bischof Bucco. Oder hat der alte Gesell auch dem Tod' einen schelmischen Streich gespielt und ihn mit seiner Gleisnerei betrogen?

Gr. Herrmann. Oder ist unser Magnus noch nicht frei?

Herz. Otto. Ihr treft's, wo müch's drükt und brennt!

Bischof Bucco. Aber Adalbert —

Herz. Otto. Steht vor Gottes Gericht! Aber ihr dürft darum nicht frohlokken, ihr dürft nicht wähnen, daß mit ihm zugleich auch der Geist der Gleisnerei, der Ungerechtigkeit und Grausamkeit, der ihn leibhaftig besessen hatte, abgestorben sei — der ruhet nun siebenfältig auf seinem Schüler; und traun! der Schüler ist schier über seinen Meister.

Bischof Bucco. So wär' er ja noch mehr als vollkommen?

Herz.

Herz. Otto. Zu des Reichs und aller Edlen Verderben nur allzuvollkommen in den Künsten und Ränken der Bosheit. Aber es soll und muß anders werden mit ihm und seinem Regiment, wenn es unter Teutschlands Fürsten noch Männer giebt, wenn Edelmuth und Freiheitssinn noch nicht ganz unter uns ausgestorben sind! Ich will ein schrekliches Unwetter über sein Haupt zusammen wälzen — ich will die Säulen seines Throns zerbrechen und zermalmen, daß er zusammen stürzen und den Buben unter seinen Trümmern begraben soll — ich will die Flamme des Kriegs und der Verwüstung vor mir hertragen und sie soll nicht eher verlöschen, bis sie diesen abscheulichen Götzen und die Brut seiner Diener und Knechte rein — rein weggefressen hat!

Markgräfin Adelheid. Herzog Otto! meinen heisesten Dank für diesen heldenmüthiges Entschluß – so ihr den Dank eines Weibes nicht verschmähet!

Bischof Bucco. Euer Entschluß hat meinen ganzen Beifall und ich bin es der Wohlfarth des Reichs, der Tugend und der Religion schuldig, euch zu dessen Ausführung förderlich zu sein mit Rath und That. So ihr aber wieder wankelmüthig werden, so ihr euch durch Schmeichelworte, oder durch Geschenk und Gaben...

Herz. Otto. Meint ihr, daß sich Otto von solchem kindischen Gaukelspiel bethören läßt? — Nein, Herr Bischof! diesmal kann ich nicht wanken, nicht zurüktreten, diesmal muß ich's ausführen und durchsezen, was ich dem König ins Angesicht geschworen habe!

Gr. Herrmann. Habt ihr ihm Rache geschworen, so bin ich euer Mann —

Herz. Otto. Die schwerste grimmigste Rache über Adalberts Leichnam, wenn er meinen Freund nicht augenbliklich der Haft entlassen würde.

Mkgr. Dedo. Und er entließ ihn nicht?

Herz.

Herz. Otto. Er schäumte vor Wuth und rufte seiner Leibwache, daß sie mich fangen sollte. Aber ich fuhr wie ein Sturmwind durch das Gesindel und entrann ihren Händen.

Gr. Herrmann. Ich bin euer Mann, Herzog Otto! Magnus muß befreiet und gerochen werden. Wir wollen die Schlachttrompete schmettern lassen durch ganz Sachsenland — unser Feldgeschrei sei: Freiheit und Vaterland! und Fürsten, Ritter und Mannen werden bei Haufen uns zustürmen und hochaufjauchzen, wenn wir ihnen zurufen: Brüder! wir ziehen in den Streit wider den Vaterlandsverwüster Heinrich — wider den Freiheitsmörder Heinrich!

Kölln.
Zimmer im Erzbischöflichen Pallast.

Erzbischof Hanno, Herzog Rudolf, Graf Reginger.

Graf Reginger.
Er läßt euch gar schön bitten, ehrwürdiger Herr —

Erzb. Hanno. Nun kann er wol bitten lassen, weil er sich weder zu rathen noch zu helfen weis.

Gr. Reginger. Fürwahr! guter Rath ist izt gar theuer am Hofe. Es ist unglaublich, wie grausam die königliche Maiestät bedrängt und bestürmt, angebettelt und ausgeschmähet wird. Wo sie sich nur sehen läßt, da wird sie von Menschen aus allerlei Volk, von Rittern und Edlen, Mannen und Knechten, Bürgern und Bauern umringt und angeschrieen —

Herz.

Sechste Periode.

Herz. Rudolf. Was schreit denn das Volk?

Gr. Reginger. Je nun Allerlei durcheinander; da heißt's: reißt eure Vesten nieder, oder gebt euern Burgleuten Brod, daß sie uns nicht bestehlen, unsre Aekker und Gärten nicht verwüsten, unsre Hütten nicht plündern dürfen! — es ist keine Gerechtigkeit mehr im Lande; eure Voigte sind Blutigel, eure Grafen hegen schlechtes Gericht! — steuert dem Unwesen im Sachsenlande, wo des Raubens und Mordens kein Ende ist! — eilt flugs nach Baiern und thut der dort ausgebrochenen Empörung wider den Herzog Einhalt! — sputet euch, die Thüringer zu züchtigen; sie haben auf Ottos Anstiften abermals die Waffen wider euch ergriffen! — verlegt euer Hoflager von Sachsen weg und belästiget uns nicht immer mit eurer Gegenwart; es ist Herkommens, daß der König im Reich' umher ziehen und bald da bald dort Hof halten und zu Gericht sizen muß...

Herz. Rudolf. Wenn's dem König alltäglich so ergeht, so mag's ihm wol warm vor der Stirn werden und da möchtet ihr euch doch wol erbitten lassen, euch der wichtigsten Geschäfte wieder zu unterziehen.

Erzb. Hanno. War ich ihm sonst nicht gut genug, so wüßt' ich nicht, warum ich ihm izt in der Zeit der Noth zu Gebote sein sollte.

Gr. Reginger. Ihr habt wol Recht, Herr Erzbischof! So lang' Adalbert lebte, da achtete man eurer nicht und entfernt' euch soviel als möglich von allen Geschäften. Nun dieser todt und die Verwirrung am Hof und in den Geschäften so groß ist, daß sich Königliche Maiestät weder hinein, noch heraus zu finden weis —

Herz. Rudolf. Das ist nicht fein von euch, Herr Graf! daß ihr eurer Dienste so schlecht wartet, und den Wünschen und Bitten eures Königs entgegenarbeitet. Es kommt hier nicht darauf an, was geschehen ist, sondern darauf, was izt geschicht — Wenn des Reichs gemeine Wohl=

Wohlfahrt unsres Beistandes mit Rath und That bedarf, so müssen alle Persönlichkeiten schweigen — —

Erzb. Hanno. Glaubt ihr denn, daß des Reichs gemeine Wohlfarth diesem Könige am Herzen liegt? daß er zu dessen Beförderung meinen Beistand begehrt?

Herz. Rudolf. Das glaub' ich; sonst würd' er euch nicht so angelegentlich bitten lassen.

Erzb. Hanno. Da irret ihr sehr, lieber Herr! Herausreissen soll ich ihn nur aus seinen Verlegenheiten, in Ordnung bringen soll ich ihm nur, was Adalbert verwirret hat, die murrenden Fürsten zufrieden stellen, ihm die Gemüther des Volks besänftigen, der geschwächten Königlichen Maiestät wieder Kraft und Stärke geben und dann —

Gr. Reginger. Ihr werdet schlechten Dank davon haben.

Erzb. Hanno. Er wird dann wenigstens wieder thun, als hätt' ich ihm Nichts gethan;

gethan; wird Alles wieder eigenmächtig nach seinen Lüsten und Begierden angeben und ausführen, sich wieder in alle Geschäfte vermischen, überall selbst sehen und handeln, überall durchgreifen wollen; meiner Rathschläge hingegen nicht achten, sich nach meinen Grundsäzen nimmermehr bequemen, in meine Handlungen nimmermehr mit einwürken —

Herz. Rudolf. Adalbert hat ihn freilich verwöhnt und verdorben — hat's ihm zu sehr fühlen lassen, daß er König ist. Aber ihr dürft ihn nur ein einziges Mal blosstellen, nur ein einziges Mal demüthigen —

Erzb. Hanno. Da kennet ihr Heinrichs hochfahrenden Sinn nicht, wenn ihr glaubt, daß man ihn demüthigen könne. Sein Vater war ein hochherziger, strenger und verwegner Mann; wenn kein Mensch seinen stolzen und harten Sinn zu biegen vermochte, so vermocht' ich's — aber mit diesem Tollkopf richt' ich Nichts aus. So weich er auch zu sein scheint, so biegsam und

Sechste Periode.

und nachgebend er sich auch anstellt: so werdet ihr ihm doch auch den ungereimtesten Gedanken nicht als ungereimt darstellen, ihn von der Ausführung seiner tollsten unglükseligsten Entschlüsse nicht zurükbringen können.

Herz. Rudolf. Ganz ohne alle Ausnahme möcht' ich dieser Behauptung doch nicht beipflichten. Mir ist mancher Fall erinnerlich, wo der König auf Rath und Vorstellung achtbarer Männer ganz anders gehandelt hat, als er vorher Sinnes gewesen war. Mein eignes Beispiel —

Erzb. Hanno. Hegt ihr die Hofnung, daß ein friedlicher Vertrag zwischen euch zu Stande kommen werde?

Herz. Rudolf. Warum sollt' ich nicht, da er selbst den ersten Schritt zum gütlichen Verein gethan hat?

Erzb. Hanno. Seht euch wohl vor, Herr Herzog! Adalbert war ein Schalk, und Heinrich ist sein geschworner Jünger.

Herz.

Herz. Rudolf. Wenn ich auch ihm nicht trauen wollte, so kann ich doch der Kaiserin nicht mistrauen —

Erz. Hanno. Weis Agnes schon um euern Zwist mit dem König?

Herz. Rudolf. Sie weis darum, hat den König zu billigen Gesinnungen gegen mich vermocht und wird auf dem Hoftage zu Worms selbst gegenwärtig sein.

Erzb. Hanno. Das giebt der Sache ein ganz anderes Aussehen; auf das Wort der Kaiserin könnet ihr euch so zuversichtlich verlassen, als auf den Ausspruch einer Heiligen!

Herz. Rudolf. So dächt' ich: ihr geleitetet mich nach Worms und versuchtet es noch einmal mit dem König —

Erzb. Hanno. Auf eure Fürsprache, Freund! will ich's noch Einmal versuchen, wiewol ich mir keinen guten Erfolg von unsrer Wiedervereinigung verspreche.

Herz. Rudolf. Ihr müßt das Beste hoffen —

Erzb.

Sechste Periode. 397

Erzb. Hanno. Dabei wird's auch verbleiben.

Gr. Reginger. Was soll ich also dem König zur Antwort vermelden?

Erzb. Hanno. Daß ich mich seinem bittlichen Begehren fügen, der Besorgung der wichtigsten Reichsgeschäfte mich wieder unterziehen und dem Hoflager zu Worms beiwohnen würde.

Gr. Reginger. (im Abgehen.) Abermals ein thörichter Streich von einem klugen Mann! die Königliche Maiestät wird ihm nach Verdienst dafür lohnen.

Worms.

Worms.
Zimmer im königlichen Pallast.

König Heinrich, Bischof Benno, Bischof Eppo, Graf Eberhard; hernach Erzbischof Limar.

Graf Eberhard.
Die ehrwürdigen Herren übertreiben die Sache nicht.

Bischof Benno. Was sollt uns auch veranlassen, euch mit lügenhaften Erzählungen zu schrekken?

Bischof Eppo. Euerm ältesten Freunde werdet ihr doch glauben und vertrauen? gegen meine Versicherung werdet ihr doch keinen argwöhnischen Zweifel hegen?

König Heinrich. Ich glaube Jedem von euch auf's Wort, denn ich kenn' euch allesamt als meine treuen biedern Freunde. Eure Botschaft hat mich eben nicht erschrekt, aber überrascht; darum konnt' ich mich nicht

auf

auf den Augenblik überzeugen, daß Otto seine Vermessenheit so weit sollte getrieben haben, als ihr sagtet —

Bischof Benno. Er hat sie auf's höchste getrieben und mit glüklichem Erfolg. Wollet ihr, daß er euch nicht würklich furchtbar werden soll, so mögt ihr euch ia schleunigst rüsten und die Verschwornen, ehe sie sich dessen versehen, mit eurer ganzen Macht überfallen und derb züchtigen, daß sie sich solche Meutereien fürder nicht wieder in den Sinn kommen lassen —

Bischof Eppo. Das wäre wol gut und heilsam, wenn die Verschwornen sich schon offenbar wider den König erklärt hätten, könnte aber mancherlei Unheil nach sich ziehen, wenn von Seiten Königlicher Maiestät mit den Feindseligkeiten der Anfang gemacht würde; gemeine Fürsten würden sich auf diesen Fall zur Leistung der Heeresfolge nicht bereitwillig finden lassen und die Sachsen könnten ihrer alten Klage, daß man sie ihrer Freiheiten und Gerechtsame berauben, sie ins Joch der Knechtschaft span-

spannen, sie zu Sklaven eines tirannisch regierenden Königs erniedrigen wolle, einen Anstrich von Wahrscheinlichkeit geben. Ich halt' es also für rathsamer, daß ihr euch izt noch ruhig verhaltet —

König Heinrich. Wie kann ich das, ohne mich der größten Gefahr auszusezen?

Bischof Eppo. Ihr lauft keine Gefahr, gestrenger Herr! wenn ihr meinen Rath befolgt. Ruhig verhalten sollet ihr euch izt gegen die Verschwornen nur darum, damit ihr sie in dem Wahn erhaltet, als sei euch ihr verrätherisches Beginnen noch ganz verborgen, als hättet ihr wegen ihrer häufigen Zusammenkünfte noch nicht den mindesten Argwohn gegen sie gefaßt: Immittelst rüstet ihr euch in der Stille, oder um sie noch sicherer zu machen, rüstet euch unter ihren Augen, laßt gemeine Fürsten zur Heeresfolge wider die Pohlen aufbieten, weil sie euerm Verbote entgegen die Böhmen wieder mit Krieg überzogen haben, schließt mit dem König der Dänen das angetragene Bündnis zu Truz und Schuz,

ver=

Sechste Periode.

versprecht ihm die Hälfte des Nordsächsischen Herzogthums, wenn er euch auf den ersten Wink mit fünf bis sechstausend wohlgerüsteten Reutern zu Hülfe zieht — —

Gr. Eberhard. Das ist ein treflicher Einfall, Herr Bischof! ein hochweiser Rath, gestrenger Herr!

König Heinrich. Klüglich ausgedacht und den Umständen vollkommen angemessen; aber die Sachsen werden doch Unrath vermerken, wenn das Aufgebot nach Pohlen an sie ergehen wird.

Bischof Eppo. Mögen sie auch, so dürfen sie ihren Verdacht doch nicht laut werden lassen. Thun sie's aber dennoch, sind sie sogar breust genug, auf diese Veranlassung das Schwert wider euch zu ziehen: so könnet ihr sie der offenbarsten Verrätherei bezüchtigen und gemeine Fürsten zur Heeresfolge wider sie anhalten. Ihr seid dann der beleidigte Theil und die Fürsten werden euch in dieser Rüksicht schon ihren Beistand nicht versagen.

Erzb. Limar. (tritt ein.) Gott segne den König!

König Heinrich. Willkommen! willkommen, Herr Erzbischof! Ihr habt lang in Bremen verweilt —

Erzb. Limar. In Bremen selbst kaum einen Monden lang; aber desto länger unterweges mit den Gebeinen des seligen Adalberts. Wir haben viel Ungemach ausgestanden —

König Heinrich. Da beklag' ich euch von Herzen. Das Wetter war grade sehr unfreundlich, die Strasen...

Erzb. Limar. Ihr versteht mich unrecht, gestrenger Herr! Des Ungemachs von Wind und Wetter und bösem Wege mag ich nicht gedenken und es kommt auch gar nicht in Betrachtung gegen die Mishandlungen, die wir um des Seligen willen haben erdulden müssen.

König Heinrich. Um Adalberts willen? — Ha! das wär' abscheulich, wenn ihm

ihm seine Feinde nicht einmal im Tode die Ruhe vergönnen wollten —

Erzb. Limar. Hatten wir doch zu wehren und zu kämpfen, daß sich der Pöbel nicht an seinem Leichnam vergrif. Roher und unbändiger, grausamer und rachsüchtiger kann kein Volk sein, als die Sachsen; kaum daß man sie mit Bann und Fluch zu schrekken vermag. Sehr zahlreich war überall Adalberts Leichenbegleitung; aber statt die Asche des Verblichenen zu ehren, beschimpfte man sie — statt der Wehklage und der Trauer über den Verlust eines grosen Mannes jauchzte man laut auf über seinen Tod, zündete Freudenfeuer an, gab auf Ritterfizen sowol als in Städten glänzende Schmausereien und zwang uns, ihnen beizuwohnen und in mancher Burg allein drei und mehrere Tage zu rasten —

König Heinrich. Bei Gott! das ist schändlich — aber es soll scharf geahndet werden! ihr sollt die Asche meines seligen Freundes nicht umsonst beschimpft haben!

Erzb. Limar. Ich würde mich zu lange dabei aufhalten müssen, wenn ich euch ieden kränkenden Vorfall während dieser Reise, iede Unbilde und iegliche Beschimpfung einzeln erzählen wollte. In müsigern Stunden sollet ihr das Nähere davon hören. Izt erfodert ein anderes äusserst wichtiges Ereignis eure ganze Aufmerksamkeit —

König Heinrich. Ihr meint doch die Meutereien der Sächsischen Fürsten?

Erzb. Limar. Auch diese sind mir nicht verborgen geblieben und ich bin auch schon angegangen worden, ihrem Bündnis wider euch beizutreten —

König Heinrich. So ist's denn offenbar, daß sie sich wider mich verschworen haben!

Erzb. Limar. Das ist außer allen Zweifel und ihr mögt ia nicht zaudern —

Bischof Benno. Wir haben so eben darüber gerathschlagt und einmüthig beschlossen —

Erzb.

Erzb. Limar. Die Mittheilung eures Entschlusses zu gelegnerer Zeit! Izt laßt euch zuvörderst kund thun, daß die Kaiserin Agnes noch eine Tagereise weit von Worms und Herzog Otto ihr schon entgegen geeilt ist.

König Heinrich. Meine Mutter! meine gute trefliche Mutter! — ich muß ihr straks entgegen...

Erzb. Limar. Gemach — gemach, gnädiger Herr! Laßt euch erst eine Warnung mit auf den Weg geben, bevor ihr der Kaiserin Mutter entgegen eilt.

König Heinrich. Eine Warnung wegen meiner Mutter — wegen solch einer Mutter?

Erzb. Limar. Königliche Maiestät verzeihe! meine Warnung trift nicht die Kaiserin — denn nur ein argwöhnischer Wink auf diese erlauchte Frau wäre Lästerung und Hochverrath — sondern die geistlichen Herren in ihrem Gefolge.

König Heinrich. Ihr müßt sehr genau unterrichtet sein?

Erzb. Limar. Ich habe zuverläſſige Kundſchaft, daß ſie gekommen ſind, euch in einer die Würde, Macht und Hoheit der Königlichen Majeſtät beeinträchtigenden Angelegenheit zum Vortheil des römiſchen Hofs zu überliſten.

König Heinrich. Ihr macht mich sehr neubegierig —

Erzb. Limar. Papſt Alexander iſt des Todes verfahren und der Archidiakon Hildebrand ſtraks zu ſeinem Nachfolger erwählt worden.

König Heinrich. Daß Alexander des Todes verfahren iſt, das will ich wol glauben; daß Hildebrand aber ohne mein Vorwiſſen, ohne meine Mitwürkung und Genehmigung zum Papſt erwählet worden ſein ſoll, das iſt wol eine ungegründete Mähre.

Erzb. Limar. Sie iſt gegründet, geſtrenger Herr! Hildebrand iſt und bleibt —

König

König Heinrich. Ist und bleibt? Wer mag das sagen — wer das behaupten? Seit wenn ist's denn Sitte und Rechtens geworden, daß die Päpste ohne Mitwürkung des römischen Königs oder Kaisers erwählet werden können?

Erzb. Limar. Diese wichtige Frage müßt ihr euch von den Kardinälen beantworten lassen. Ich sag' euch nur, was geschehen ist, warn' euch zugleich vor den Gleisnereien der römischen Legaten, welche die Kaiserin geleiten.

König Heinrich. Fürwahr! ich kann eurer Sage keinen Glauben beimessen — ich kann eure Warnung nicht für so wichtig halten, als sie euch zu sein scheint.

Erzb. Limar. Ich treibe nicht gern unnüzes Geschwäz; ich behaupte nie Etwas, wovon ich nicht vollkommen überzeugt bin.

König Heinrich. Verzeihung, wenn ich euch mit meiner Zweifelsucht wehe gethan habe! Es gehört doch schon ein hoher Grad von Dreustigkeit und Vermessenheit dazu,

dazu, solche kühne Eingriffe in die Rechte und Würden des Königs zu wagen —

Erzb. Limar. Wenn ich nun aber sag' und betheure, daß Hildebrand und seine Kardinäle solche Eingriffe wahrhaftig gewagt haben?

Bischof Benno. Das wäre ein tolles Beginnen und sollte aufs strengste geahndet werden!

Gr. Eberhard. So ihr ihnen diesen vermeßnen Schritt ungeahndet hingehen lasset, so begebt ihr euch stillschweigend alles königlichen Ansehens und aller oberrichterlichen Gewalt über den Papst —

Bischof Eppo. Uiberhaupt ist Hildebrand ein ehrsüchtiger und ränkevoller Mann, von dem ihr euch wenig Gutes versprechen dürftet.

Bischof Benno. Ihr müßt izt und ieberzeit darauf sehen, daß ihr einen gnügsamen, verträglichen und euch ganz ergebenen Mann auf den apostolischen Stuhl erhebt. Hildebrand ist begehrlich, streit-

süchtig

ſüchtig und feindſelig gegen euch geſinnt — das hat er als Archidiakon ſchon wiederholt bewieſen, hat ſich's ſogar nicht undeutlich vermerken laſſen, daß, wenn er einmal Papſt werden ſollte, das königliche Anſehen der Päpſtlichen Machtvollkommenheit untergeordnet werden müßte.

König Heinrich. Das wird ſich wol finden, Freunde! Auf den Abend wollen wir weiter darüber rathſchlagen. Izt laßt uns der Kaiſerin entgegen eilen!

Magdeburg.
Saal im Erzbischöflichen Pallaste.

Herzog Otto, Markgraf Debo, Graf Herrmann, Pfalzgraf Friedrich, Graf Dietrich, Graf Adelbert, Graf Konrad, Erzbischof Wezel, Bischof Bucco, Bischof Hezilo, Bischof Werner.

Herzog Otto.

Unsere Forderungen sind billig, unsre Fehde ist gerecht! Wir empören uns nicht wider den König und das Vaterland, sondern streiten für die Freiheiten und Gerechtsame unsers Vaterlandes und halten den nicht für unsern rechtmäsigen König, der wie ein wilder Heide lebt und wie ein Strasenräuber handelt. Wer mir meine Freiheit zu rauben, mich zu seinem elenden Knecht zu machen trachtet, den halt' ich für grausamer und schandbübischer, als den, der mir nach dem Leben trachtet — an solch

Sechste Periode.

solch einen Mann bindet mich kein Eid und keine Pflicht mehr — ich erklär' ihn für einen Räuber und handle mit ihm nach seinen Thaten. Es mag also kein rechtlicher Mann sagen und behaupten: Herzog Otto stiftet Meutereien wider den König und handelt verrätherisch an seinem Vaterlande! Oder ist Einer unter euch, dessen Gewissen den freimüthigen Schritt, den wir izt wagen wollen, nicht billiget: so steh' es ihm frei zurükzutreten und das Pannier der Freiheit zu verlassen — wir wollen ihn darum nicht anfeinden, wenn er sich sonst nur ruhig zu verhalten und zu unsers gemeinschaftlichen Feindes Parthei nicht überzugehen gelobet!

Bischof Bucco. Das kann kein wahrer biedrer Sachse!

Mkgr. Dedo. Das kann kein braver Teutscher!

Gr. Herrmann. Spott und Hohn, Schand' und Verachtung über den, der aus Feigherzigkeit zurüktritt!

Erzb.

Erzb. Wezel. Wohl gesagt: aus Feigherzigkeit! denn aus Gewissenhaftigkeit kann's Keiner. Einem Meineidigen ist kein Mensch Treu' und Glauben zu halten verbunden!

Bischof Werner. Einem Freiheitsmörder muß ieder freie Mann absagen!

Bischof Hezilo. Einem Kirchenräuber und Jungfrauenschänder zu strafen gereicht zur Ehre Gottes!

Erzb. Wezel. Das Maas seiner Sünden ist voll — wir hegen Gottesgericht, wenn wir ihn zur Rechenschaft fodern. Es wird Keiner unter uns sein, dem nicht auf irgend eine Art unrecht und wehe von ihm geschehen wäre.—

Gr. Herrmann. Mir hat er die schöne Stadt Lüneburg, mein rechtmäsiges Erbguth, weggenommen —

Pfalzgr. Friedrich. Mich um mein größtes Lehen in der Abtei Hirschfeld gebracht —

Mkgr.

Sechste Periode. 413

Mkgr. Dedo. Mir die gesammten Erbgüther meiner Gemahlin vorenthalten und in Königliche Kammergüther verwandelt —

Bischof Bucco. An mir ist er zum Kirchenräuber geworden, hat das ganze von dem edlen Budo besessene, der halberstädtischen Kirche vermachte Gebiet mit allen Dörfern, Meiercien und Einkünften unter nichtigem Vorwand sich zugeeignet —

Erzb. Wezel. Magdeburg ist zweimal von ihm ausgeplündert und mit Feuer und Schwert verwüstet worden —

Gr. Dietrich. Alle meine in der Nähe von Assenberg herumliegenden Güther sind von seinen Burgleuten verheeret worden —

Gr. Adelbert. An allen Thüringern hat er sich in dem Zehenden-Streite mit dem Mainzer Erzbischof schwer versündiget —

Herz. Otto. Und an mir am schwersten, edle Herren! Mir hat er Baiern abgesprochen — um meinetwillen hält er meinen Freund Magnus seit Jahres-Frist schon

schon in harter schimpflicher Gefangenschaft. Darum hab' ich ihm Rache geschworen und halte meinen Schwur, wenn mich auch Alles verlassen sollte!

Fürsten und Grafen. Wir verlassen euch nicht!

Herz. Otto. So schwört zu Gott dem Allmächtigen einen theuern Eid, daß ihr den Räuber unsrer Freiheiten und Gerechtsame, unsrer Haab' und Güther, unsrer Ehr' und unsers guten Leumunds, den von iedem rechtlichen Mann verabscheuten Heinrich mit schwerer Rache verfolgen und nicht eher ruhen und rasten, das Schwert nicht eher wieder in die Scheide stekken, seinem Würgen nicht eher Einhalt gebieten wollet, bis er sich gedemüthiget, der Kron' entsagt und alle seine Verbrechen redlich abgebüßet hat! — Schwört!

Fürsten und Grafen. Wir schwören!

Herz. Otto. Und ihr ehrwürdige Herren —

Erzb.

Sechste Periode.

Erzb. Wezel. Wir treten euerm Bündniß bei und versichern bei unserm heiligen Gelübde, daß wir euch in dieser gerechten Fehde wider den gottlosen Heinrich kräftiglich beistehen wollen nach unserm besten Vermögen.

Herz. Otto. So komme denn Tod und Verderben über ihn! — Morgen brechen wir auf, Freunde! und überfallen ihn zu Goslar. Vielleicht endscheidet ein einziger Streich, wenn er nicht darauf vorbereitet ist — .

Bischof Bucco. Ich wollt' aber doch rathen, daß wir ihn noch einmal gütlich mahnen liessen, uns Genugthuung zu schaffen in allen beschwerlichen Dingen, damit die übrigen Fürsten Teutschlands unser gewaltsames Beginnen nicht für einen verrätherischen Streich ausdeuten können.

Gr. Konrad. Ihr habt wol recht, Herr Bischof! es wirft ein schiefes Licht auf unser gerechtes Unternehmen, wenn wir's sogleich mit Gewaltthaten anfangen.

Graf

Gr. Herrmann. Vielleicht läßt sich der König auch noch zu andern Gesinnungen bewegen, wenn er sieht, daß wir's ernstlich mit ihm meinen.

Herz. Otto. Um des guten Geruchs unter den Fremdlingen willen können wir ihm noch einmal Weirauch streuen — er wird aber die bösen Geister nicht von ihm austreiben!

―――

Goslar.

Goslar.
Zimmer im königlichen Pallaste.

König Heinrich, Erzbischof Hanno.

König Heinrich.

Von den Bewegungen in Sachsen habt ihr wol keine Kunde gehabt?

Erzb. Hanno. Und wenn ich nun frühere und bessere Kunde davon gehabt hätte, als ihr?

König Heinrich. Treflich! — ihr seid ein treflicher Rath — das Wohl des Reichs und eures Königs mag euch sehr nah' am Herzen liegen —

Erzb. Hanno. Gewis näher, als euch selbst.

König Heinrich. Das seh' ich an den Masregeln, die ihr zur Dämpfung der Meutereien in Sachsen genommen habt.

Erzb. Hanno. Was frommt es denn und wer dankt es Einem denn, wenn man euch auch noch so eifrig dient — wenn man auch noch so wachsam und thätig für euch ist? Ihr seid euch ia in Allem selbst klug genug, ihr bedürft ia gar keines Raths, gar keiner Zurechtweisung; ihr zeigt ia bei ieder Vorstellung, die man euch für oder wider eine Sache macht, die unausstehlichste Empfindlichkeit. Alles, was ihr beschließt, darüber habt ihr vorher ganz allein gebrütet — Alles, was ihr thut, das thut ihr eigenmächtig. Limarn, einem iungen, unerfahrnen und dabei lokkern Menschen, habt ihr das wichtige Erzbischofthum Bremen gegeben, mit dem König der Dänen habt ihr ein Bündnis zu Truz und Schuz geschlossen, an den neu erwählten Papst habt ihr eine Gesandschaft abgeschikt, die ihm Red' und Antwort abfodern soll: warum er sich ohne euer Vorwissen und ohne eure Genehmigung zum Papst aufgeworfen habe? — und das Alles ist hinter meinem Rükken geschehen und ich erfahr' es gemeiniglich erst durch den dritten und

vier⸗

Sechste Periode.

vierten Mann und allemal viel zu spät, um das wieder gut zu machen, was ihr durch eure Unvorsichtigkeit schlimm gemacht habt. Und dennoch sagt ihr: es ist Alles wohl gethan! Fasse ich hingegen einen Entschluß, unternehm' ich Etwas auf meine Hand —

König Heinrich. Ich dächt', ihr hättet meine Geduld ziemlich lange geübt! Gefällt's euch nicht, in das Gleis der Bescheidenheit wieder einzulenken?

Erzb. Hanno. Sehr gebieterisch — fürwahr! sehr gebieterisch, iunger Mann!

König Heinrich. Mann und König und kein Knabe mehr, wie eure Sprache zu verrathen scheint. Mich verdroß euer herrisches Betragen als Kind schon, wie ihr euch wol noch erinnern werdet; izt werd' ich's um so weniger dulden. Ich will izt selbst handeln, als Mann — selbst herrschen, als König; und wenn ich mir selbst nicht zu rathen weis, wenn ich in wichtigen Dingen meiner Wissenschaft und Erfahrung nicht genug vertraue —

Erzb.

Erzb. Hanno. Dann bin ich euch also erst gut genug? — Schaft euch eine Puppe, lieber Herr! mit so einem Dinge könnet ihr spielen, wenn's euch einfällt; aber mit dem alten Hanno nicht! Wir denken überhaupt Viel zu verschieden, wir handeln Beide nach ganz entgegen gesezten Vorstellungen und Grundsäzen —

König Heinrich. Habt ihr ie in meine Sele geredet, so waren es diese wenigen Worte; ihr nahmt mir sie von der Lippe weg. Und gefällt's euch nicht länger —

Erzb. Hanno. Aufrichtig, wie ihr mich von ieher gekannt habt — es gefällt mir nicht länger bei euch; ihr macht mir noch zu viel verkehrte Streiche, die man einem Knaben wol verzeihen ...

König Heinrich. Hanno! — Doch ich vergesse, daß ich zu meinem alten Zuchtmeister rede!

Erzb. Hanno. Wir sind uns einander lästig —

König

Sechste Periode.

König Heinrich. Es scheint in der That so! dem ist aber gar leicht abzuhelfen —

Erzb. Hanno. Wenn ihr mich meines Dienstes entlassen, mich in Frieden in meine Heimath zurükkehren lassen wollet —

König Heinrich. Ihr seid eures Dienstes in Gnaden entlassen — ziehet hin in Frieden; sicher Geleit soll euch werden.

Erzb. Hanno. Ich wünsch' euch einen gefälligern Mann an meine Stelle.

König Heinrich. Sie bleibt unbesezt, lieber Herr! der König wird von nun an das Regiment selbst führen.

Erzb. Hanno. Da werden wir glükliche Zeiten erleben!

Burg Rheinfelden.
Zimmer.

Herzog Rudolf, Herzog Berthold.

Herzog Berthold.
Sprechen wir uns auf dem Sammelplaze zu Hirschfeld?

Herz. Rudolf. Das kann ich euch izt noch nicht bestimmt sagen.

Herz. Berthold. Werdet ihr dem König die Heeresfolge wider die Pohlen nicht leisten?

Herz. Rudolf. Werdet ihr sie ihm leisten?

Herz. Berthold. Das hätt' ich lieber von euch zuerst gehört. Ihr steht in näherer Verbindung mit dem König, als ich; es sind grose Mishelligkeiten zwischen euch entstanden — sie sind beigelegt; ihr seid

durch

Sechste Periode.

durch Vermittlung der Kaiserinn wieder ausgesöhnet worden —

Herz. Rudolf. Und ihr war't vor nicht gar langer Zeit gegen den König noch ziemlich unhold gesinnet, weil er euch das Herzogthum Kärnthen auf euern Sohn nicht erblich verleihen wollte?

Herz. Berthold. Und dennoch kann ich ihm nicht gram sein; er hat mir ienes Unrecht königlich vergütet.

Herz. Rudolf. Heinrich ist ein ganz eigner Mann! Und wenn man auch vollgültige Ursach hat, ihn zu hassen: so versteht er sich meisterhaft darauf, diesen Haß gar schnell wieder in Liebe zu verwandeln.

Herz. Berthold. So sind wir im gleichen Falle mit ihm. Wir waren Beide wider ihn erbittert und haben uns Beide mit ihm wieder ausgesöhnt. Ihr habt mir aber auf meine erste Frage noch nicht bestimmte Antwort gegeben —

Herz. Rudolf. Weil ich in dieser Sache selbst noch nicht bestimmt bin. Wüßt' ich, daß das Aufgebot zur Heeresfolge würklich in der Absicht, die aufrührischen Pohlen zu züchtigen, ergangen wäre: so bedächt' ich mich keinen Augenblik und gestellte straks an tausend wohlgerüstete Mannen; aber ich fürchte, daß es mit dieser Heeresfolge eigentlich auf die Sachsen gemeint ist —

Herz. Berthold. Daran ist wol nicht mehr zu zweifeln —

Herz. Rudolf. Und dennoch seid ihr entschlossen, euch zur Parthei des Königs zu schlagen?

Herz. Berthold. Wenn ich mich einmal erklären muß, so erklär' ich mich wider die Sachsen. Ihr Beginnen ist unverantwortlich —

Herz. Rudolf. Heinrich hat sich doch Mancherlei gegen die Sachsen zu Schulden kommen lassen!

Herz. Berthold. Es ist noch die Frage: ob sie sich's nicht selbst zuzuschreiben haben, daß sie der König mit solcher Strenge behandelt hat? Von seiner zartesten Kindheit

Sechste Periode.

heit an waren sie ihm auffäzig, trachteten ihm sogar nach dem Leben — das mußt' in ihm wol böses Blut wider sie ansezen. Die Sächsischen Rittersmannen leben gern vom Stegreif, lassen nicht leicht eine Gelegenheit zum Plündern und Rauben vorbeigehen — das wollt' ihnen der König wehren und erbauete Burgen und Schlösser und versah sie mit starken Besazungen zum Schuz der Wehrlosen und Reisenden; darüber ergrimmten sie sehr und wähnten in ihren Freiheiten und Gerechtsamen von ihm gekränkt und beeinträchtiget worden zu sein. Die Sächsischen Fürsten und Herren suchten sich der Königlichen Oberherrschaft auf alle Weise zu entziehen und sich ganz frei und unabhängig zu machen; es konnt' ihnen aber nicht gelingen, weil sich der König immer unter ihnen aufhielt, immer ein wachsames Aug' auf sie hatte — das reimte sich nicht zu ihrem Vorhaben und sie wollten ihn zwingen, sein Hoflager ganz außerhalb Sachsen zu verlegen. Nun kommt Herzog Otto —

Herz. Rudolf. Der goß Oel ins Feuer; und nun lodert die Flamme des Kriegs wild auf und wird schwer zu löschen sein!

Herz. Berthold. Wollte Gott! sie könnte gelöscht werden —

Herz. Rudolf. Wenn gute Wün=
sche —

Herz. Berthold. Mit guten Wünschen allein ist Nichts gethan, Freund! wir müſ=
sen dem König mit Rath und That beiſte=
hen —

Herz. Rudolf. Ein seltner Fall, daß er guten Rath annimmt!

Herz. Berthold. Izt wird er ihm wol willkommen sein, wenn wir ihn vollends mit der That verbinden.

Herz. Rudolf. Es hat doch izt noch keine Gefahr!

Herz. Berthold. Keine Gefahr, wenn alle Sächsische Fürsten, Grafen und Her=
zen sich wider ihn empören?

Herz. Rudolf. Das ist eitel Blendwerk, Freund! sie wollen ihn nur schrekken —

Herz.

Sechste Periode.

Herz. Berthold. Ich danke für solch Blendwerk von sechzigtausend Lanzen und Schwertern mir vorgespiegelt.

Herz. Rudolf. Sechzigtausend Lanzen und Schwerter? — fürwahr! ein furchtbares Heer — der König wird sich fügen müssen!

Herz. Berthold. Wir stimmen Heute nicht zusammen, Herr Herzog! das vermerk' ich gar wohl; — sprechen uns auch nicht zu Hirschfeld?

Herz. Rudolf. Das könnte denn doch wol geschehen! — Kommt Zeit, kommt Rath.

Herz. Berthold. Gott befohlen, Herr Herzog! ich glaube, daß Heinrich eben itzt nach Rath und Hülfe ausschauet — darum will ich doch eilen!

Goslar.

Goslar.
Zimmer im königlichen Pallaste.

König Heinrich, Erzbischof Limar, Bischof Eppo, Graf Eberhard; hernach Graf Bernhard und Ulrich von Cosheim.

Erzbischof Limar.
Er weis sich doch in die Umstände zu fügen. Ich hätte geglaubt, daß er sich ungebehrdiger anstellen würde.

Bischof Eppo. Hildebrand ist ein Schalk!

Gr. Eberhard. Freilich mögen ihm seine bescheidenen, beinahe demüthigen Aeusserungen nicht von Herzen gegangen sein; er bekannte sich sonach aber doch von Königlicher Maiestät abhängig —

König Heinrich. Und doch nur stillschweigend!

Graf

Sechste Periode.

Gr. Eberhard. Verzeihung, gestrenger Herr! so laut, als man sich nur zu irgend Etwas bekennen kann. Denn er versicherte und bekräftigte diese Versicherung durch glaubhafte Zeugen, daß er sich lange geweigert habe, die Päpstliche Würde anzunehmen, weil die Wahl ohne Vorwissen und Zuziehung Königlicher Maiestät geschehen sei; und betheuerte zugleich, daß er sich ohne eure Genehmigung nicht würde weihen lassen und daß er sich des Papstthums lieber wieder begeben, als mit Widerspruch des obersten Schirmherrn der Kirche sich auf dem apostolischen Stuhle zu behaupten trachten wolle —

Bischof Eppo. Wird er sich doch des Papstthums wieder begeben, der Gleisner! traut Hildebrands schalkischen Reden nicht, lieber Herr! — laßt euch von diesem gefährlichen Schmeichler nicht bethören, wie es mit unserm biedern Grafen Eberhard geschehen sein mag.

König Heinrich. Was läßt sich aber weiter dabei thun? wie soll ich ihm Königliche

liche Bestätigung versagen, nachdem er so ziemlich darum gebeten hat?

Erzb. Limar. Es steht' wol noch immer in eurer Macht, die Wahl der Kardinäle für ungültig zu erklären. Wollet ihr aber einen Mittelweg einschlagen, wollet ihr Hildebrands mächtige Parthei nicht ganz wider euch aufbringen: so wahret euch wenigstens für künftige Zeiten gegen alle ähnliche Beeinträchtigungen königlicher Hoheit und Gewalt und gewähret ihm izt die königliche Bestätigung nur unter den vortheilhaftesten Bedingungen für euch —

Bischof Eppo. So sei wenigstens die erste eurer Bedingungen, daß er sich anheischig mache, euch, sobald ihr es begehret, die Kaiserkrone auf's Haupt zu sezen.

Gr. Eberhard. Wozu er sich gewis nicht abgeneigt wird finden lassen —

Gr. Bernhard. (kommt und ruft Graf Eberharden zu.) Bruder! Bruder! dein Sohn —

Graf

Sechste Periode.

Gr. Eberhard. Bruder! dein Zuruf ist schreklich —

Gr. Bernhard. Rettet ihn nicht der König, so ist der Tod von Henkershand binnen wenigen Tagen sein Loos!

König Heinrich. Mann des Verderbens! woher deine entsezliche Botschaft?

Gr. Bernhard. Graf Herrmann hat Lüneburg mit Sturm eingenommen —

Gr. Eberhard. Und mein Sohn?

Gr. Bernhard. Ist samt sechzig guten Rittersleuten in seine Hände gefallen und erwartet nun von Königlicher Maiestät Leben und Freiheit, oder den schändlichsten Tod.

Gr. Eberhard. O mein König —

König Heinrich. Welchen Preis sezt Herrmann auf Eberhards Freilassung?

Gr. Bernhard. Daß ihr Herzog Magnus seiner schimpflichen Gefangenschaft straks entlassen und Alles ihm wieder zurükgeben sollet, was ihr ihm entrissen habt.

Widri-

Widrigenfals wird Eberhard samt allen seinen Mitgefangenen sonder Gnad' und Barmherzigkeit dem Henker überantwortet.

König Heinrich. Bei Gott! ein hoher, schwer zu bewilligender Preis — eine kekle Foderung von Herrmann —

Gr. Eberhard. Aber das Leben meines Sohnes, das Leben so vieler wakkern Männer, die euch mit Guth und Blut zugethan sind, steht auf dem Spiele —

König Heinrich. Ich weis, welchen Dank ich euch für eure treuen Dienste schuldig bin. Ihr könnet mit vollem Recht von mir fodern, daß ich Alles, was in meinem Vermögen steht, zur Rettung euers braven Sohnes, zur Rettung so vieler wakkern Männer bewilligen soll. Es sei auch hiermit bewilliget und Herzog Magnus sei seiner Haft entlassen und in seine väterlichen Erbgüther wieder eingesezt. Aber ihr könnet glauben, daß ich mit diesen Entschluß der Freundschaft ein großes Opfer bringe!

Graf

Sechste Periode.

Gr. Eberhard. Ich erkenne den hohen Werth dieses Opfers — ihr vernichtet ...

Ulrich v. Cosheim. (kommt.) Die Sächsischen Fürsten, Grafen und Herren haben Boten gesendet, welche mit Königlicher Maiestät zu sprechen begehren.

Erzb. Limar. Sie werden ihre alten Klagen und Beschwerden wieder vorbringen —

Gr. Eberhard. Werden sich vielleicht eure Gegenwart wieder einmal höflichst verbitten wollen!

Bischof Eppo. Sehet euch wohl vor, gestrenger Herr! Es wird euch nun wol klar werden, daß es mit der Verschwörung der Sachsen gar guten Grund hat und daß ihr des Beistandes der Dänen gar sehr bedürfen werdet.

König Heinrich. Wir wollen doch erst hören, was sie uns vorzubringen haben —

Ulrich v. Cosheim. Trozige Fragen und kekke Foderungen — wenn mich ihr Außsehen nicht trügt.

König Heinrich. Wie ihre Fragen und Foderungen, so Antwort und Bescheid. — Laßt sie in den Fürstensaal führen und die gegenwärtigen Fürsten, Grafen und Herren, samt allem Hofgesinde zur Anhörung ihrer Botschaft zusammen berufen.

Sechste Periode.

Fürstensaal.

Bischof Bucco, Bischof Werner, Pfalzgraf Friedrich; hernach König Heinrich, Erzbischof Limar, Graf Eberhard mit Gefolge von Bischöffen, Fürsten, Grafen, Herren und Hofgesinde, zulezt Herzog Berthold.

Bischof Bucco.

Was gilt's, der König läßt es diesmal nicht auf's Aeußerste ankommen?

Pfalzgr. Friedrich. Ihr meint, weil er sich Graf Herrmanns Begehren so willig gefügt hat —

Bischof Werner. Willig wol nicht, Freunde! sondern nur nothgedrungen. Heinrich kennt den alten Trozer und weis, daß er kein Wort in den Wind redet. Daß aber dieser Streich auf seine Sinnesänderung Einfluß haben sollte, das hoff' ich nicht —

Pfalzgr. Friedrich. Ich fürchte vielmehr, daß er ihn noch erbitterter gegen uns gemacht hat.

Bischof Bucco. Ist's also, frommt keine bittliche Vorstellung, kein drohender Ernst: so beginnet die Fehde und das Schwert mag endscheiden!

Bischof Werner. Er kommt! (*König Heinrich, Erzbischof Limar, Graf Eberhard kommen mit Gefolge von Bischöffen, Fürsten, Grafen, Herren und Hofgesinde.*)

König Heinrich. Willkommen, edle Herren! Was ist euer Begehren?

Bischof Bucco. Gott segne den König! — Wir bitten, daß ihr uns mit Huld aufnehmen und unsern Vorstellungen geneigtes Gehör vergönnen wollet.

König Heinrich. Jeder gerechten und bescheidenen Vorstellung steht das Herz des Königs offen — redet!

Bischof Bucco. Königliche Maiestät verzeihe, wenn wir unsere alten Klagen und Beschwerden —

König

Sechste Periode.

König Heinrich. Dacht' ich's doch, daß ihr mir wenig Neues würdet zu sagen haben!

Bischof Bucco. Mehr vielleicht, als euch in der Folge lieb sein möchte! Sind auch unsere Klagen und Beschwerden, leider! nicht neu, haben wir sie auch oft genug schon und ohne allen Erfolg vor den Thron gebracht: so sind doch unsere Entschliessungen gewis neu, vest und unerschütterlich.

König Heinrich. Ihr seid nun einmal mit Vorurtheilen gegen euern nur allzu nachsichtsvollen König befangen, seid in keiner Sache und auf keinerlei Weise zufrieden zu stellen —

Bischof Bucco. So ihr das ernstlich behauptet, so thut ihr dem treuen Volke der Sachsen großes Unrecht an. Denn kein Volk kann sich williger finden lassen, den Geboten des Königs genauere straklichere Folge zu leisten...

König Heinrich. Zur Sache, wenn ich bitten darf!

Bischof Bucco. Die Sächsischen Fürsten, Grafen und Herren haben über die mancherlei von königlicher Maleſtät erlittenen Bedrükkungen gerathſchlagt und einmüthiglich beſchloſſen, ſich derſelben auf irgend eine Art baldigſt und vollkommen zu entledigen. Wir ſollen euch daher im Namen des ganzen edlen Sachſenvolks bittlich und ernſtlich angehen, all' eure zur Beſchränkung unſrer Freiheit auf allen Bergen und Höhen erbaueten Schlöſſer und Veſten niederzureiſſen — ener Hoflager fürder nicht Jahr aus Jahr ein in Sachſen zu halten, ſondern wie es Herkommens und alter löblicher Sitte iſt im Reich umherzuziehen und nach dem Beiſpiel eurer großen Vorfahren überall zu Gericht zu ſizen — die edlen und verſtändigen Männer Sächſiſchen Urſprungs nicht ganz von allen Hofämtern und Würden auszuſchließen, ſondern ihnen ſo gut, als den Fränkiſchen Edlen, Einfluß in die Verwaltung der Reichsgeſchäfte zu geſtatten — euern ausſchweifenden ärgerlichen Lebenswandel zu ändern und von nun an zu denken und zu handeln, wie

wie es dem König eines edlen, freien und
christlichen Volks ziemt und gebührt —
und endlich auch den Erzbischof zu Mainz
in seinen ungerechten Foderungen an die
Thüringer, unsere biedern Bundesgenos=
sen, weiter nicht zu unterstüzen, sondern
vielmehr die verhaßte Zehenden=Streitig=
keit gerechter und billiger, als es in der
leztern Sinode zu Mainz geschehen ist, zu
endscheiden. So ihr nun gelobet, diese
fürwahr! nicht ungebührlichen Foderungen
pünktlich und sonder Gefährde zu erfüllen;
so wollen wir euch fernerhin als unsern
König ehren und gehorchen in allen rechtli=
chen Dingen; so ihr aber mit zweideutiger
Antwort hierauf uns abfertigen, wol auch
im mindesten nicht geneigt sein solltet, un=
sern Beschwerden abzuhelfen und uns klag=
los zu stellen: so wollen wir euch absagen,
euch fürder nicht mehr für unsern und des
Reichs rechtmäsigen König erkennen, und
unsere Freiheiten und Gerechtsame, als
freigebohrne Sachsen, mit all der Macht
und Gewalt, die Gott uns gegeben hat,
vertheidigen und behaupten gegen männig=

Ee 4 lich;

lich! — Wir sind eures gnädigen und ernstlichen Entschlusses hierauf mit Ehrfurcht gewärtig.

König Heinrich. Ich will das Ungebührliche eurer Reden und Foderungen nicht rügen. Ziehet in Frieden wieder eure Strase und vermeldet denen, die euch gesendet haben, daß ihnen der König ihre Kekheit vergebe, ihre Drohungen verachte!

Bischof Bucco. König und Herr! ich wünschte nicht, daß ihr das ernstlich meinetet —

Pfalzgr. Friedrich. Traun! ein schnöder beschimpfender Bescheid!

König Heinrich. Lange nicht so schnöd' und so beschimpfend, als eure Reden und Foderungen. Aber wie ich gesagt habe: ich will's nicht rügen! Es ist euch vorlängst schon auf diese allgemeinen völlig ungegründeten Beschwerden gnügliche Antwort ertheilet worden; darum bitt' und mahn' ich euch, daß ihr mich fürder nicht damit behelligen wollet. So ihr aber in

recht=

Sechste Periode.

rechtlichen Dingen meines Beistandes bedürft und begehret: so soll er euch gewiß nicht versaget werden und es soll euch dann hell einleuchten, daß ihr an mir einen guten, gerechten und tapfern König habt. Mit dieser Versicherung seid ihr in Gnaden entlassen —

Bischof Bucco. Also keine Antwort auf unsre Foderungen?

Pfalzgr. Friedrich. Keine Genugthuung für alle das Unrecht, das wir von euch schon haben erleiden müssen?

König Heinrich. Trozige Männer! ist's euch noch nicht genug, wenn ich euch verzeihe? Wollt ihr meinen schlafeyden Zorn noch aufwekken? meinen alten Groll wieder in Gährung bringen? Oder wähnt ihr, daß ich vor euern Drohungen erzittern, vor euerm verrätherischen Bündnis in Furcht und Schrekken gerathen soll?

Bischof Bucco. Wir haben kein verrätherisches Bündnis gemacht, gestrenger Herr! aber vereiniget haben wir uns zur

Behauptung unsrer Freiheit mit Guth und Blut, mit Leib und Leben. Und erzittert ihr auch nicht vor unsern Worten; so sollet ihr wol erzittern, wenn sechzigtausend Schwerter in den Händen freier Männer euch entgegenblizen werden! — Gott befohlen! (ab mit **Bischof Werner** und **Pfalzgraf Friedrich**.)

König Heinrich. Ha der Lästerung! sie soll euch nicht ungerochen...

Bischof Eppo. Laßt sie izt in Frieden von dannen ziehen — ihr habt ihnen sicher Geleit verheißen.

Erzb. Limar. Nun mögt ihr aber straks daran sein, eure Schaaren zu sammeln und die aufgebotene Heeresfolge beschleunigen zu lassen; denn diesmal zwingt das Königliche Ansehen allein die Empörer nicht in die Schranken des schuldigen Gehorsams zurük. Sie haben sich stark gerüstet — sie sind vielleicht schon im Anzuge wider euch — —

Graf

Sechste Periode. 443

Gr. Eberhard. Gegen den ersten Anlauf sind wir wol gedekt; immittelst sammeln sich eure Getreuen bei Hirschfeld und eilen euch zu Hülfe.

König Heinrich. Und die anwesenden Fürsten, Grafen und Herren werden ihrem König beistehen mit ihrer ganzen Macht und es gewis nicht dulden, daß die Verräther ihren abscheulichen Entwurf ausführen.

Fürsten, Grafen und Herren. Wir stehen euch bei!

Wir weichen nicht von eurer Seite, wenn auch Hundert-Tausende wider euch wären!

Wir streiten für euch, müßten wir auch all unser Haab' und Guth, Leib und Leben dabei aufopfern!

Heil und Sieg unserm König — Schmach und Verderben seinen Feinden!

Herz. Berthold. (tritt ein.) Das gebe Gott, edle Herren! — Doch hat es izt nicht das Ansehn darnach; die Sachsen rükken ten bei Tausenden heran — ihr seid hier nicht mehr sicher, gestrenger Herr!

Erzb. Limar. Da habt ihr die Verrätherei im vollen Ausbruch! Hättet ihr euch eher rathen lassen — hättet ihr die Heeresfolge früher aufgeboten —

Gr. Eberhard. Wir können den Empörern an sechstausend streitbare Mannen entgegen stellen; zur Nothwehr und zum Schuz des Königs sind ihrer genug.

Herz. Berthold. Sechstausend gegen sechzigtausend — wie mögt ihr euch nur einen Tag lang gegen diese Uibermacht halten?

König Heinrich. Sollten die Sachsen in Wahrheit so stark sein?

Herz. Berthold. Sie sind's, gestrenger Herr! und ich rath' euch, in Zeiten auf eure Sicherheit zu denken.

König Heinrich. Gott wird meinen Arm stärken, diese Verrätherei nachdrük-
lich

Sechste Periode.

lich ahnden zu können. Es ist nicht Furcht und Feigheit, edle Herren! dieser rasenden Rotte auf eine kleine Weile zu weichen; inmittelst gewinnen wir Zeit, unsere Heeresmacht zu verstärken — und dann ziehen wir aus zur Züchtigung und zur Rache!

Zim-

Zimmer der Königin.

Königin Bertha, Graf Thimo, Gräfin Ida; hernach König Heinrich.

Graf Thimo. (zur Gräfin Ida.) Daran ist kein Zweifel, Liebe! daß der Herzog, dein Vater, das Feuer der Zwietracht und Empörung angeschürt hat —

Königin Bertha. Das muß euch sehr wehe thun, gute Ida!

Gr. Ida. O meine Königin! ich bin in einer gar traurigen Verfassung. Ich kann die kekken Schritte meines Vaters wider den König nicht billigen; ich kann ihn aber auch nicht verdammen.

Gr. Thimo. Der König ist gerecht und läßt den Kindern ihres Vaters Missethat nicht entgelten.

Gr. Ida. Aber wenn dir der König nun geböte, dein Schwert wider meinen Vater zu ziehen?

Graf

Gr. Thimo. Der König ist hold und edelherzig und wird mir solch eine schwere Prüfung nicht auflegen.

Königin Bertha. Ihr seid Einer von den Wenigen, welche das Herz meines Heinrichs nicht verkennen. Er wird euch solch einer schweren Versuchung nicht aussezen; (die Bande der Natur sind ihm heilig —

Gr. Ida. Er kommt! — Zorn und Grimm funkeln ihm aus den Augen.

König Heinrich. (eintretend.) Wir sind verrathen, Bertha! der wilde aufrührische Otto —

Gr. Ida. Gnade — Gnade für meinen Vater!

König Heinrich. Tod und Verderben über den Undankbaren, wenn Gottes Allmacht ihn mir wieder in meine Gewalt giebt!

Königin Bertha. Guter Heinrich! vergieb ihm —

König

König Heinrich. Weis es Bertha, daß sie Vergebung für den Mörder ihres Gemahls erfleht?

Königin Bertha. O nein! nein! der biederherzige Otto wird sich von der Ehrsucht nicht so sehr verblenden, nicht zu solch einer Schandthat verleiten lassen.

König Heinrich. Und ist doch der Urheber dieser Meuterei, rükt izt mit sechzigtausend Männen vor Goslar und zwingt uns zur Flucht und zur Trennung?

Königin Bertha. Zur Trennung? — schon wieder zur Trennung?

König Heinrich. Ich stürze mich izt in Fährlichkeiten, wohin meine Bertha mir nicht folgen kann. Wir sind hier nicht sicher, Liebe! denn, ehe der morgende Tag anbricht, wird das Heer der Verschwornen sich vor Goslar lagern. Darum will ich diese Nacht noch aufbrechen und nach Harzburg eilen —

Königin Bertha. Kann ich meinem Heinrich dahin nicht folgen? Es ist ja eine

veste

feste Burg, in welcher ich mich sonder Gefährde bergen mag.

König Heinrich. Wo ich hauße, gute Bertha! da ist kein Mensch geborgen. Sobald die Verräther meinen Aufenthalt erkundschaften, so folgen sie mir gewis auf dem Fuße nach; ich bin dann gezwungen weiter zu flüchten und meine Bertha wär' in solchem Fall steten Fährlichkeiten ausgesezt. Ich halt' es darum für's beste, daß du dich bis zur Beendigung dieser schändlichen Fehde auf Assenberg begeben wollest, wohin dich Graf Thimo mit dreihundert treflichen Reutern geleiten und schirmen mag.

Königin Bertha. So ungern ich auch von dir scheide, so unterwerf' ich mich doch deinem Gebot' und will mich strafs zur Abreise anschikken.

Feld vor Goslar.
Sächsisches Kriegsheer.

Herzog Otto, Herzog Magnus, Markgraf Dedo, Pfalzgraf Friedrich, Bischof Bucco, Bischof Werner; hernach ein Herold.

Herzog Magnus.
Markgraf Udo von Stade tritt unserm Bündnis bei und wird den Dänen vollauf zu schaffen machen; so haben wir auch von dieser Seite keinen Uiberfall zu besorgen, Heinrich keine Hülfe zu erwarten.

Bischof Werner. Es begiebt sich Alles, wie ich gesagt habe — es vereiniget sich Alles zu unserm Glük und zu Heinrichs Verderben.

Bischof Bucco. Gott ist gerecht! der freche Bube hat seiner lange genug gespottet — izt brechen des Rächers Zorngerichte plözlich über ihn herein.

Bischof

Bischof Werner. Und wir sind die
Auserwählten, deren sich der Ewige zur
Vollstrekkung seiner Gerichte bedienen will.

Herz. Otto. Wohlauf dann zur Rach'
und zum Verderben!

Pfalzgr. Friedrich. Wir müssen des
Herolds Rükkehr doch erst abwarten. Viel=
leicht fügt sich der König noch, wenn er
sieht, daß wir's diesmal gar ernstlich mit
ihm meinen.

Herz. Otto. Das ist eine eitle Hofnung,
Herr Pfalzgraf! Fügen wird sich dieser
starrsinnige Heinrich nimmermehr, aber
fangen wollen wir ihn wol —

Herz. Magnus. Und dann ihm thun,
wie er uns Beiden gethan hat.

Herz. Otto. Entsagung des Regiments
ist die erste Bedingung, die wir ihm vor=
legen, wenn er der Haft entlassen zu wer=
den begehrt.

Bischof Bucco. Und möglichst voll=
kommene Vergütung des Schadens, den er
Jedem unter uns zugefügt hat, die zweite —

Pfalzgr. Friedrich. Und bemüthige Abbitte ... (Trompeten.) Der Herold kehrt zurük!

Bischof Bucco. Er trompetet nicht lustig; es mag also wol mit der Auffoderung zur Uibergabe der Burg eitel Spielwerk gewesen sein —

Bischof Werner. Laßt's auch, liebe Herren! so mag Heinrich nun doch nicht sagen: wir hätten ihn verrätherisch überfallen. (Ein Herold sprengt heran.)

Herz. Otto. Ihr gabt kein lustiges Zeichen.

Herold. Weder lustig, noch unlustig, Herr Herzog! Ich hab' ddem Gemäuer und wüsten Gemächern trompetet; denn die Vögelein, die ihr fangen wolltet, sind allzumal ausgeflogen.

Herz. Otto. Der König —

Herold. Der König und die Königin samt ihrem ganzen Hofgesinde!

Pfalz-

Sechſte Perlode.

Pfalzgr. Friedrich. Abermals ein dikker Querſtrich durch unſre Rechnung.

Herz. Otto. Und ihr wißt nicht: wohin?

Herold. Ein Haufe dahin, der andere dorthin — ſagte der Thurmwächter.

Herz. Otto. Eitel Lug und Trug, edle Herren! der König iſt gewis noch in Goslar verborgen —

Herold. Da irret ihr gar ſehr, wenn ihr das argwöhnt. Wär' er noch in Goslar verborgen, ſo würd' er doch ſeine Leibwache wenigſtens nicht haben davon ziehen laſſen, würde doch dieſe wenigſtens zu ſeiner Bedekkung zurükbehalten haben.

Biſchof Werner. Ein verwünſchter Streich!

Herz. Otto. Und gar keine Spur von dem Wege, den der König genommen hat?

Herold. Nicht die mindeſte, Herr Herzog!

Herz. Otto. Daß du in die Hölle geflüchtet wärſt! — Aber ich will dich wol finden

den — du sollst uns und unsrer Rache nicht entrinnen! — Sendet Eilboten aus in alle vier Windgegenden — dem Ersten, der ihn erkundet, werden zwanzig Pfund löthigen Silbers, ein köstliches Roß und ein Schlachtschwert zu Theil.

Schloß

Schloß Harzburg.
Zimmer.

König Heinrich, Erzbischof Limar, Bischof Eppo, Graf Eberhard; hernach Erzbischof Siegfried; zulezt Herzog Berthold.

Graf Eberhard. (eintretend.) Die Königin läßt euch grüßen, gestrenger Herr!

König Heinrich. Habt Dank, Lieber! Ihr seid ihr also bis Assenberg gefolgt? Sie ist doch glüklich dort angelangt? ist doch wohlauf?

Gr. Eberhard. Sie ist wohlauf, aber in großen Sorgen und Aengsten um euch. Es war wol nothwendig, daß ich sie mit meiner Schaar bis Assenberg geleitete —

König Heinrich. Ihr seid doch nicht in Fährlichkeiten gerathen?

Graf

Gr. Eberhard. In gar große Fähr=
lichkeiten, gestrenger Herr! Das Raub=
gesindel ist izt häufiger und toller, als ie=
mals; wir sind dreimal angefallen worden
und haben manchen blutigen Strauß beste=
hen müssen —

König Heinrich. Arme Bertha! hätt'
ich deinen Bitten doch nachgegeben — du
wärst vielleicht sicherer auf Harzburg, als
auf Affenberg!

Gr. Eberhard. Da denk' ich doch an=
ders; denn ich fürchte, daß ihr selbst auf
Harzburg nicht gar lange mehr sicher sein
werdet. Der Königin Aufenthalt wird
man so leicht nicht auskundschaften; auch
haben wir unsern Weg dahin durch lauter
dikke Waldungen weit abgelegen von der
Heerstraße genommen und sind, wiewol öf=
ters beunruhiget und angefallen von herum=
streifenden Raubgrafen, dennoch unerkannt
daselbst eingeritten. Aber ihr — —

Erzb. Siegfried. (kommt.) Gott sei's
gedankt, daß ich der Wuth eurer Feinde
noch

Sechste Periode.

noch glüklich entgangen und in Sicherheit bin!

Erzb. Limar. Ei seht doch, Lieber! euch hätt' ich hier nimmermehr vermuthet —

König Heinrich. Ich bin selbst höchlich verwundert, euch bei mir zu sehen. Ihr scheint sehr beunruhiget und in großen Aengsten gewesen zu sein.

Erzb. Siegfried. Wüßtet ihr, was ich um euerntwillen für Ungemach ausgestanden habe, so würdet ihr mir euer Beileid gewiß nicht versagen. Man hat Alles Mögliche angewendet, Glimpf und Spott, Verheisungen und Drohungen, List und Gewalt, mich von euch abzuziehen — und da ich vest und unerschütterlich in der Treue gegen euch beharrte; so war ich gezwungen, die Flucht zu ergreifen —

König Heinrich. Wußtet ihr denn, daß ich auf Harzburg hauße?

Erzb.

Erzb. Siegfried. Das ist wol allbekannt, gestrenger Herr! Die feindlichen Schaaren...

Herz. Berthold. (tritt ein.) Mögt ihr so ruhig dasizen, indes die Verschwornen von allen Seiten anrükken, alle Wege verlegen, alle Ausgänge besezen? Schaut doch hinaus —

Erzb. Siegfried. Gott und alle Heiligen! wir sind verloren — wär' ich doch nicht hieher geflüchtet!

König Heinrich. Zaghafter! gereuet es euch etwan, daß ihr nicht zu den Verräthern übergegangen seid, so mögt ihr es noch thun. Hättet ihr nicht der Thüringer Zorn und Rache gefürchtet, traun! ihr hättet euch lieber wider mich, als für mich erklärt. Die Parthei des Stärkern, das Recht sei auf ihrer Seite oder nicht, ist ja sonst allemal die eurige —

Erzb. Siegfried. Danket und lohnet ihr also euern Getreuen, so wird sich ihr

kleines

kleines Häuflein gar bald ganz zerstreuen und ihr werdet verlassen von allen Menschen und preisgegeben der Wuth eurer Feinde vergebens nach Hülfe ausschauen —

König Heinrich. Sparet eure Worte, Herr Erzbischof! wir kennen uns schon und wissen die Freunde in der Noth von unsern Glüksfreunden genau zu sondern.

Erzb. Siegfried. Ihr verkennet mich ganz, gestrenger Herr! Ich möcht' euch wol rathen —

König Heinrich. Ich bedarf eures Raths nicht.

Bischof Eppo. Wir sind rund herum eingeschlossen — sie rükken immer näher heran, ziehen sich immer enger zusammen — Lanz' an Lanze, Helm an Helm — ein unübersehbares Heer!

Gr. Eberhard. Eitel loses luftiges Gesindel!

Herz. Berthold. Das sagt nicht, Herr Graf! es ist wol ein feines stattliches Heer —

Graf

460 Kaiser Heinrich der Vierte.

Gr. Eberhard. Laßt sehen, ob es unsern Kriegern zu widerstehen vermag! Ich wag' einen Ausfall —

König Heinrich. Das wäre wol tollkühn, Lieber! und könnt' uns allesamt in große Fährlichkeit bringen. Laßt uns lieber darauf sinnen, wie wir die Verräther bethören und das Freie gewinnen mögen!

Bischof Eppo. Wären wir nur graden Wegs gen Hirschfeld gezogen, so wären wir wohl geborgen. So harren nun die Rheinischen Fürsten und Herren dort eurer vergebens, sind vielleicht schon wieder auseinander gegangen, weil ihr zur bestimmten Frist nicht eingetroffen seid.

König Heinrich. Wir müssen zu entrinnen suchen, es kost' auch, was es wolle. Wie? wenn wir mit den Verschwornen in Unterhandlung träten? wenn wir ihnen die Strafbarkeit ihres Beginnens recht lebhaft zu Gemüthe führten? ihre Beschwerden zu beherzigen, ihre Foderungen zu bewilligen gelobten und sie dadurch zur Niederlegung der Waffen überredeten?

Herz.

Sechste Periode.

Herz. Berthold. Es wird schwer halten, gestrenger Herr! sie diesmal zur Niederlegung der Waffen zu bringen. Sie kennen eure gegenwärtige Schwäche, sie trozen auf ihre Stärke und werden gewis hartnäkkig auf die Erfüllung aller ihrer Foderungen bestehen.

König Heinrich. Einen Versuch könnten wir aber doch machen; wir verlieren ja Nichts dabei.

Erzb. Limar. Und doch, gestrenger Herr! denn ihr gebt ihnen zu viel Blöse.

König Heinrich. Wißt ihr einen bessern Weg, aus diesem verwünschten Handel zu kommen, so zeigt ihn uns —

Erzb. Limar. Ich weis freilich keinen bessern.

Herz. Berthold. So bleibt des Königs Rath immer noch der beste.

König Heinrich. Wolltet ihr euch dieses Geschäfts wol unterziehen und einen gütlichen Vergleich mit den Sächsischen Fürsten zu stiften suchen? Ihr vermögt
Viel

Viel über sie, das weis ich; vielleicht seid ihr glüklich —

Herz. Berthold. So ihr mir volle Macht und Gewalt gebt, zu handeln und zu bewilligen, was mir gut und den gegenwärtigen Umständen angemessen dünkt: so will ich mit Beistand des Herrn Bischofs Eppo einen Versuch wagen.

König Heinrich. Es sei euch volle Macht und Gewalt zur gütlichen Unterhandlung mit den Sächsischen Fürsten gegeben. Ihr werdet sie nicht misbrauchen —

Herz. Berthold. Ich geb' euch mein Wort, daß der Würde und dem Ansehen Königlicher Maiestät aus meiner Unterhandlung kein Nachtheil erwachsen soll!

Feldlager am Fuße der Harzburg.
Sächsisches Kriegsheer.

Herzog Otto, Herzog Magnus, Markgraf Dedo, Erzbischof Wezel, Bischof Bucco; hernach ein Edelknecht; dann Herzog Berthold und Bischof Eppo.

Herzog Magnus.

Das sagt' ich euch ja vorher, daß ihr an Friedrich von Stauffen kein Wort verschwenden solltet. Viel eher würde Herzog Welf zu gewinnen gewesen sein —

Herz. Otto. Welfs Beistand bedürfen wir nicht.

Mkgr. Dedo. Ihr hegt bittern Groll in euerm Herzen gegen Welfen und habt hohe Ursach dazu. Darum solltet ihr aber um des allgemeinen Besten willen seinen Beitritt zu unserm Bündnis nicht verschmähen.

Bischof

Bischof Bucco. Und bedürften wir auch seines Beistands nicht, so ist's doch schon Gewinns genug, wenn wir ihn von Heinrichs Parthei abziehen.

Herz. Otto. Auf einen Meineidigen muß sich kein rechtlicher Mann verlassen. Uiberhaupt begreif' ich's nicht, warum wir so emsig und ängstlich nach Bundesgenossen iagen. Unser Heer ist zahlreich, unsre Macht furchtbar genug zu Heinrichs Demüthigung. Erklärt sich nur Herzog Rudolf nicht wider uns, so wüßt' ich fürwahr! nicht, wer uns nur einigermaßen Widerstand thun sollte!

Erzb. Wezel. Herzog Rudolf weis es vielleicht selbst noch nicht: ob er sich für oder wider uns erklären soll. Er rastet izt mit fünfhundert wohlgerüsteten Mannen zu Augsburg und harret der Ankunft des Königs in Hirschfeld, wohin gemeine Fürsten zur Heeresfolge gegen die Pohlen aufgeboten worden sind.

Herz.

Sechste Periode.

Herz. Otto. Da werden die Herren gar lange harren müssen! (Trompeten) Laßt eure Ritter und Reusigen sich bereit halten zu ieder Stunde — die Burgmannen wagen doch wol einen Ausfall.

Ein Edelknecht. Herzog Berthold und Bischof Eppo lassen den Sächsischen Fürsten, Grafen und Herren ihren freundlichen Gruß entbieten, begehren im Namen des Königs mit ihnen zu unterhandeln und bitten um sicher Geleit sonder Arg und Gefährde.

Herz. Otto. Sieh da: der Fuchs im Eisen! Nun wird er wol heuchlerisch bitten —

Bischof Burco. Nun wird er uns Wunderdinge geloben —

Mkgr. Dedo. Nun wird er sich wol fügen, Alles annehmen, Alles eingehen wollen, was wir von ihm begehren.

Erzb. Wezel. Traut Adalberts schalkischem Jünger nicht!

Herz. Magnus. Hören wollen wir aber doch, was er uns will antragen lassen.

Herz. Otto. Das können wir wol. (zum Edelknecht) Herzog Berthold und Bischof Eppo sind uns willkommen; sicher Geleit ist ihnen verheißen sonder Arg und Gefährde. (Edelknecht ab) Fangen sollen sie uns aber nicht, noch weniger bethören und von unsern vesten Entschlüssen abbringen. Auch ist Berthold der Mann nicht, der sich zu schalkischen Ausrichtungen gebrauchen läßt; grad' und offen, wie sein Aug', ist sein Sinn und sein Herz —— (Herzog Berthold und Bischof Eppo kommen) Seid uns willkommen, eble Herren! aufrichtig und herzlich willkommen! Was bringt ihr uns?

Bischof Eppo. Des Königs freundlichen Gruß.

Herz. Otto. Wir danken.

Bischof Eppo. Ihr dankt sehr kalt.

Herz.

Sechste Periode.

Herz. Otto. Noch immer zu warm und zu freundlich für diesen König.

Herz. Berthold. Nicht also, Lieber! Wir sind nicht gesendet, mit euch zu spötteln, oder zu hadern — und beides steht Männern unsers Alters und unsrer Würde gar schlecht an. Vergönnet also, daß wir uns unsers Auftrags kurz und bündig entledigen.

Herz. Otto. Eröfnet uns euern Auftrag, so wollen wir euch redlichen Bescheid darauf geben.

Herz. Berthold. Der König ist höchlich verwundert und betrübt ob eures kühnen frevelhaften Beginnens. Aber weit entfernt, euch darüber zu schwerer Rechenschaft zu ziehen oder diese Unbilden zu rächen, wünscht er um des allgemeinen Besten willen vielmehr, daß ihr in die Schranken des schuldigen Gehorsams freiwillig zurücktreten, ihn nicht zur Ergreifung harter Zwangsmittel reizen möchtet —

Bischof Bucco. Das kann er wol wünschen, der arme Heinrich!

Herz. Otto. Ganz die Sprache des Fuchses, wenn ihn das Fangeisen kneipt.

Herz. Magnus. Laßt euch doch bethören von den glatten Worten des Heuchlers, ihr gutmüthigen Sachsen!

Herz. Berthold. Gefällt's euch nicht, mich ausreden zu lassen?

Herz. Otto. Redet! es soll euch kein Laut mehr unterbrechen.

Herz. Berthold. Des Königs Bestreben geht einzig dahin, durch Recht und Gerechtigkeit, durch Klugheit und Mäsigung, durch Wohlwollen und Freigebigkeit sich Liebe und Vertrauen unter allem Volk zu erwerben. Er hält sich für sehr unglüklich, daß er diesen rühmlichen und zugleich wohlthätigen Endzwek bei dem sonst so edlen Volke der Sachsen bis izt noch nicht zu erreichen vermocht hat, daß alle seine zur Handhabung der Gerechtigkeit, zur

Hemmung der Räubereien und zur Wieder=
herstellung der öffentlichen Sicherheit un=
ternommenen Arbeiten und Beschwerden
noch immer die entgegengesezte Würkung
hervorgebracht haben — —

Herz. Magnus. Fürwahr! sehr un=
glüklich, daß er uns noch nicht ganz um
unsre Freiheit hat bringen, uns noch nicht
hat unterjochen können!

Herz. Berthold. Es sollte mich ja kein
Laut unterbrechen —

Herz. Otto. Laßt euch nicht stören,
Lieber! und endet so geschwind, als
möglich.

Herz. Berthold. Der König erbietet
sich allen gegründeten Beschwerden so
schleunig und so vollkommen als möglich
abzuhelfen, versichert aufs feierlichste und
heiligste, daß es ihm nie in den Sinn ge=
kommen sei, die Freiheiten und Gerechtsa=
me des edlen Sachsenvolks zu beschränken
und läßt euch bitten und mahnen, daß ihr
zur Wiederherstellung guter Zucht und

Ordnung im Sachsenlande redlich rathen und mitwürken wollet. Wäret ihr nun nicht abgeneigt, in seine gewiß ganz reinen und uneigennüzigen Wünsche einzustimmen; so möchtet ihr dem Volke mit gutem Beispiel vorangehen, die in verrätherischer Absicht ergriffenen Waffen straks niederlegen — —.

Bischof Bucco. Dacht' ich's doch, daß es lediglich darauf abgesehen sei! Nein, edler Herr! zu diesem thörichten Entschluß möchtet ihr uns wol nicht überreden —

Herz. Otto. Was ihr uns da vorgeredet habt, Herr Herzog! das mögt ihr selbst wol ehrlich meinen; aber, vom König euch in den Mund gelegt, sind's eitel leere und trügerische Worte. Er gelobe und schwöre und leist' uns gültige Bürgschaft, alle Foderungen, die wir an ihn gemacht haben, redlich zu erfüllen: dann erst, und nicht eher, wollen wir die Waffen niederlegen und ihn wieder als unsern König ehren und gehorchen.

Herz.

Sechste Periode.

Herz. Berthold. Das ist ein unbilliges Begehren, Herr Herzog! Wenn ihr darauf ganz unwandelbar bestehen, wenn ihr, da der König selbst euch entgegen kommt, euch freundschaftlich die Hände bietet zur Versöhnung und zum Frieden, km keugn. Schritt zurükweichen, im mindesten nicht nachgeben, auf keinerlei Weise gefällig sein wollet —

Herz. Otto. Wir bestehen auf unsern Foderungen und lassen uns auch nicht ein Schorflein Werths abdingen.

Herz. Berthold. So sind unsere gütlichen Unterhandlungen auf Ettittal abgebrochen und ich verdenk' es dem König nun selbst nicht, wenn er sich aller Königlichen Macht und Gewalt zur strengsten Ahndung seiner gekränkten Maiestät, seiner verachteten Huld und Gnade bedient.

Herz. Magnus, Der Ohnmächtige!

Erzb. Wezel. Eure lezten Worte gemahnen mir, wie das lezte Seufzerlein eines sterbenden Kriegers, der dem Tode noch

noch trozen will, wenn er ihm schon das Herz abgedrükt hat.

Bischof Eppo. (zum Erzb. Bertholb.) Herr Herzog! ich halt' es für unnüz, hier länger zu verweilen.

Herz. Otto. Es thut uns leid, daß wir euch nicht mit erwünschter Antwort entlassen können.

Herz. Bertholb. Und mir thut es ebenfals sehr leid, daß ich euch, Herzog Otto! von nun an als den einzigen Urheber eines schreklichen Bürgerkriegs betrachten und hassen muß!

―――――

Schloß

Schloß Harzburg.
Thurmwarte.

König Heinrich, Erzbischof Limar, Graf Eberhard, Pater Felix; hernach Herzog Berthold und Bischof Eppo.

Erzbischof Limar. Die Schaaren fangen an, sich zu bewegen —

Gr. Eberhard. Traun! sie ziehen sich näher und näher heran.

König Heinrich. Und Berthold und Eppo sind noch nicht zurük? — Verrätherei über Verrätherei!

Erzb. Limar. Sie werden ihnen doch sicher Geleit verheißen haben?

König Heinrich. Aber auch gehalten?

Erzb. Limar. Das wäre schelmisch —

König Heinrich. Wer den Eid, den er seinem Könige und Vaterlande geschworen hat, zu brechen vermag, der ist iedes Schelmstüks fähig.

Gr. Eberhard. Ich gewahre den Herzog samt seinem Gefolge —

Erzb. Limar. Die Feinde sind ihnen auf der Ferse, als wollten sie mit ihnen zugleich in's Schloß eindringen.

König Heinrich. Sie lassen sich's doch wol einfallen, zu stürmen.

Gr. Eberhard. Stürmen mögen sie, wie sie wollen — das ist eitel vergebliche Arbeit; aber — —

König Heinrich. Aushungern, können sie uns vielleicht?

Gr. Eberhard. Das ist's eben. Wir sind kaum auf eine Woche lang versorgt —

König Heinrich. Das ist wol traurig, Freunde! — So werden wir doch wol noch gezwungen, den Verräthern alles, was

was ihnen nur immer gelästen mag, zuzugestehen.

Erzb. Ulmar. Könnten wir nur noch einen Ausweg finden —

König Heinrich. Könnten wir izt nur noch entrinnen —

Pater Felix. Nichts leichter, als das, liebe Herren! Wenn es euch nur darum zu thun ist, den Feinden zu entgehen und ungesehen von ihnen das Freie zu gewinnen: so kann ich euch diesen Wunsch sonder Beschwerde erfüllen.

König Heinrich. Wenn ihr das könntet —

Pater Felix. Verlaßt euch auf meine Leitung, gestrenger Herr! Es führt ein heimlicher unterirdischer Gang von unserm Geiselgewölbe aus bis in die Thüringer-Waldung.

König Heinrich. Bis in die Thüringer-Waldung? — Ha! was ist mir so lieb, als führt' er auf Jacobs Leiter in

den

den Himmel! — Wollt ihr ihn uns zeigen?

Pater Felix. Ei! warum denn nicht? (Herzog Berthold und Bischof Eppo kommen.) Aber vielleicht zeigen diese Herren euch einen lichtern Weg; denn der meinige ist gar dunkel —

Herz. Berthold. Es ist Alles vergebens, gestrenger Herr! sie bestehen auf ihren Foderungen und wollen sich auch nicht ein Scherflein Werths davon abdingen lassen —

Bischof Eppo. Und wollen's mit stürmender Faust durchsetzen, wozu sie sich unter einander verschworen haben.

König Heinrich. Das sei ihnen vergönnt! — Pater Felix! wir gehen straks ins Geiselgewölbe. Der dunkle Weg ist diesmal doch wol der beste!

Ende des zweiten Theils.

www.ingramcontent.com/pod-product-compliance
Lightning Source LLC
Chambersburg PA
CBHW051853300426
44117CB00006B/382